U0453153

普通话
口语训练

马 宁 王燕凤 主编

中国社会科学出版社

图书在版编目（CIP）数据

普通话口语训练／马宁，王燕凤主编． －－ 北京：中国社会科学出版社，2024.10． －－ ISBN 978－7－5227－4212－0

Ⅰ．H193.2

中国国家版本馆 CIP 数据核字第 20243P3E60 号

出 版 人	赵剑英
责任编辑	张　玥
责任校对	韩海超
责任印制	戴　宽

出　　版	中国社会科学出版社
社　　址	北京鼓楼西大街甲 158 号
邮　　编	100720
网　　址	http：//www.csspw.cn
发 行 部	010－84083685
门 市 部	010－84029450
经　　销	新华书店及其他书店
印　　刷	北京明恒达印务有限公司
装　　订	廊坊市广阳区广增装订厂
版　　次	2024 年 10 月第 1 版
印　　次	2024 年 10 月第 1 次印刷
开　　本	710×1000　1/16
印　　张	20.75
插　　页	2
字　　数	341 千字
定　　价	119.00 元

凡购买中国社会科学出版社图书，如有质量问题请与本社营销中心联系调换
电话：010－84083683
版权所有　侵权必究

目 录

第一章 绪论 …………………………………………………… (1)
  第一节 普通话：联结心灵的桥梁与中华民族共同体意识的
        筑基 ……………………………………………… (1)
  第二节 计算机与普通话：技术与传统的桥梁 ……………… (2)

理论篇

第二章 普通话基础知识 ……………………………………… (5)
  第一节 普通话概述 ……………………………………… (5)
  第二节 普通话语音系统知识 …………………………… (7)
  第三节 普通话水平测试 ………………………………… (13)

第三章 普通话声母 …………………………………………… (23)
  第一节 普通话声母发音 ………………………………… (23)
  第二节 普通话声母辨正 ………………………………… (30)
  第三节 普通话声母发音训练 …………………………… (36)

第四章 普通话韵母 …………………………………………… (49)
  第一节 韵母的结构与分类 ……………………………… (49)
  第二节 普通话韵母发音 ………………………………… (51)
  第三节 普通话韵母辨正 ………………………………… (70)
  第四节 普通话韵母发音训练 …………………………… (75)

第五节　读音缺陷与读音错误…………………………………………(86)

第五章　普通话声调………………………………………………………(97)
　　第一节　普通话声调发音………………………………………………(97)
　　第二节　普通话声调辨正………………………………………………(100)
　　第三节　普通话声调训练………………………………………………(103)

第六章　普通话语流音变…………………………………………………(109)
　　第一节　变调……………………………………………………………(109)
　　第二节　轻声……………………………………………………………(112)
　　第三节　儿化……………………………………………………………(115)
　　第四节　语气词"啊"的音变…………………………………………(117)
　　第五节　语流音变发音训练……………………………………………(118)

第七章　普通话音节………………………………………………………(133)
　　第一节　普通话音节概况………………………………………………(133)
　　第二节　普通话单音节字词发音训练…………………………………(137)
　　第三节　多音节词语的发音训练………………………………………(152)

实践篇

第八章　普通话朗读………………………………………………………(209)
　　第一节　普通话朗读概述………………………………………………(209)
　　第二节　朗读的技巧……………………………………………………(214)
　　第三节　不同体裁作品的朗读…………………………………………(229)

第九章　命题说话…………………………………………………………(284)
　　第一节　命题说话的要求………………………………………………(284)
　　第二节　命题说话的话题分析…………………………………………(291)

第十章　教师教学语言 ……………………………………………（299）
　　第一节　教师教学语言及其特点 ……………………………（299）
　　第二节　教育口语的基本类型及技巧 ………………………（300）
　　第三节　教学口语的基本类型及技巧 ………………………（305）

第十一章　求职与应聘用语 ………………………………………（307）
　　第一节　求职应聘的前期准备 ………………………………（307）
　　第二节　求职面试的应对技巧 ………………………………（308）

第十二章　普通话高级实训与计算机应用 ………………………（315）
　　第一节　普通话高级口语技能的计算机辅助训练 …………（315）
　　第二节　计算机在普通话教学与文化传播中的应用 ………（318）

参考文献 ……………………………………………………………（323）

后　记 ………………………………………………………………（325）

第一章

绪　　论

第一节　普通话：联结心灵的桥梁与中华民族共同体意识的筑基

中华民族拥有悠久的历史、丰富的文化，在这片广袤的土地上，普通话不仅是亿万民众沟通的工具，更是连接不同文化、历史和地域的纽带。普通话的重要性，不仅仅体现在日常交流中，更深刻地影响着中华民族共同体意识的形成和发展。

普通话于中华民族，犹如一座桥梁，联结着每一个心灵，传递着共同的记忆和梦想。从北方的长城脚下，到南海之滨的渔村，从东海之畔的都市灯火，到西域古道的驼铃，普通话的声音穿越千山万水，汇聚在中华民族共同的语言海洋中。

作为中华民族共同体意识的重要筑基，普通话承载着民族的历史记忆、文化传承与时代精神。在普通话的推广和普及过程中，我们不仅见证了语言的力量，更感受到了中华儿女的认同感和归属感。这种认同感和归属感，是铸牢中华民族共同体意识的基石，是我们共同守护和传承的宝贵财富。

普通话在联结中华民族心灵、铸牢中华民族共同体意识方面有独特作用和深远意义。让我们共同走进普通话的世界，感受它作为桥梁与基石的独特魅力，共同见证和参与中华民族共同体意识的铸造与发展。

第二节　计算机与普通话：技术与传统的桥梁

在这个迅速变化的时代，科技与文化交织共鸣，塑造了我们的生活方式和思维模式。特别是计算机技术，它不仅彻底改变了信息的处理和传播方式，也在不断重塑着我们与文化、语言之间的关系。在这样的背景下，我们发现了一个独特而深刻的结合点：计算机技术与普通话的结合，这座桥梁连接了现代技术与传统文化。

普通话作为中华民族的共同语言，是文化传承和民族凝聚的重要载体。而计算机技术，则是现代社会的基础和推动力量。将普通话与计算机结合，不仅是一次对传统语言应用的现代化探索，也是科技与文化融合的一次创新实践。

从输入法的发展，到语音识别技术的进步，从自然语言处理到人工智能的应用，计算机科技使普通话的学习、传播和应用更为便捷和高效。普通话的数字化不仅拓宽了它的应用领域，也为中华文化的传播提供了新的途径。同时，作为计算机专业的从业者和研究者，我们发现，通过计算机技术深入普通话的世界，人们能够更好地理解语言的复杂性和美妙之处，也能从中获得灵感和创新。

本书探索计算机与普通话之间的这座桥梁。笔者将从计算机技术对普通话学习、传播和应用的影响出发，深入分析这两者之间的互动与融合。同时，我们也会探讨这种融合如何帮助我们更好地理解和弘扬中华文化，以及如何在技术推动下，进一步铸牢中华民族共同体意识。

在科技与传统的交汇点上，我们将一同见证计算机与普通话如何相互启发、相互强化，共同构建起一个更加紧密、更加和谐的中华民族共同体意识。通过这本书，让我们一起走进计算机与普通话的奇妙世界，探索技术与传统的桥梁，共同见证一个全新时代的到来。

理论篇

第二章

普通话基础知识

第一节 普通话概述

一 什么是普通话

普通话既是现代汉民族共同语，在汉民族各方言区普遍使用，又是国家通用语言，在其他民族地区普遍使用。

普通话的具体含义是以北京语音为标准音，以北方话为基础方言，以典范的现代白话文著作为语法规范的现代汉民族共同语。

第一，"以北京语音为标准音"，这是普通话的语音规范。共同语的语音通常以基础方言代表话的语音系统为标准。北京自13世纪以来，一直是全国政治、经济、文化中心，以北京语音为标准音，是历史发展的必然结果。但是，以北京语音为标准音，并不意味着北京话的任何语音成分都是标准音。北京话中的一些土音成分不能进入普通话，部分异读也需要规范读音。

第二，"以北方话为基础方言"，这是普通话的词汇规范。现代汉民族共同语在北方方言的基础上形成，北方方言词汇是共同语词汇的基础和主要来源。从13世纪开始，北方话词汇就随着官话和白话文学传播开来，成为白话文的基础。但是，普通话以北方话为基础方言，并不意味着北方话中的所有词语都是普通话的成分。事实上，北方话内部差异也很大，例如北京话中用"搭把手"表示"坐过路车"，而天津话中则用"搭小兔儿"等。所以，不能把所有北方话的词语都作为普通话的词语。普通话既要排除北方话中的一些土语成分，也要有选择地吸收其他方言、古代汉语和外国语言中的词语，并不断创造新词语来丰富自己的词汇。

第三,"以典范的现代白话文著作为语法规范",这是普通话的语法规范。"白话文"是相对于"文言文"和"半文半白"的文章而言的;"现代白话文"是相对于"近代白话文"而言的,表现了汉语发展的最新阶段和最新状态;"典范"是相对于"一般"而言的,强调经得起推敲和社会公认。只有那些优秀的文学作品或学术论文、经过集体构思撰写修改而成的重要文件或论著才可以作为普通话的语法规范。

二 普通话与方言

方言是普通话的基础。普通话不是人造语言,其语音、词汇和语法都有其方言基础。

汉语在历史的长河中没有分化为不同的语言,但由于各种原因、各种条件也形成了多种方言。汉语方言到底该分为几大类,至今学术界意见不一。以下七大类是大家公认的:

1. 北方方言

北方方言区包括长江以北地区,长江以南的镇江以西、九江以东的沿江地带,云、贵、川三省,湖北省大部(西南角除外),湖南省西北部以及广西的西北部。北方方言使用人口约占汉族总人口的73%。

2. 吴方言

吴方言区包括长江以南镇江以东地区(镇江不包括在内)、浙江省大部。吴方言使用人口约占汉族总人口的7.2%。

3. 赣方言

赣方言区包括江西省大部(东北沿江地带和南部除外)。赣方言使用人口约占汉族总人口的3.3%。

4. 湘方言

湘方言区就是湖南省(西北部除外)。湘方言使用人口约占汉族总人口的3.2%。

5. 客家方言

客家方言区包括广东省东部和北部、广西的东南部、福建省西部、江西省南部,以及湖南、四川两省的少部分地区。客家方言使用人口约占汉族总人口的3.6%。

6. 闽方言

闽方言区包括福建省，台湾地区，海南省一部分，以及广东省潮安、汕头一带。闽方言使用人口约占汉族总人口的5.7%。

7. 粤方言

粤方言区包括广东省大部分地区，香港、澳门特别行政区以及广西壮族自治区的东南部。粤方言使用人口约占汉族总人口的4%。

不同方言之间的差别有大有小。总的来说，语音上的差别最大，其次是词汇，语法方面的差异最小。

就汉语来说，不同方言区的人，如果通过书面语进行交流，还不成问题，因为书面语的载体都是文字；但口头交流，问题就比较大。一般来说，中国东南省份的方言比较复杂，不同方言区、不同地区的人口头交流的障碍要大一些；而广大的北方地区和西南地区，方言分歧相对来说比较小，不同地区的人彼此基本都能进行口头交流。总的来说，语言的统一有助于不同方言区的民众进行顺利交流，有利于文化融合。普通话不能完全取代方言。"乡音"和"乡情"是密不可分的，方言在特定地区和特定人群中具有独特的表达作用和联系感情的作用。方言是地方文化的载体之一。在方言区推广普通话，并不是不许讲方言，更不是要消灭方言。推广普通话主要是为了消除不同方言造成的隔阂，以便于社会交往。

第二节　普通话语音系统知识

一　语音的性质

语音即语言的声音，是由人的发音器官发出来的、能够表示一定意义的声音。它不同于自然界的各种声音，也区别于其他动物的声音。语音是语言的三要素（语音、词汇、语法）之一，是语言的物质外壳。

（一）语音的生理属性

语音是人的发音器官协调运动的产物，发音器官及其活动决定着语音的区别。人体的发音器官由呼吸器官、喉头和声带以及咽腔、鼻腔和口腔三个部分组成。

（二）语音的物理属性

语音是由人的发音器官通过振动产生的，因而具有物理属性。每个声音片段都包含了音高、音强、音长和音色四个要素。

1. 音高

音高指声音的高低，取决于发音体发出声波的频率，在一定时间内振动快、次数多，频率就高，声音也就高；反之声音就低。语音的高低决定于声带的大小、长短、厚薄、松紧。一般来说，成年男人的声带长而厚，所以声音低；成年女人的声带短而薄，所以声音高。老人往往声音低，小孩声音高。汉语字音之声调，句子之语调的不同，主要是音高的高低升降形成的格式造成的。

2. 音强

音强指声音的强弱，取决于发音体发出声波的振幅。声带振动幅度大，声音就强；反之，声音就弱。汉语中的语调与音强关系密切。

3. 音长

音长指声音的长短，取决于发音体振动的时间，声带振动的持续时间长，声音就长，反之则短。普通话里的上声和轻声与阴平、阳平、去声在音长方面有明显的不同。

4. 音色

音色指声音的特色和本质，也叫音质或音品。由于每个人发音体各有区别、在发音方法以及共鸣器的形状上也都有着差异，因此最终所形成的震动音波也会呈现出不同的波纹，从而令音色有着不同因素和色彩的区分。

（三）语音的社会属性

社会属性是语音的本质属性。在一种语言里，存在哪些音、表达什么样的意义都是约定俗成的。因此，语音可以表现出各自的系统性、鲜明的民族性和独特的地方性。

（四）语音的心理属性

心理活动在发音过程中起着决定性作用。发音心理是指发音时大脑和与其联系的神经系统活动。发音要经过四个不同的心理阶段：一是大脑编码阶段；二是神经冲动阶段；三是信号传递阶段；四是发音器官发音阶段。在发音过程中，不仅需要大脑发出命令使发音器官产生动作，而且需要内部反馈系统和外部反馈系统随时监督发音状态。动觉反馈保证发音器官动作不偏离正确运动的监督控制过程；听觉反馈通过空气传导和骨传导两条通道来修正发音错误，与动觉反馈同时起监督作用，确保发音的准确。另外，心理状态也是直接影响发音的一个重要因素，积极愉快的心理状态会使发音流畅自如；消极紧张的心理状态会妨碍发音的顺畅。

二　语音单位

（一）音素

音素是语言学中的基本音位单位，是一种抽象的概念，用来表示语言中最小的可区分的音段。它是构成语音的基本单位。例如，"爸"（bà）从构成的角度可以划分出"b"和"a"两个不同的音素。"刊"（kān）可以划分出"k""a""n"三个音素。

音素可以分为辅音和元音两大类。辅音是一种语音音素，它在发音时声带不震动或只有轻微的震动，主要依靠气流通过口腔和鼻腔的阻塞或摩擦来产生声音，又叫子音。如 b、m、f、d、k、zh、s 等；元音是气流振动声带发出声音，经过口腔、喉头不受阻碍而形成的音素，又叫母音，如 a、o、e、i、u 等。

辅音和元音的主要区别有以下四点：

（1）从受阻与否看：辅音是通过发音器官之间的阻塞或摩擦来产生声音的，而元音则没有明显的阻塞或摩擦。辅音需要舌头、唇部等发音器官的协调动作来形成气流通路，而元音则较为开放，气流相对畅通。

（2）从紧张程度看：辅音通常涉及较紧张的肌肉活动，因为发音器官需要进行精细的调整和接触，以形成不同的辅音音素。相比之下，元音的发音过程相对松弛，发音器官的肌肉活动较少。

（3）从气流强弱看：辅音的发音通常需要较强的气流压力，因为气流在发音器官之间受到阻塞或摩擦，并且需要克服这些阻力才能产生声音。相比之下，元音的发音所需的气流压力较小。

（4）从响亮度看：辅音在发音时产生的声音相对较弱，因为气流受到阻塞或摩擦的影响，声波能量相对较小。而元音在发音时产生的声音相对较响，因为气流通畅，声波能量较大。

（二）音节

音节是由音素构成的语音片段，是听话时自然感受到的最小的语音单位。通常由一个或多个音素组成。它在语言中具有重要的功能，包括构成词汇、形成韵律和体现语法结构等方面。

一个音节通常由两个部分组成：核与边界。核是音节的重音所在，通常是一个元音音素，有时也可以是一个音节辅音或连续辅音。边界是核周围的辅音音素，它们可以出现在核的前面（称为开音节）或后面（称为闭音节），也可以同时出现在核的两侧（称为双边音节）。例如"xī′ān"（西安）是两个音节，喉头肌肉有两次紧张。如改为一次紧张，念成 xian^{55}，用汉字写下来，就成了"鲜"字，表示的是一个音节。一般来说，汉语一个音节用一个汉字来表示。儿化音节是例外，如"花儿"。

（三）声母、韵母、声调

按照汉语音韵学传统的字音分析方法，把一个字音分成声母和韵母两段，把贯通整个声韵结构的音高型式叫声调。

声母，位于音节前段，主要由辅音构成。例如，在"好"（hǎo）这个音节里，辅音 h 就是它的辅音声母。有的音节，例如"爱"（ài）开头没有辅音，元音前头那部分就是零，习惯上叫作"零声母"，就算是零声母音节。

声母和辅音不是一个概念。虽然声母由辅音充当，但有的辅音不做声母，只做韵尾，如"guāng"（光）中的 ng [ŋ]。辅音 n 既可做声母，也可做韵尾，如"nán"（南）中的两个辅音 n，在音节开头的是声母，在音节末尾的是韵尾。

韵母，位于音节的后段，由元音或元音加辅音构成。例如，在"海"（hǎi）这个音节里，"ɑi"就是它的韵母。零声母音节，例如"欧"（ōu），它的韵母就是零声母后面的"ou"。不能把字音"ou"（欧）分成前后两段，把前段"o"叫声母。元音不能做声母，只能做韵母或韵母的构成成分。

但是韵母和元音不相等。韵母有的由单元音或复元音构成，如"tā（他）、xiā（瞎）、guài（怪）"中的"ɑ、iɑ、uɑi"；有的由元音带辅音构成，如"gān（甘）、gēng（耕）、guān（关）"中的"ɑn、eng、uɑn"。

声调，指的是依附在声韵结构中具有区别意义作用的音高型式。例如"dǐ"（底）的音高，是先降到最低然后再升高上去，这种先降后升的音高变化格式，就是音节"底"（dǐ）的声调。

（四）音位

音位是一个抽象概念，用来描述在某个特定语言中具有相同意义的音素集合。音位是按照语音的社会属性（辨义功能）划分出来的，是一个语音系统中能够区别意义的最小的语音单位。社会属性是决定音位的重要依据。在某个语言中，不同的音位可以通过多种方式来区分，如发音位置、发音方式或声调等。如果把"班"（bān）念成"潘"（pān）意思就变了，所以/p/和/pʰ/在普通话里可以区别意义，是两个不同的音位。

三　记音符号

为了给汉字注音和记录汉语语音，人们采用过多种记音方法，主要可分三大类：

第一，用汉字记音：如直音法和反切法。直音法是用一个汉字给另一个汉字注音，如"厶，音司"。如果遇到没有同音字的情况，就无法注音，于是后来就用两个汉字给另一个汉字注音，这种注音方法叫反切法。比如"鲁，郎古切"，就是用"郎"和"古"两个字拼出"鲁"字的发音。"郎"是反切上字，与被注音字母"鲁"的声母相同，"古"是反切下字，与被注音字"鲁"的韵母和声调相同。

第二，用"注音符号"记音：这是一种采用特定符号来注明汉字发音的方法。最典型的例子是台湾地区的注音符号，它们并非使用拉丁字母，而是创造了一套新的符号来表示汉字的发音。注音符号分为声母、韵母和声调三部分，每个部分都有相对应的符号。

第三，用罗马拼音字母给汉字注音并记录汉语语音：这种方法使用罗马字母对汉语发音进行转写。不同的转写法在具体的表示方式上有所区别，如韦氏拼音、耶鲁拼音和国际音标（IPA）在用于汉语时的转写。其中，韦氏拼音曾经在19世纪和20世纪初被广泛用于学术研究，而耶鲁拼音则主要用于外国学习者学习汉语，IPA则在语言学领域内用于精确记录汉字发音。

以上三类记音方法都曾在不同的时期和不同的地区发挥重要作用，目的都是更加准确地记录和传播汉语的发音。随着技术和教育的发展，一些记音方法逐渐淡出了主流，而有的则进一步发展成为标准化的教学和学术研究工具。此外，还可以用国际音标来记录汉语语音。下面介绍

《汉语拼音方案》和国际音标。

(一) 汉语拼音方案

1954 年,语言学家周有光、李方桂等主持的拼音工作组,负责制定新的汉语拼音方案。经过几年的研究和讨论,新的汉语拼音方案初稿于 1956 年在全国各地进行了试用,并收集了大量的反馈意见。方案初稿中包括了声母、韵母、声调和音节结构等内容。1958 年,经过多次修改和完善,新的汉语拼音方案正式发布并开始在全国推广使用。这个方案被称为"汉字注音法"。1982 年,国际标准化组织(ISO)开始采用《汉语拼音方案》。《中华人民共和国国家通用语言文字法》第 18 条规定:"国家通用语言文字以《汉语拼音方案》作为拼写和注音工具,《汉语拼音方案》是中国人名地名和中文文献罗马字母拼写法的统一规范,并用于汉字不便或不能使用的领域。"

《汉语拼音方案》有下列用途:

1. 汉字的注音工具

汉字不是拼音文字,为了标记汉字的读音,人们曾采用直音法、反切法或注音字母(注音符号)。但是,这些注音法都有缺点。前两种要以认识大量汉字为基础,如果没有易识的音同或音近的字,就难以注音。注音符号曾起过一定的作用,但它并不完全是音素字母,注音不够准确,书写也不够方便。《汉语拼音方案》基本上克服了上述各种缺点,能够满足各种教学和应用需求,并且得到了广泛的认可和应用。

2. 普通话的拼写工具

推广普通话,是我国社会主义建设的需要,是国家统一和人民团结的需要。学习普通话,光靠口耳是不够的,必须有一套记音符号,以帮助教学,矫正读音。事实证明,《汉语拼音方案》正是推广普通话的有效工具。

此外,《汉语拼音方案》还可以作为我国各少数民族创制和改革文字的共同基础,用来帮助外国人学汉语,用来音译人名、地名和科学术语,以及用来编制索引和代号,等等。就计算机的汉字录入而言,最简便易学的输入法是拼音输入法,如全拼、双拼、智能 ABC、拼音加加以及微软、QQ、搜狗、谷歌、紫光华宇等,而这些都需要使用者熟练掌握《汉语拼音方案》中的拼写规则。

（二）国际音标

国际音标是国际上最广泛使用的语音符号系统之一，被用于描述各种语言的发音和音韵特征。它为语音学研究、语言教学、语音识别等领域提供了重要的标准和工具。国际音标的制定是一个长期而持续的过程，在不断地修订和完善中，它逐渐发展成为一个全球共识的音标系统。法国教育家保罗·帕索在其著作 *Elementary Treatise on Phonetics* 中提出了最早的国际音标方案，1949 年根据国际语音学协会的工作，发布了第一个正式的国际音标手册，规定了国际音标符号的使用方法和语音描述规则。

第三节 普通话水平测试

一 普通话水平测试的名称、性质和方式

开展普通话水平测试（Putonghua Shuiping Ceshi，即 PSC 测试）是推广普及国家通用语言文字、提高普及质量的重要措施。这一测试由中国国家语言文字工作委员会和教育部联合管理，其目的在于统一评价全国人民的普通话水平，特别针对那些在职业活动中需频繁使用普通话的专业人士，如教师、播音员和公务员等。

PSC 测试的核心在于通过口试的形式，全面考查考生的普通话应用能力。测试不涉及书面考试，完全聚焦于口语实际运用，反映了语言教学的实用性原则。考试通常分为几个部分，包括对基础发音的评估、朗读能力的检测、听力理解及反应的测验和即兴口语表达的考查。这些环节综合反映了考生对普通话语音、语调的掌握程度，以及在真实情境下运用语言的流畅性和准确性。

考试成绩根据一定的评分标准，划分为不同的等级，每个等级反映出考生在普通话运用上的具体水平。通过普通话水平测试不仅能获得官方认证的水平证书，而且对于提高个人职业素质、拓展就业机会亦有重要意义。

在教材的后续章节中，我们将详细讲解每个测试环节的具体要求、准备方法和应对策略，帮助学习者系统掌握普通话，提升语言应用能力，为 PSC 测试做好充分的准备。

普通话水平测试以口试方式进行。

二 普通话水平测试的内容和范围

普通话水平测试的内容主要包括普通话语音、词汇和语法。测试的范围则涵盖国家测试机构编制的《普通话水平测试用普通话词语表》《普通话水平测试用普通话与方言词语对照表》《普通话水平测试用普通话与方言常见语法差异对照表》《普通话水平测试用朗读作品》《普通话水平测试用话题》等。

三 普通话水平测试的试卷构成和评分标准

普通话水平测试的试卷构成主要包括五个部分：读单音节字词，读多音节词语，选择判断，朗读短文和命题说话。评分标准如下：

1. 读单音节字词

题量：100个音节

分值：10分

解析：此部分要求考生对单音节字词进行准确发音。主要测试声母、韵母和声调的发音准确性。每个音节的发音准确得分0.1分。

2. 读多音节词语

题量：100个词语

分值：20分

解析：这部分考查考生对于多音节词语的发音。除了单独的音节发音外，还需注意词语间的连读、变调等语音现象。每个词语的发音准确得分0.2分。

3. 选择判断

题量：根据具体试卷而定

分值：10分

解析：此部分提供一组词语或句子，考生需根据普通话的语音、词汇、语法规范进行判断选择。主要检测考生对普通话规范知识的掌握。每道题目的分值会根据题目的难度和重要性来判定。

4. 朗读短文

题量：1篇短文，约400个音节

分值：30分

解析：这部分要求考生流利、有感情地朗读给定的短文。主要考查考生的朗读技巧、语音、语调、停顿等。评分基于朗读的准确性和流畅性，准确性及流畅度越好得分越高。

5. 命题说话

题量：1个命题

分值：40分

解析：此部分要求考生根据提供的命题进行自由发言，时间为3分钟。主要评估考生的口语表达和语言组织能力。评分基于说话的内容、组织结构、语言表达和流利程度。内容越丰富、组织越清晰、语言越准确流利得分越高。

四　应试者普通话水平等级的确定

国家语言文字工作部门发布的《普通话水平测试等级标准》是确定应试者普通话水平等级的依据。测试机构根据应试者的测试成绩确定其普通话水平等级，由省、自治区、直辖市以上语言文字工作部门颁发相应的普通话水平测试等级证书。

应试者的普通话水平等级是根据其在普通话水平测试中的得分来确定的。普通话水平测试满分为100分。根据得分高低，应试者的普通话水平等级分为三级六等，具体如下：

一级甲等：得分在97分以上。

一级乙等：得分在92—96.9分之间。

二级甲等：得分在87—91.9分之间。

二级乙等：得分在80—86.9分之间。

三级甲等：得分在70—79.9分之间。

三级乙等：得分在60—69.9分之间。

不同行业和岗位可能对普通话水平等级有不同要求。一般来说，从事与语言密切相关的职业，如播音主持、教师等，通常需要达到较高的普通话水平等级。

说明：各省、自治区、直辖市语言文字工作部门可以根据测试对象或本地区的实际情况，决定是否免测"选择判断"测试项。如免测此项，"命题说话"测试项的分值由30分调整为40分。评分档次不变，具体分值调整如下：

(1) 语音标准程度的分值，由 20 分调整为 25 分。

一档：扣 0 分、1 分、2 分。

二档：扣 3 分、4 分。

三档：扣 5 分、6 分。

四档：扣 7 分、8 分。

五档：扣 9 分、10 分、11 分。

六档：扣 12 分、13 分、14 分。

(2) 词汇、语法规范程度的分值，由 5 分调整为 10 分。

一档：扣 0 分。

二档：扣 1 分、2 分。

三档：扣 3 分、4 分。

(3) 自然流畅程度，仍为 5 分，各档分值不变。

五　计算机辅助普通话水平测试指导

(一) 什么是计算机辅助普通话水平测试

计算机辅助普通话水平测试（以下简称"机辅测试"）是通过计算机语音识别系统，部分代替人工评测，对普通话水平测试中应试者朗读的第一项"读单音节字词"、第二项"读多音节词语"和第三项"朗读短文"的语音标准程度进行辨识和评测。不同于测试员与应试者面对面的人工测试方式，它采用应试者直接面对计算机这种测试方式，其中第一项测试至第三项测试由计算机评分，最后一项测试由管理人员把应试者说话录音分配给测试员，测试员不面对应试者直接评分。

(二) 机辅测试流程和注意事项

机辅测试过程由候测（信息采集）、正式测试两个主要环节组成。应试者在参加测试的过程中须注意以下步骤和细节：

1. 信息采集：应试者在测试当天须携带身份证、准考证，进行信息采集。

第一步：身份信息验证

将身份证贴到终端设备相应位置上进行身份信息验证。

第二步：照片采集

图 2-1　身份信息验证

应试者在管理人员指定位置采集照片。

图 2-2　照片采集

第三步：系统抽签

系统随机自动分配机器号给应试者，应试者需记住自己的考试机号。

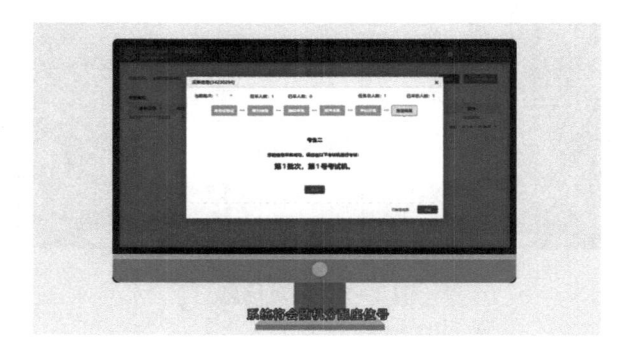

图 2-3　系统抽签

2. 正式测试

第一步：人脸验证登录

应试者进入对应的测试机房后。坐好并正对摄像头，系统将通过人脸识别的方式进行登录。

图 2-4　人脸验证登录

第二步：核对信息

人脸识别验证通过后，电脑界面上会显示应试者的个人信息，应试者认真核对，确认无误后点击"确定"按钮进入下一环节。如果信息错误，请告知老师。

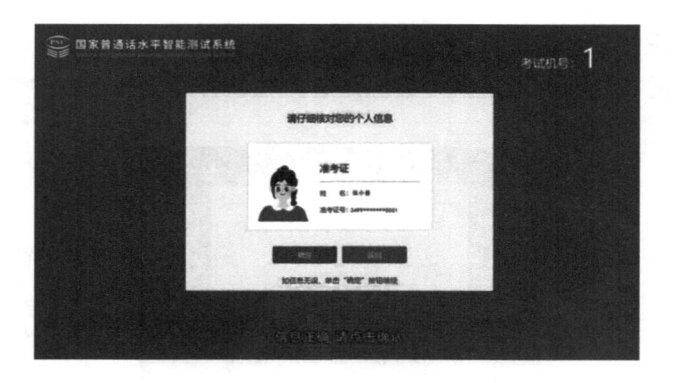

图 2-5　核对信息

第三步：佩戴耳机

按照屏幕上的提示戴上耳机，并将麦克风调整到距嘴边 2—3 厘米，等待考场指令准备试音。

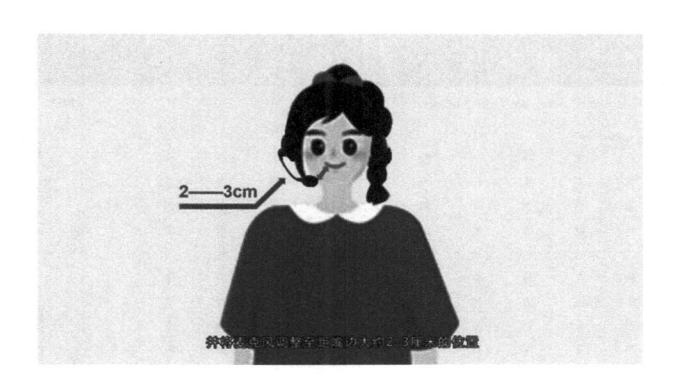

图 2-6　佩戴耳机

第四步：试音

进入试音页面后，应试者会听到系统的提示语"现在开始试音"，听到提示语"嘟"声后朗读文本框中的个人信息。提示语结束后，以适中的音量和语速朗读文本框中的试音文字。

若试音失败，页面会弹出提示框，请点击"确认"按钮重新试音。若试音成功，页面同样会弹出提示框"试音成功，请等待考场指令！"

图 2-7　试音

第五步：正式测试

系统进入第一题提示"第一题，读单音节字词，限时 3.5 分钟，请横向朗读"应试者听到"嘟"声后，朗读试卷内容。

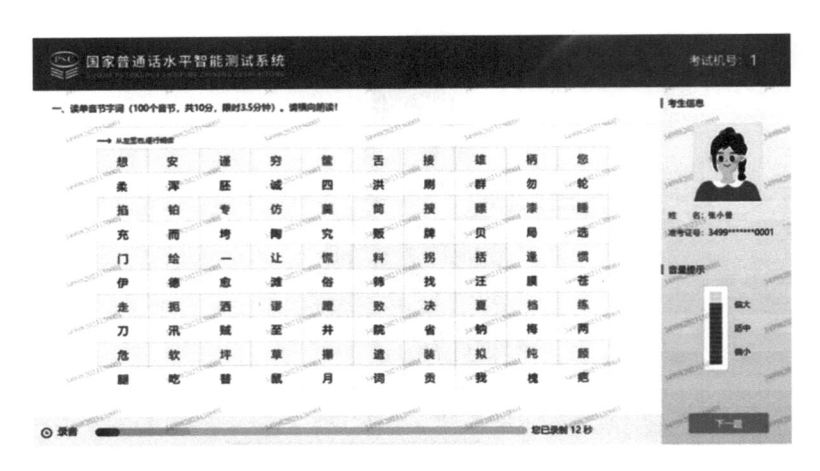

图 2-8　正式测试

（三）试卷形式和实测过程图解

第 1 题　读单音节字词

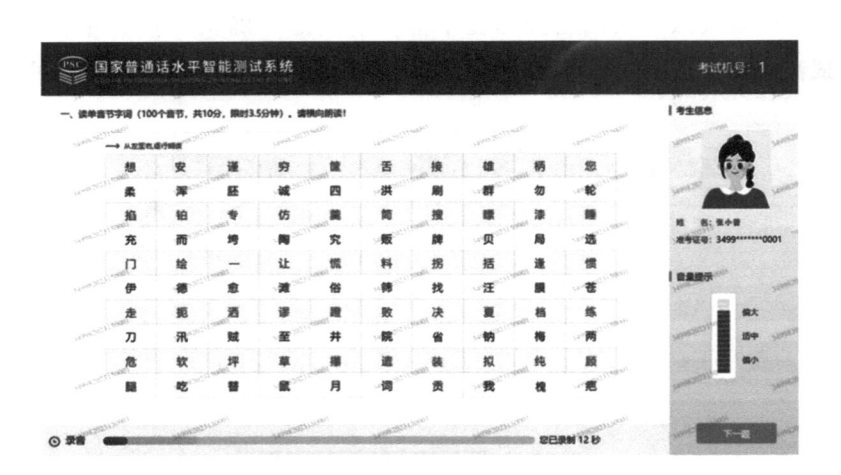

图 2-9　读单音节字词

第 2 题　读多音节词语

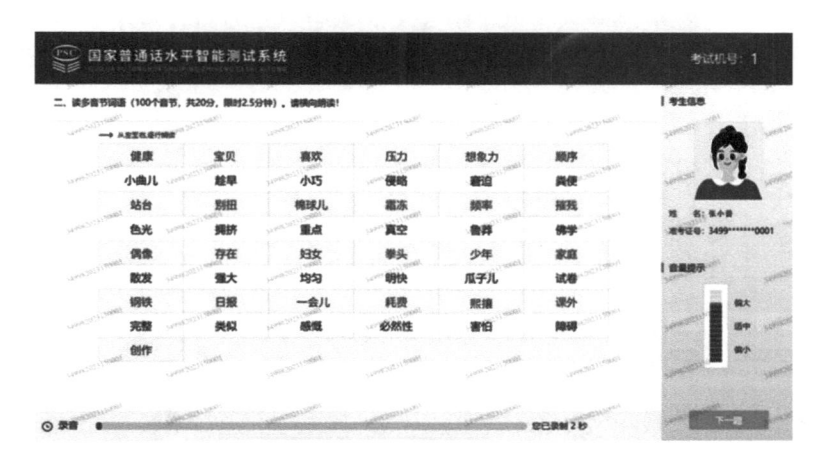

图 2-10　读多音节词语

＊注意：应试者务必横向、逐字、逐行朗读，注意语音清晰，防止增字、漏字。

第 3 题　朗读短文

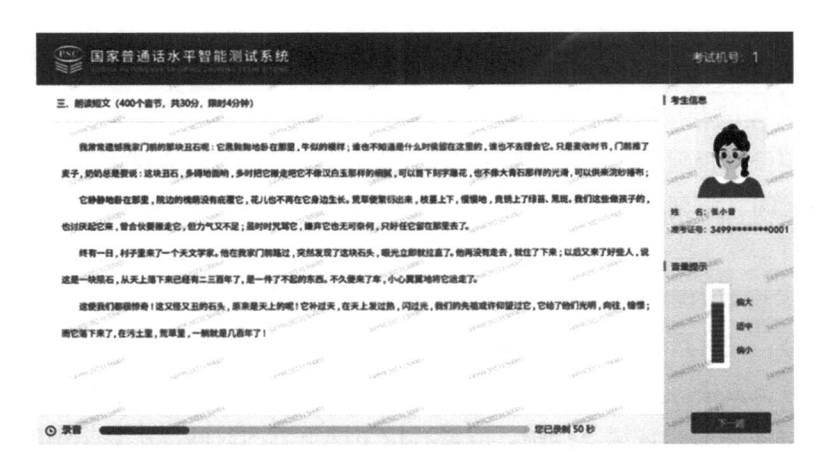

图 2-11　朗读短文

＊注意：朗读时保持音量稳定，音量大小与试音音量一致，音量过低会导致评测失败。

第 4 题　命题说话

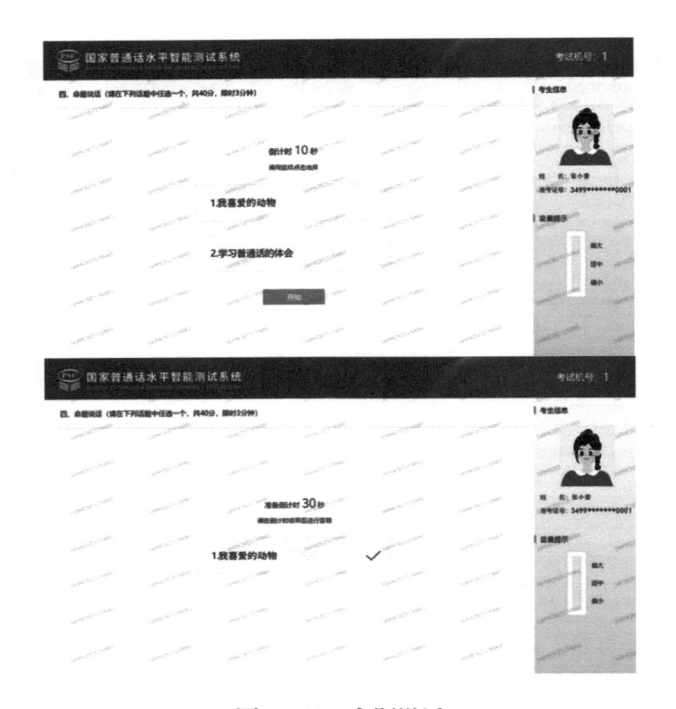

图 2-12　命题说话

＊注意：

1. 应试者按照电脑页面提示，在倒计时 10 秒内使用鼠标点击选择说话的题目，否则系统默认为第一个话题。确认题目后，应试者有 30 秒的准备时间，听到"嘟"的一声后，开始答题。答题时请先读出你所选择的题目。

2. 说话内容需符合所选话题，离题或不具有评判价值的语料均会导致丢分；同时严禁携带文字或电子材料进入测试室，朗读文字材料将被取消考试资格。

3. 本题必须说满 3 分钟，应试者按主屏下方的时间提示条把握时间。

4. 说满 3 分钟后，系统会自动提交试卷。

补充说明：

如果您参加测试的站点采用指纹验证，则会在采集信息时采集您的指纹，您进入测试室时也将需要进行指纹验证。

第 三 章

普通话声母

普通话的音节由声母、韵母和声调三部分组成。声母指音节开头的辅音，传统的名称叫"字头"。普通话有 22 个声母，其中 21 个辅音声母，即 b、p、m、f、d、t、n、l、g、k、h、j、q、x、zh、ch、sh、r、z、c、s 和一个零声母。零声母是指音节开头没有声母，由韵母和声调组成的音节，如"爱（ài）、移（yí）、五（wǔ）、遇（yù）"。辅音的特点是时程短（除擦音外）、音势弱，很容易受到干扰。一般来说，发音的准确度更多表现在声母上，声母是吐字准确清晰的基础，练习普通话发音，必须认真练习声母的发音，努力做到"咬得准、发得清"，使整个音节完整、清晰。

第一节　普通话声母发音

声母是普通话语音中的一个重要组成部分，它代表了每个音节开头的辅音部分。声母的发音部位指的是发音过程中声带、口腔或其他器官的位置，发音方法指的是发音时声音的产生方式。

一　声母的发音部位

普通话的声母按照发音部位分为七组：

1. 双唇音：b、p、m

b（bǐ）：双唇轻轻闭合，稍微用力爆发气流，发出清辅音。

p（pí）：双唇紧闭，然后突然张开，发出清辅音。

m（mí）：双唇轻轻闭合，气流振动声带，通过鼻腔发出浊辅音。

2. 唇齿音：f

f（fó）：下唇接近上齿，形成窄缝，气流从唇齿间的窄缝中挤出，发出清辅音。

3. 舌尖前音：z、c、s

z（zī）：舌尖轻轻抵住下齿背，声带不振动，摩擦成声，发出清辅音。

c（cī）：舌尖轻轻抵住下齿背，声带不振动，气流较强，摩擦成声，发出清辅音。

s（sī）：舌尖轻轻抵住下齿背，声带不振动，摩擦成声，发出清辅音。

4. 舌尖中音：d、t、n、l

d（dā）：舌尖紧贴上齿龈，憋住气，然后突然放开，使气流爆破而出，声带不振动，发出清辅音。注意发音时舌尖要有力地弹开。

t（tā）：发音方法与d相似，舌尖紧贴上齿龈，憋住气后突然放开，但在放开时送气更强，声带不振动，发出清辅音。与d相比，t的发音更为轻快，带有较强的送气。

n（nā）：舌尖轻贴上齿龈，同时软腭下降，打开鼻腔通路，气流振动声带，声音从鼻腔通过，发出浊辅音。注意在发音过程中，舌尖应始终保持轻贴在上齿龈的位置。

l（lā）：舌尖轻抵上齿龈，但并不像n那样贴紧。发音时，气流从舌的两侧或一侧流出，同时声带振动，发出浊辅音。注意l的发音中，舌尖的位置相对较为灵活，不应过于紧张地贴住上齿龈。

5. 舌尖后音：zh、ch、sh、r

zh（zhī）：舌尖上翘抵住硬腭前部，然后舒张，发出清辅音。

ch（chī）：舌尖上翘抵住硬腭前部，然后舒张，发出清辅音。

sh（shī）：舌尖上翘接近硬腭前部，然后舒张，发出清辅音。

r（rī）：舌尖上翘接近硬腭前部轻触上齿龈，然后舒张，声带振动，发出浊辅音。

6. 舌面前音：j、q、x、

j（jī）：发音时，舌面前部紧贴上齿龈后部，然后突然离开，形成一个爆破音。声带不振动，发出清辅音。注意体会舌面前部与上齿龈后部的接触与迅速分离的感觉,这是"j"发音的关键部位。

q（qī）：发音方法与"j"相似,舌面前部也是紧贴上齿龈后部,但在发音时,送气更强,形成一个有力的喷气音。声带同样不振动,也是清辅音。感受舌面前部与上齿龈后部的紧密接触后迅速放开,并加强送气的力度。

x（xī）：发音时,舌面前部接近硬腭前部,但并不紧贴,而是留出一道窄缝,让气流从中轻轻擦过,形成一个摩擦音。声带不振动,发出清辅音。在这个过程中,要特别注意舌面前部与硬腭前部的接近程度,以及气流通过时产生的轻微摩擦感,这是"x"发音的重要特征。

7. 舌面后音：g、k、h

g（gē）：发音时,舌根隆起紧贴软腭,然后突然放开,使气流爆破而出,同时声带不振动,发出清辅音。注意不是喉头收缩,而是舌根的动作。

k（kē）：发音方法与 g 相似,舌根隆起紧贴软腭,然后突然放开,但在放开时送气更强,声带不振动,发出清辅音。与 g 相比,k 的发音送气更为明显。

h（hē）：发音时,舌根靠近软腭,留一道窄缝,让气流从中通过,产生摩擦声,声带不振动,发出清辅音。这个过程中,喉头并没有明显的松开动作,而是舌根与软腭之间形成一个狭窄的通道供气流通过。

二 声母的发音方法

声母的发音方法可从三个方面来说明：

(一) 克服阻碍的方式

根据发音时气流克服阻碍方式的不同,可以把普通话的声母分为五类：

1. 塞音：b、p、d、t、g、k

塞音是指发音时气流被完全阻塞后突然释放的辅音。例如,双唇紧闭后突然放开形成的 b（如"波"bō 的声母）和 p（如"坡"pō 的声母）是双唇塞音,舌尖抵住上齿龈后迅速放开产生的 d（如"多"duō 的声母）和 t（如"特"tè 的声母）是齿龈塞音，而舌根紧贴上颚后突然释放发出的 g（如"哥"gē 的声母）和 k（如"科"kē 的声母）则是硬腭塞音。

2. 擦音：f、s、sh、x、h、r

擦音是指发音时气流通过口腔狭窄通道产生摩擦声的辅音。例如，f（fēng）上齿和下唇之间的擦音，h（hēi）是舌面后部和软腭形成的擦音，s（sī）舌尖与下齿背之间的擦音，r（rī）和 sh（shī）是舌尖与上齿龈之间的擦音，x（xī）是舌面与硬腭之间的擦音。

3. 塞擦音：j、q、z、c、zh、ch

塞擦音是指发音时先形成短暂的阻塞（类似塞音），然后在稍后将气流通过狭窄通道产生擦音的辅音。例如，j（jī）和 q（qī）是舌面前部与硬腭接触形成阻塞，然后将气流通过狭窄通道产生擦音的辅音，z（zī）和 c（cī）舌尖与下齿背之间的擦音，zh（zhī）和 ch（chī）是舌尖与上齿龈之间的擦音。

4. 鼻音：m、n

鼻音是指发音时气流通过鼻腔而不通过口腔产生声音的辅音。例如，m（mí）是双唇鼻音，n（nǐ）是齿龈鼻音。

5. 边音：l

边音是指发音时舌尖或舌侧与上齿龈接触，但两侧有一条或两条气流通过舌侧产生声音的辅音。例如，l（lā）是边音。

（二）气流的强弱

根据发音时呼出的气流的强弱，可以把普通话声母中的塞音和塞擦音分为两类，就是送气音和不送气音。

1. 送气音：p、t、k、q、ch、c

发音时，送气音的声母嘴唇、舌等口腔器官迅速闭合或摩擦后，随着口腔内外气压的急剧变化，产生气流冲击感觉。

2. 不送气音：b、d、g、j、zh、z

发音时，不送气音的声母嘴唇、舌等口腔器官迅速闭合或摩擦后立即松开，口腔内外压力几乎没有变化，不会带有明显的气流冲击感觉。

（三）声带是否颤动

根据发音时声带是否颤动，可以把普通话的声母分为两类，即清音和浊音。

1. 清音：声带不振动的辅音称为清音。清音包括 b、p、f、d、t、g、k、h、j、q、x、zh、ch、sh、z、c、s。

2. 浊音：声带振动的辅音称为浊音。浊音包括 m、n、r、l、ng 五个。

三 声母的发音要领

把声母的发音部位和发音方法结合起来，可以说明普通话 21 个声母是如何发音的。

1. b [p] 双唇、不送气、清、塞音

发音时，双唇紧闭，然后突然张开，气流通过口腔时产生爆破音。舌头放松，不与其他部位接触。发音时主要是双唇中部着力，集中蓄气，用力发音。

示例：罢、拜、报、辨别、标兵。

2. p [pʰ] 双唇、送气、清、塞音

发音时，双唇紧闭，然后突然张开，气流通过口腔时产生爆破音。与 b 的发音方法相同，但不振动声带。

示例：怕、派、炮、批评、乒乓。

3. m [m] 双唇、浊、鼻音

发音时，双唇紧闭，气流通过鼻腔，使声带振动。舌头放松，不与其他部位接触。

示例：骂、迈、冒、美满、面目。

4. f [f] 唇齿、清、擦音

发音时，上齿床与下唇轻微接触，气流通过口腔中央，使声带不振动。舌头放平，不与其他部位接触。

示例：法、飞、凤、方法、反复。

5. z [ts] 舌尖前、不送气、清、塞擦音

发音时，舌尖轻抵上齿背形成阻碍，软腭上升，堵住鼻腔通道，肺部呼出的气流通过喉头，但不振动声带，气流将舌尖与上齿背的阻碍冲

开一道窄缝，从中挤出，摩擦成声，形成先塞后擦的发音。

示例：杂、在、早、走卒、栽赃。

6. c [ts^h] 舌尖前、送气、清、塞擦音

发音的情形与 z [ts] 相同，只是发音时气流较强。

示例：擦、菜、草、层次、参差。

7. s [s] 舌尖前、清、擦音

发音时，舌尖接近上齿背，中间留一条窄缝，软腭上升，堵住鼻腔通道，肺部呼出的气流通过喉头，但不振动声带，气流经过口腔，从舌尖和上齿背的缝隙间摩擦而出。

示例：撒、塞、臊、思索、琐碎。

8. d [t] 舌尖中、不送气、清、塞音

发音时，舌尖抵住上齿龈，然后迅速离开，气流通过口腔中央，但不振动声带，较弱的气流冲破舌尖的阻碍，迸裂而出，爆发成声。

示例：大、代、到、地点、当代。

9. t [t^h] 舌尖中、送气、清、塞音

发音时，舌尖抵住上齿龈，然后迅速离开，气流通过口腔中央。与 d 的发音方法相同，但不振动声带。

示例：踏、太、套、团体、探讨。

10. n [n] 舌尖中、浊、鼻音

发音时，舌尖抵住上齿龈，气流通过鼻腔，使声带振动。

示例：纳、耐、闹、牛奶、农奴。

11. l [l] 舌尖中、浊、边音

发音时，舌尖抵住上齿龈，舌面卷起，形成通道，气流通过通道，使声带振动。

示例：辣、赖、烙、联络、劳力。

12. zh [tʂ] 舌尖后、不送气、清、塞擦音

发音时，舌尖上翘，抵住硬腭前部，软腭上升，堵住鼻腔通道，肺部呼出的气流通过喉头，但不振动声带，较弱的气流把舌尖与硬腭的阻碍冲开一条缝隙，并从中挤出，摩擦成声，形成先塞后擦的发音。

示例：诈、债、照、主张、政治。

13. ch [tʂʰ] 舌尖后、送气、清、塞擦音

发音的情形与 zh [tʂ] 相同，只是发音时气流较强。

示例：岔、拆、超、出产、查抄。

14. sh [ʂ] 舌尖后、清、擦音

发音时，舌尖上翘，接近硬腭前部，中间留一条窄缝，软腭上升，堵住鼻腔通道，肺部呼出的气流通过喉头，但不振动声带，气流从舌尖和硬腭前部的窄缝中摩擦而出。

示例：事、晒、哨、声势、手术。

15. r [ʐ] 舌尖后、浊、擦音

发音情况与 sh 相近，只是摩擦比 sh 弱，同时声带振动，气流带音。

示例：日、热、绕、柔软、仍然。

16. j [tɕ] 舌面前、不送气、清、塞擦音

发音时，舌面前部抬起抵住硬腭前部，软腭上升，堵住鼻腔通道，肺部呼出的气流通过喉头，但不振动声带，较弱的气流把舌面前部与硬腭前部的阻碍冲开一道窄缝，气流从中挤出，摩擦成声，形成先塞后擦的发音。

示例：架、街、建、积极、经济。

17. q [tɕʰ] 舌面前、送气、清、塞擦音

发音的情形与 j [tɕ] 相同，只是发音时气流较强。

示例：恰、窃、欠、请求、确切。

18. x [ɕ] 舌面前、清、擦音

发音时，舌面前部抬起接近硬腭前部，留出窄缝，软腭上升，堵住鼻腔通道，肺部呼出的气流通过喉头，但不振动声带，气流从舌面前部与硬腭前部形成的窄缝中摩擦而出。

示例：下、歇、县、学习、虚心。

19. g [k] 舌面后、不送气、清、塞音

发音时，舌根抵住软腭，然后突然离开，气流通过口腔时产生爆破音。肺部呼出的气流通过喉头，但不振动声带，较弱的气流冲破舌根的阻碍，爆发成声。

示例：尬、盖、告、骨干、国歌。

20. k［kh］舌面后、送气、清、塞音

发音的情形与 g［k］相同,只是爆破发音时气流较强。

示例:喀、慨、靠、刻苦、宽阔。

21. h［x］舌面后、清、擦音

发音时,喉咙收缩,声带张开,气流通过口腔中央。舌头放平,不与其他部位接触。肺部呼出的气流通过喉头,但不振动声带,气流从舌根和软腭形成的窄缝中摩擦而出。

示例:哈、害、浩、欢呼、辉煌。

四 零声母

在汉语拼音系统中,零声母是指一个音节的开头没有声母,直接从韵母开始发音的情况。这种发音方式在汉语中比较常见,而且广泛使用。通常情况下,一个汉字可以发出多个音节,而每个音节都由声母和韵母组成。例如,"家"这个字可以发出两个音节"j"和"ia",其中"j"是声母,"ia"是韵母。但有些汉字只有一个音节,即只有韵母,如"哦、呀、恩"等。这些音节就是零声母音节,如"ān(安)、ēn(恩)、áo(熬)、ōu(欧)、áng(昂)"等。零声母音节需要注意韵母的发音。不同韵母的发音方式不同,需要调整舌头高低位置,以及唇形、喉部等的协调。因此,在学习中,需要特别注意准确掌握韵母的发音方法,同时熟练掌握零声母音节的发音规律。

第二节 普通话声母辨正

一 zh、ch、sh 和 z、c、s

(一)发音辨正

1. 发音

b、p:有些学生发 b、p 时口型不准,嘴巴闭合不紧或者张开太大,影响发音。正确的发音应该是双唇紧闭,然后突然张开,气流通过口腔时产生爆破音。

d、t:有些学生发 d、t 时,舌头位置不准,或者舌头没有快速离开上齿龈,导致音色不清晰。正确的发音应该是舌尖抵住上齿龈,然后迅

速离开，气流通过口腔中央时产生爆破音。

g、k：有些学生发 g、k 时，舌头位置不准，或者没能抵住软腭，导致发音不清晰。正确的发音应该是舌根抵住软腭，然后突然离开，气流通过口腔时产生爆破音。

j、q、x：有些学生发 j、q、x 时，舌头位置不准，或者没有形成良好的通道，无法产生清晰的音色。正确的发音应该是舌尖抵住上齿龈，舌面卷起，形成通道，气流通过通道时产生爆破音。

zh、ch、sh：有些学生发 zh、ch、sh 时，没有形成良好的通道或者没有正确发声，导致音色不准确。正确的发音应该是舌尖抵住上齿龈，舌面卷起，形成通道，气流通过通道时使声带振动。

2. 音节拼合规律

从音节拼合规律来看，普通话声母 z、c、s 不与韵母 ua、uai、uang 相拼，即韵母是 ua、uai、uang 的字，在 zh、ch、sh 和 z、c、s 两组声母中，只跟 zh、ch、sh 拼。另外，韵母 ong 不能和声母 sh 构成音节。

3. 利用声旁的声母读音进行判断

形声字声旁声母为 d、t 的，其声母往往是 zh、ch、sh：

d—摘绽召滞终坠、t—纯

t—治幢撞、d—税说擅

d—蝉阐铛橙侈初颤、t—蛇社始

（二）发音对比练习

1. 单字对比练习

z—zh　杂—闸　醉—坠　增—争　尊—谆　暂—站　奏—宙

c—ch　才—柴　村—春　蚕—缠　催—吹　窜—串　此—尺

s—sh　苏—书　桑—伤　嗓—赏　伞—闪　搜—收　僧—生

2. 词语对比练习

z—zh	在职	自传	资助	滋长	遵照	做主	赞助	组装
	罪证	增长	组织	奏章	栽种	增值	诅咒	资质
	沼泽	著作	正在	职责	铸造	正宗	振作	这则
	治罪	制作	拙作	捉贼	桌子	住在	装载	旨在

续表

c—ch	操场	存储	磁场	此处	辞呈	刺穿	粗茶	彩车
	残喘	残春	餐车	财产	猜出	裁处	侧窗	促成
	出错	出操	筹措	储存	尺寸	吃醋	持仓	柴草
	除草	陈词	差错	储藏	成才	船舱	穿刺	川菜
s—sh	随时	琐事	扫视	损失	赛事	宿舍	素食	塞上
	私事	四声	损伤	飒爽	缩水	诉说	所属	算术
	疏松	深思	收缩	哨所	失散	绳索	申诉	深邃
	神速	生死	疏散	书肆	石笋	伸缩	神思	寿司

二 n 和 l

（一）发音辨正

1. n 和 l 的相同点

发音部位相同。n 和 l 都是舌尖抵住上齿龈进行发音。对于 n，舌尖要紧贴上齿龈，气流通过鼻腔产生鼻音；对于 l，舌尖轻触上齿龈，气流通过口腔产生边音。

2. n 和 l 的不同点

（1）发音方式不同：n 是鼻音，l 是边音。在发音时，n 通过鼻腔产生声音，声带振动；l 则通过口腔产生声音，声带不振动。

（2）发音清晰度不同：n 的发音相对来说比较清晰，发音时舌尖与上齿龈之间的接触点明确；l 的发音稍微模糊一些，舌尖与上齿龈的接触不像 n 那样明显。

（3）音变规律不同：n 在前后鼻音中的发音比较稳定，不受前后音的影响；而 l 的发音受前后音的影响较大，会发生音变，如"li"在前鼻音前读为"n"，如"蓝"读成"兰"。

3. n 和 l 的拼合规律

从拼合规律看，跟 ou、uen 相拼的声母都是 l，常用字如"娄、漏、论、轮"等；l 跟 ü 相拼的音节多，常用字如"绿、驴、旅、律、吕、率"等，而 n 跟 ü 相拼的音节常用字只有一个"女"；l 跟 ɑng 相拼的音节多，常用字如"狼、浪"等，n 跟 ang 相拼的音节少，常用字只有一个"囊"；l 跟 iang 相拼的音节多，常用字如"两、凉、亮、良、辆"等，n 跟 iang 相拼的音节少，只有"娘、酿"两个；l 跟 in 相拼的音节多，常用字如"林、临、邻、淋、吝"等，n 跟 in 相拼的音节少，常用字只有一个"您"。

（二）发音对比练习

1. 单字对比练习

n—l 那—蜡 年—连 娘—凉 脑—老 泥—离
　　 您—林 宁—灵 内—类 浓—龙 念—恋

2. 组词对比练习

n—n	奶牛	男女	南宁	那年	年内	暖男	牛奶	恼怒
	泥泞	能耐	忸怩	内能	农奴	奶娘	妞妞	袅袅
l—l	劳碌	冷落	理论	另类	料理	联络	来历	浏览
	兰陵	凌乱	力量	莅临	邻里	拉链	轮流	靓丽
n—l	纳凉	耐力	脑力	逆流	暖流	能量	内陆	奴隶
	年龄	农历	奶酪	女郎	嫩绿	凝练	男篮	闹铃
l—n	理念	辽宁	历年	留念	龙女	流年	冷暖	来年
	蓝鸟	岭南	冷凝	烂泥	老年	老牛	列宁	两难

三　f 和 h

（一）发音辨正

1. 相同点

发音部位相同。f 和 h 都属于唇齿音，即发音时涉及唇部和齿部的协调动作。对于 f，上唇和下齿紧密合拢，气流从唇缝中通过；对于 h，口腔张开，舌尖轻触下齿龈。

2. 不同点

（1）阻碍部位不同：f 是上齿和下唇形成阻碍；h 是舌面后部和软腭形成阻碍。

（2）气流不同：f 的发音通过唇缝中的气流产生摩擦声；h 的发音通

过口腔中的气流产生声音，不涉及唇齿间的摩擦。

（3）发音清晰度不同：f 的发音相对来说比较清晰，唇齿间的接触点明确，发音鲜明；h 的发音相对模糊一些，因为没有涉及到唇齿间的摩擦，所以发音不如 f 那样清晰。

（二）发音对比练习

1. 单字对比练习

f—h：夫—乎　发—花　飞—灰　房—黄　副—户
　　　烦—环　粉—很　风—哼　反—缓　方—慌

2. 组词对比练习

f—f	纷繁	佛法	非凡	纷飞	防范	方法	丰富	奋发
	仿佛	付费	发放	繁复	夫妇	防腐	放风	芳菲
h—h	混合	花卉	辉煌	欢呼	皇后	回环	会话	悔恨
	挥霍	荷花	含糊	货号	黄昏	火红	好汉	划痕
f—h	绯红	复活	烽火	凤凰	繁华	符号	发挥	分化
	符合	分红	负荷	粉红	反悔	发货	防火	丰厚
h—f	回复	盒饭	恢复	海风	合肥	伙房	活佛	豪放
	海防	挥发	划分	焕发	话费	红粉	护肤	横幅

四　r 和 l

（一）发音辨正

r 是舌尖后浊擦音，发音时舌尖翘起接近硬腭前部，形成一条窄缝，声带颤动，气流从缝隙中摩擦而出。l 是舌尖中浊边音，舌尖在上齿龈上轻轻弹一下，声带颤动，呼出气流。有些方言把普通话中 r 声母的字，读成 l 声母。

（二）发音对比练习

1. 单字对比练习

r—l：热—乐　柔—楼　融—龙　如—炉　让—浪　润—论

2. 组词对比练习

r—r	软弱	仍然	融入	容忍	柔软	冉冉	柔弱	嚷嚷
	荏苒	忍让	荣辱	如若	柔韧	闰日	荣任	人瑞
r—l	人类	热烈	锐利	燃料	热量	容量	日历	热恋
	认领	人力	熔炼	日落	热络	熔炉	热浪	染料

五　j、q、x 和 z、c、s

(一) 发音辨正

普通话声母 j、q、x 是舌面前音，z、c、s 是舌尖前音。j、q、x 发音容易出现的问题是发音部位靠前，接近舌尖前音 z、c、s。在普通话语音系统里，齐齿呼、撮口呼的韵母只同舌面前音 j、q、x 相拼，不同 z、c、s 相拼。也就是说，普通话中，i、ü 前面的声母可以是 j、q、x，但不能是 z、c、s。

(二) 发音对比练习

j—j	积极	急剧	即将	寂静	加剧	佳绩	艰巨	间接
	究竟	焦急	接近	讲究	经济	紧急	警戒	基建
q—q	齐全	气球	恰巧	前期	悄悄	窃取	亲戚	清泉
	凄切	蹊跷	弃权	牵强	前驱	确切	强权	乔迁
x—x	喜讯	细心	下旬	先行	鲜血	相信	详细	消息
	肖像	谢谢	新鲜	新兴	新型	信息	行星	虚心
j—z	节奏	夹杂	君子	杰作	激增	军姿	佳作	尽早
	机组	抉择	焦躁	尽责	就座	捐赠	救灾	家族
q—c	其次	青菜	清脆	取材	钱财	潜藏	芹菜	起草
	青瓷	器材	谦辞	情操	清仓	浅层	憔悴	青葱
x—s	相似	潇洒	相思	形似	习俗	细碎	徇私	限速
	闲散	香酥	遐思	血色	辛酸	羞涩	线索	逊色

第三节　普通话声母发音训练

一　词语训练

表 3-1　　　　　　　　词语训练

b	颁布	辨别	斑白	包办	奔波	标兵	版本
p	偏僻	批评	澎湃	乒乓	评判	婆婆	偏颇
m	秘密	面貌	美妙	美满	木棉	明媚	买卖
f	方法	反复	非凡	芬芳	风范	丰富	发奋
z	自在	祖宗	罪责	粽子	自尊	做作	总则
c	仓促	猜测	粗糙	措辞	摧残	苍翠	参差
s	松散	诉讼	思索	琐碎	嫂嫂	搜索	随俗
d	单独	道德	大豆	达到	担当	顶点	带动
t	梯田	天堂	推脱	淘汰	妥帖	贪图	跳台
n	男女	泥泞	恼怒	能耐	牛奶	农奴	扭捏
l	历来	流利	伶俐	联络	拦路	劳力	伦理
zh	庄重	珍珠	指针	主张	追逐	招展	周折
ch	车床	出差	戳穿	超产	拆除	冲茶	长城
sh	设施	时尚	杀伤	上升	山水	手术	生疏
r	人人	仍然	柔软	容忍	闰日	软弱	忍让
j	积极	基建	酒精	拒绝	奖金	胶卷	进军
q	齐全	全球	窃取	请求	强权	亲戚	铅球
x	写信	休学	形象	喜讯	详细	现象	戏谑
g	各国	灌溉	古怪	公告	广告	更改	杠杆
k	可靠	宽阔	困苦	框框	慷慨	开口	坎坷
h	荷花	欢呼	呼唤	火花	航海	憨厚	好坏

二 绕口令训练

（一）双唇音训练

（1）桃子不剥削剥皮剥削，剥皮不剥削剥桃皮。

（2）吃葡萄不吐葡萄皮，不吃葡萄倒吐葡萄皮。

（3）白庙外蹲一只白猫，

白庙里有一顶白帽。

白庙外的白猫看见了白庙里的白帽，

叼着白庙里的白帽跑出了白庙。

（二）唇齿音 f 和舌根音 h 训练

我们要学理化，他们要学理发，理化理发要分清。理化不是理发、理发不是理化，学会理发学不会理化，学会理化学不会理发。

（三）舌尖前音 z、c、s 和舌尖后音 zh、ch、sh 训练

（1）报纸是报纸，抱子是抱子，

报纸抱子两回事；

看报纸不是看抱子，

只能抱子看报纸。

（2）红瓷砖，青瓷砖，红瓷砖上堆着青瓷砖，青瓷砖下堆着红瓷砖，红瓷砖上放着紫瓷盘，青瓷砖上放着生鱼翅，要把青瓷砖上的生鱼翅放到红茶瓷砖上的紫瓷盘里，不要把红瓷砖上的紫瓷盘放到青瓷砖上的生鱼翅上。

（四）舌尖中音训练

（1）南边来了两队篮球运动员。

男运动员穿蓝球衣，女运动员穿绿球衣。

他们不怕累，不怕难，男女运动员努力练投篮。

（2）白石塔，白石搭，

白石搭白塔，白塔白石搭。

搭好白石塔，白塔高又大。

（五）舌面前音训练

（1）七加一，七减一，

加完减完等于几？

七加一，七减一，
加完减完还是七。
（2）小七抱着灰鸡要上飞机，飞机不让灰鸡上飞机。
飞机起飞小七要和灰鸡一起飞，飞机不让灰鸡和小七一起飞。

四　语篇训练

　　美犹如盛夏的水果，是容易腐败而难保持的。世上有许多美人，他们有过放荡的青春，却迎受着愧悔的晚年。因此，应该把美的形貌与美的德行结合起来。这样，美才会放射出灿烂的光辉。

节选自弗朗西斯·培根《论美》

　　堂后一座假山，石头并不好，堆叠得还不算傻瓜。里头藏着个小洞，有：神龛，石桌，石凳之类。可是外边看，不仔细看不出，得费点心去发现。假山上满可以爬过去，不顶容易，也不顶难。后山有座无梁殿，红墙，各色琉璃砖瓦，屋脊上三个瓶子，太阳里古艳照人。殿在半山，岿然独立，有俯视八极气象。天坛的无梁殿太小，南京灵谷寺的太黯淡，又都在平地上。山上还残留着些旧碉堡，是乾隆打金川时在西山练健锐云梯营用的，在阴雨天或斜阳中看最有味。又有座白玉石牌坊，和碧云寺塔院前那一座一般，不知怎样，前年春天倒下了，看着怪不好过的。

节选自朱自清《松堂游记》

　　闽南的元宵节看着竟似比别处热闹些，虽还未到正月十五，已是花灯满街了，处处提醒着要团团圆圆才能圆满的人生意境，令我不自觉有些想家了。

　　元宵节在闽北是一向要舞龙灯的。而记忆最深的是九三年那年，竟是组了一个浩大的灯队，有龙的，有狮的，有鲤鱼跃龙门，有孙悟空三打白骨精，也有黛玉葬花等等人物繁杂的灯，要一路从市街舞将过来。母亲早得了消息，要拉我看去。

节选自阿单《又是花灯满街》

独自由南国漂泊到京都，在这里度过如许孤寂的时光，夜夜孤灯长伴，青春便沿着书页字间飘移，生命化作行行抒情抑或并不抒情的文字，只把日子过得如北国的大地般荒凉。只把心灵来叩问，人的一生，是应该如何地度过呢？我为什么要如此地奔波而不屈地寻找那极目难眺的远岸呢？伴我只有京都月华，它柔凉而明净，轻轻地在窗前铺展一方，引我乡思无限。而这些时日，文稿卖得不多，口袋里常常空空如也，以至于挤压去我本来可能获得的诗情。没有诗情也罢，甚而令我连丁点儿的游兴也无，想想那毫无湿润的土地，令我的心灵也干渴。

节选自古清生《一朵小花》

　　在百花园中，首先耀人眼目的是中央高耸着的一座百花台。那高踞台顶，披着鲜艳彩衣，对游人含笑相迎的，是四川名产杜鹃花。举目望去，仿佛看见一幅峰峦处处，白云缭绕，"遍青山啼红了杜鹃"的美景。再数一数台上的花种，有石蜡红、瓜叶菊、年景花、地洋花、草鞋花、金星草、石竹花、洋桃花……真是多得一口气也说不完。它们中间还有成都从来少见的荷苞牡丹。这无数的花草，又各有若干品种，以"一串红"为代表的，就有"一串白、一串蓝"，不少新品种都是近年来园艺工人辛勤培养出来的。他们以大胆创造的精神，打破了"年年岁岁花相似"这个说法，而使人民大众的大花园里，平添出无数"新花"。

节选自钟树梁《赞成都百花园》

　　在岸上，椰林凌霄；看海里，巨浪排空。"波青海面阔，沙白磊石圆"，又是郭老的诗写出了这一带的壮丽景色。天然啸聚在这里的磊磊奇石，像石林，像岩丛，青黝黝，圆滚滚，熊蹲虎踞，姿态万千。有的更像金水桥边的石狮子，坐镇南天门，气势雄伟，万钧巨力也难撼摇它一根毫毛。在一尊独立的圆锥形高大的岩石上，不知什么年代刻有"南天柱"四个遒劲大字，看上去真有点像独支苍穹的样子。想到共工氏"怒而触不周之山，天柱折，地维绝"的远古年代，"女娲炼五色石以补苍天，断鳌足以立四级"，这可就是那时的遗物么？不禁令人追慕宇宙洪荒世纪，原始巨人开天辟地的业绩的宏伟了。

节选自吴伯箫《天涯》

五 z、c、s 和 zh、ch、sh 声母代表字类推表

表 3-2   z 声母类推字表

匝—zá 砸。

赞—zǎn 攒（积攒）；cuán 攒（攒在一起）。

澡—zào 噪，燥，躁；cāo 操；sāo 臊。

造—cāo 糙。

则—cè 侧，厕，测，恻；zhá 铡。

责—zé 啧，帻，箦；zhài 债。

曾—zēng 增，憎，缯；cèng 蹭；sēng 僧。

资—zī 咨，姿，资，赼。

兹—zī 滋，孳。

子—zī 孜；zǐ 仔，籽；zì 字。

宗—zōng 综，棕，踪，鬃；cóng 淙，琮；chóng 崇。

卒—zuì 醉。

祖—zū 租；zǔ 诅，阻，组，祖，俎。

尊—zūn 遵，樽，鳟。

表 3-3   zh 声母类推字表

占—zhān 沾，毡，粘；zhàn 战，站；zhēn 砧；zuān 钻（钻探）；zuàn 钻（钻石）。

章—zhāng 獐，彰，漳，嫜，璋，蟑；zhàng 嶂，幛，瘴。

长—zhāng 张；zhǎng 涨；zhàng 帐，胀，账；chàng 怅。

丈—zhàng 仗，杖。

召—zhāo 招，昭；zhǎo 沼；zhào 诏，照；chāo 超。

折—zhé 哲；zhè 浙；shì 誓。

者—zhě 锗，赭；zhū 诸，猪，潴；zhǔ 煮，渚；zhù 著，箸；chǔ 楮，储。

珍—zhěn 诊，疹，轸；chèn 趁。

真—zhēn 镇；zhèn 镇；shèn 慎。

贞—zhēn 侦，桢，帧，祯。

争—zhēng 峥，狰，铮，睁，筝；zhèng 诤。

续表

正—zhēng 征；zhěng 整；zhèng 证，政；chéng 惩。
支—zhī 枝，肢；chì 翅。
只—zhī 织；zhí 职；zhì 帜；chì 炽；shí 识。
知—zhī 蜘；zhì 智；chī 痴。
直—zhí 值，植，殖；zhì 置。
执—zhí 贽，挚，鸷；zhé 蛰。
止—zhǐ 芷，址，趾；chǐ 耻。
志—zhì 痣。
至—zhì 郅，致，窒，蛭；shì 室。
中—zhōng 忠，盅，钟，衷；zhǒng 肿；zhòng 仲；chōng 冲，忡。
朱—zhū 侏，诛，茱，洙，珠，株，铢，蛛；shū 姝，殊。
主—zhǔ 拄；zhù 住，注，驻，柱，炷，疰，蛀。
专—zhuān 砖；zhuǎn 转（转变）；zhuàn 啭，转（转动）。
啄—zhuō 涿；zhuó 诼，琢。

表3-4　　　　　c 声母类推字表

仓—cāng 伧，苍，沧，舱；chuāng 疮；chuàng 怆。
蔡—cā 擦，嚓；chá 察。
才—cái 材，财；chái 豺。
采—cǎi 彩，睬，踩；cài 菜。
参—cǎn 惨。
曹—cáo 嘈，漕，槽，螬。
兹—cí 慈，磁，鹚，糍。
此—cī 疵；cí 雌；cǐ 泚；chái 柴。
从—cōng 苁，枞；cóng 丛；zòng 纵。
醋—cuò 措，错。
窜—cuān 撺，蹿。
崔—cuī 催，摧；cuǐ 璀。
粹—cù 猝；cuì 萃，啐，淬，悴，瘁，翠。
寸—cūn 村；cǔn 忖。
挫—cuó 痤；cuò 锉。

表 3–5　　ch 声母类推字表

叉—chà 杈，衩，汊；chāi 钗。

馋—chān 搀；chán 馋。

产—chǎn 铲。

昌—chāng 菖，猖，阊，娼，鲳；chàng 倡，唱。

场—cháng 肠；chàng 畅。

抄—chāo 钞；chǎo 吵，炒。

朝—cháo 嘲，潮。

辰—chén 宸，晨；chún 唇；zhèn 振，赈，震；shēn 娠；shèn 蜃。

成—chéng 诚，城；shèng 盛。

呈—chéng 程，酲；chěng 逞。

池—chí 驰，弛。

斥—chè 坼；chāi 拆；sù 诉。

筹—chóu 俦，畴，踌。

绸—chóu 惆，稠。

出—chǔ 础；chù 绌，黜；zhuō 拙；zhuó 苗。

厨—chú 橱，蹰。

除—chú 滁，蜍。

喘—chuāi 揣；zhuì 惴。

垂—chuí 陲，捶，棰，锤。

春—chūn 椿，蝽；chǔn 蠢。

啜—chuò 辍。

散—sǎ 撒；sǎn 馓。

桑—sǎng 搡，嗓。

表 3–6　　s 声母类推字表

叟—sǎo 嫂；sōu 搜，嗖，溲，馊，飕，螋，艘；shòu 瘦。

司—sì 伺，饲；cí 词，祠。

思—sī 锶；sāi 腮，鳃。

斯—sī 厮，撕，嘶，澌。

四—sì 泗，驷。

松—sōng 忪，淞；sòng 讼，颂。
素—sù 嗉，愫。
遂—suì 邃，隧，燧。
孙—sūn 荪，狲。
唆—suō 梭；suān 狻，酸。
锁—suǒ 唢，琐。

表3-7　　　　　　　　sh 声母类推字表

山—shān 舢；shàn 讪，汕，疝。
珊—shān 删，姗，跚，栅；zhà 栅；cè 册。
扇—shān 煽。
善—shàn 鄯，缮，膳，蟮，鳝。
尚—shǎng 垧，晌，赏；cháng 徜。
捎—shāo 梢，稍，筲，艄，鞘；shào 哨。
少—shā 沙，纱，砂，莎，痧，裟，鲨；suō 娑。
召—sháo 韶；shào 邵，劭，绍。
舍—shá 啥；shē 猞。
申—shēn 伸，呻，绅；shén 神；shěn 审，婶。
参—shèn 渗。
生—shēng 牲，笙，甥，胜。
诗—shì 侍，恃；chí 持；zhì 峙；sì 寺。
狮—shī 狮；shāi 筛；sī 蛳。
市—shì 柿，铈。
式—shì 试，拭，轼，弑。
受—shòu 授，绶。
抒—shū 纾，舒。
叔—shū 淑，菽。
孰—shú 塾，熟。
暑—shǔ 署，薯，曙。
刷—shuàn 涮。
率—shuāi 摔；shuài 蟀。

六　n 和 l 声母代表字类推表

表 3-8　　　　　　　　　　　n 声母类推字表

那—nǎ 哪；nuó 挪，娜（婀娜）。
乃—nǎi 奶，艿，氖。
奈—nài 萘，捺。
南—nán 喃，楠。
脑—nǎo 恼，瑙。
内—nè 讷；nà 呐，纳，衲，钠。
尼—ní 泥，呢（呢绒）；nì 泥（拘泥）。
倪—ní 霓，猊，伲。
念—niǎn 捻；niàn 埝。
捏—niè 涅。
聂—niè 蹑，嗫。
宁—níng 柠，咛，狞；nìng 泞。
纽—niǔ 妞；niǔ 扭，钮。
农—nóng 浓，脓，侬。
奴—nú 孥，驽；nǔ 努；nù 怒。
疟—nüè 疟（谑念 xuè）。
诺—nuò 喏，锘；nì 匿。
懦—nuò 糯。

表 3-9　　　　　　　　　　　l 声母类推字表

剌—lǎ 喇；là 辣，瘌；lài 赖、癞、籁。
炼—liàn 练。
腊—là 蜡；liè 猎。
恋—luán 峦，娈，孪，鸾，滦。
兰—lán 拦，栏；làn 烂。
良—liáng 粮；láng 郎，廊，狼，琅，榔。
蓝—lán 篮；làn 滥。
螂；lǎng 朗；làng 浪。

续表

览—lǎn 揽，缆，榄（橄榄）。
凉—liàng 谅，晾；lüè 掠。
劳—lāo 捞；láo 痨，唠（唠叨）；lào 涝。
梁—liáng 粱。
老—lǎo 佬，姥。
两—liǎng 俩（伎俩），魉；liàng 辆；liǎ 俩。
乐—lè 砾，栎（栎树）。
雷—léi 擂，镭；lěi 蕾；lèi 擂（擂台）。
列—liě 咧；liè 烈，裂；lì 例。
累—luó 骡，螺；luǒ 瘰；luò 漯，摞。
林—lín 淋，琳，霖；lán 婪。
离—lí 漓，篱，璃。
嶙—lín 辚，鳞，麟，磷。
里—lǐ 厘，狸；lǐ 理，鲤。
令—líng 伶，玲，铃，羚，聆，蛉，零，龄；lǐng 岭，领；lìng 呤；lěng 冷；lín 邻；lián 怜。
力—lì 荔；liè 劣；lèi 肋；lè 勒。
历—lì 沥，雳，呖，枥。
粒—lì 笠；lā 拉，垃，啦。
菱—líng 凌，陵；léng 棱。
厉—lì 励，砺。
流—liú 琉，硫。
利—lí 梨，犁，蜊；lì 俐，痢，莉，猁。
留—liū 溜；liú 馏，榴，瘤。
连—lián 莲，涟；liǎn 琏；liàn 链。
柳—liáo 聊。
廉—lián 濂，镰。
龙—lóng 咙，聋，笼，胧，珑；lǒng 陇，垄，拢。
脸—liǎn 敛；liàn 殓，潋。
隆—lóng 癃，窿。
路—lù 鹭，露，潞，璐。
娄—lóu 喽，楼；lǒu 搂，篓；lǚ 缕，屡。
吕—lǚ 侣，铝。

卢—lú 泸，栌，颅，胪，鲈，轳。

虑—lǜ 滤。

鲁—lǔ 橹。

仑—lūn 抡；lún 伦，沦；lùn 论。

录—lù 碌，绿，睩。

罗—luó 逻，萝，锣，箩。

鹿—lù 漉，麓。

洛— luò 落，络，骆；lào 烙，酪；lüè 略。

七　f 和 h 声母代表字类推表

表 3 – 10　　　　　　　　f 声母类推字表

发—fèi 废。

乏—fàn 泛。

伐—fá 阀，筏，垡。

凡—fān 帆；fán 矾，钒。

蜂—fēng 烽，锋，蜂。

夫—fū 肤，麸；fú 芙，扶。

弗—fú 拂，佛，氟；fó 佛；fèi 沸，狒，费，镄。

番—fān 蕃，藩，翻。

反—fǎn 返；fàn 饭，贩，畈。

方—fāng 芳，坊（牌坊），钫；fáng 防，妨（妨害），房，肪；fàng 放。

非—fēi 菲，啡，绯，霏；fěi 诽，匪，榧，斐，蜚，翡；fèi 痱。

分—fēn 芬，吩，纷；fěn 粉；fèn 份，忿。

愤—fén 坟。

风—fēng 枫，疯；fěng 讽。

伏—fú 茯，栿。

孚—fū 孵；fú 俘，浮。

福—fú 幅，辐，蝠；fù 副，富。

甫—fū 敷；fǔ 辅；fù 傅，缚。

父—fǔ 斧，釜。

续表

付—fú 符；fǔ 府，俯，腑，腐；fù 附，驸，咐。

复—fù 腹，蝮，馥，覆。

表 3–11　　　　　h 声母类推字表

禾—hé 和。

红—hóng 虹，鸿。

洪—hōng 哄（哄传），烘；hǒng 哄（哄骗）；hòng 哄（起哄）。

乎—hū 呼，滹。

忽—hū 惚，唿。

胡—hú 湖，葫，猢，瑚，糊（糊涂），蝴。

狐—hú 弧。

虎—hǔ 唬，琥。

户—hù 沪，护，戽，扈。

化—huā 花，哗（哗啦）；huá 华，哗，铧；huà 华（姓），桦；huò 货。

话—huó 活。

怀—huái 坏。

还—huán 环。

奂—huàn 涣，换，唤，焕，痪。

荒—huāng 慌；huǎng 谎。

皇—huáng 凰，湟，惶，徨，煌，蝗，隍。

黄—huáng 璜，癀，磺，蟥，簧。

晃—huǎng 恍，幌。

灰—huī 恢，诙。

挥—huī 辉；hūn 荤；hún 浑，珲。

回—huí 茴，蛔，徊（低徊）；huái 徊（徘徊）。

悔—huì 诲，晦。

会—huì 绘，烩。

惠—huì 蕙。

昏—hūn 阍，婚。

混—hún 馄。

火—huǒ 伙，钬。

或—huò 惑。

八 3500 常用字中 53 个 r 声母字

表 3-12

儒	蠕	乳	辱	入	褥	热
软	攘	荣	熔	润	惹	榕
闰	绕	溶	瑞	扰	蓉	锐
饶	弱	蕊	让	绒	褥	壤
茸	若	瓤	日	染	嚷	仍
扔	蠕	燃	韧	儒	然	纫
如	任	肉	忍	刃	认	柔
揉	蹂	人	融	仁	冗	

第 四 章

普通话韵母

韵母是指一个音节中声母后面的部分,普通话中共有 39 个韵母。

第一节 韵母的结构与分类

一 韵母的结构

在汉语中,一般将韵母的结构分为韵头、韵腹和韵尾三个部分。以下是对这三个部分的解释:

韵头(开头元音):韵头是指位于整个音节的起始部分,也称为开头元音。它通常被称为介音,出现在声母之后,韵腹之前。在汉语拼音系统中,韵头只有"i、u、ü"三个,常见于 ia、ua、üe、iao 等。

韵腹(核心元音):韵腹是韵母的核心部分,声音最响亮清晰,所以也叫作"主要元音"。它位于整个音节的中间位置。在汉语拼音系统中,常见的韵腹包括"a、o、e、i、u、ü"等字母。

韵尾(结束辅音):韵尾是指位于整个音节的末尾部分,也称为结束辅音。它出现在韵腹之后,只有"n、ng、i、u"四个。

韵母的主要组成部分是元音,但请记住:元音不等于韵母,因为韵母最少有一个元音,也可以由两个元音或三个元音组成;韵母中也可以由辅音 n 和 ng 来充当韵尾。

二 韵母的分类

根据不同的标准,普通话韵母可以划分为不同的类型(见表 4–1)。

（一）按照开头元音发音口型的不同，韵母可以分为四类，又叫"四呼"

开口呼：韵母开头不是"i、u、ü"的韵母属于开口呼。例如，在拼音系统中，"ba、dao"都属于开口呼。

齐齿呼：韵母开头是"i"的韵母属于齐齿呼。例如，在拼音系统中，"lia、jiao"都属于齐齿呼。

合口呼：韵母开头是"u"的韵母属于合口呼。例如，在拼音系统中，"gua、kuai"都属于合口呼。

撮口呼：韵母开头是"ü"的韵母属于撮口呼。例如，在拼音系统中，"jue、juan"都属于撮口呼。

（二）按照内部结构的不同，韵母可以分为三类

单元音韵母：单元音韵母指的是在一个音节中只有一个元音发音的韵母。

复元音韵母：复元音韵母指的是在一个音节中由两个元音组合形成的韵母。

鼻音尾韵母：鼻音尾韵母指的是以鼻音（n、ng）结尾的韵母。

表 4-1　　　　　　　　普通话韵母总表

韵母 按结构分 \ 按口形分	开口呼	齐齿呼	合口呼	撮口呼
单元音韵母	-i [ɿ] -i [ʅ]	i [i]	u [u]	ü [y]
	a [A]			
	o [o]			
	e [ɤ]			
	ê [ɛ]			
	er [ər]			

续表

按结构分 \ 按口形分	开口呼	齐齿呼	合口呼	撮口呼
复元音韵母		ia [iA]	ua [uA]	
			uo [uo]	
		ie [iɛ]		üe [yɛ]
	ai [ai]		uai [uai]	
	ei [ei]		uei [uei]	
	ao [au]	iao [iau]		
	ou [ou]	iou [iou]		
鼻音尾韵母	an [an]	ian [iɛn]	uan [uan]	üan [yan]
	en [ən]	in [in]	uen [uən]	ün [yn]
	ang [aŋ]	iang [iaŋ]	uang [uaŋ]	
	eng [əŋ]	ing [iŋ]	ueng [uəŋ]	
			ong [uŋ]	iong [yŋ]

第二节　普通话韵母发音

一　单元音韵母的发音

单元音韵母由一个元音构成，简称单韵母。普通话共有 10 个单韵母，分为三类：舌面元音 a、o、e、ê、i、u、ü；舌尖元音 -i [ɿ]、-i [ʅ]；卷舌元音 er。单元音韵母发音清晰、简洁，没有连音或滑音的成分。每个音节只包含一个元音音素，没有其他辅音的干扰。发音时，发音部位相对固定，即舌头和唇部的位置变化较小，不会有明显的舌部移动。例如，/a/ 音，舌头不需要过多地上下移动，而是保持在比较放松的位置。

第一，舌位的高低。发音时，舌头位置的高低叫舌位，口腔开合的程度叫开口度。在单元音韵母中，可以分为高音、中高音、中音和低音四个级别。

高元音：舌头抬得较高，接近上腭。例如/i/音和/ü/音。

半高元音：舌头抬得比较高，但比高音略低。例如/e/音。

半低元音：舌头保持在中间位置，不过分抬高或压低。例如/ê/音。

低元音：舌头下压，靠近口腔底部。例如/a/音。

第二，舌位的前后。以此为标准，元音可以分为前元音（如 i、ü）、央元音（如 e [ə]）、后元音（如 u、o）三种。

第三，唇形的圆展。唇形的圆展指的是嘴唇的形状，可以分为圆唇和展唇两种类型。

圆唇：嘴唇稍微收圆，呈现一个圆形。例如，ü/音。

展唇：嘴唇保持平展，不明显收圆。例如，a/音、o/音和/u/音。

综合上述三个条件，普通话七个舌面元音单韵母的发音情况可用舌位唇形图表示（见图 4-1）。

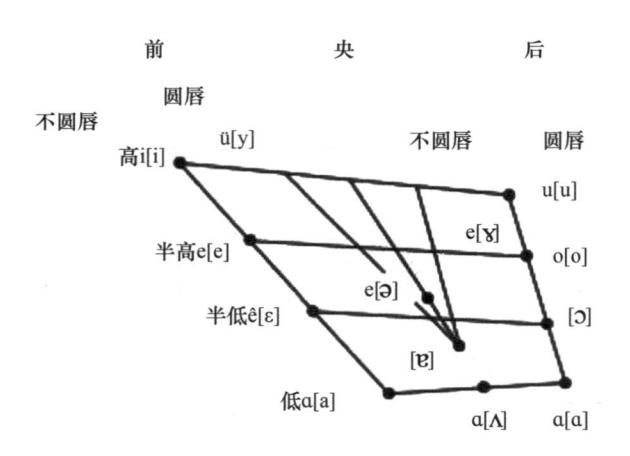

图 4-1 舌面元音舌位唇形图

舌面元音舌位唇形图，可以帮助我们了解发音的舌位和唇形，掌握各个元音之间的差异，准确地发出各个元音来。表 4-2 是对 10 个单元音的发音部位和发音方法的总结：

表 4－2　　　　　　　10 个单元音的发音部位和发音方法

单韵母 舌位唇形		舌面元音							舌尖元音		卷舌元音
		a	o	e	i	u	ü	ê	前	后	
舌位	高低	低	半高	半高	高	高	高	半低	-i[ɿ]	-i[ʅ]	er
	前后	央	后	后	前	后	前	前	展	展	展
唇形		圆展	展	圆	展	展	圆	圆	展		

（一）舌面元音单韵母

1. a [A] 舌面、央、低、不圆唇元音

发音时，口腔张开，舌头自然放平，舌尖接触下齿龈，上下齿微露。打开后声腔，呈半打哈欠状，软腭挺起，舌位较低，唇形不圆。发音时，注意要打开牙关，喉部和下巴放松，气流通畅，舌位避免偏前或靠后。

示例：啊、巴、法、炸、打靶、大厦、发达。

2. o [o] 舌面、后、半高、圆唇元音

发音时，口腔半闭，舌头后缩，舌根抬起，舌高点偏后，舌面两边微卷，舌中部凹进。特别要注意 o 和 e 的唇形区别，二者都是后半高元音，但 o 是圆唇音，e 是不圆唇音，唇形是展开的。

示例：薄、颇、模、伯、婆婆、泼墨、磨破。

3. e [ɤ] 舌面、后、半高、不圆唇元音

发音状况与 o 基本相同。与 o 不同的是发音时唇形不圆，嘴角展开，舌尖稍离下齿背，舌面平，舌高点偏后。发音时，舌根不要动。练习时保持微笑状态，上下齿之间要保持一定距离，这样才能发得更清晰、更完整。

示例：得、特、乐、歌、合格、特色、折射。

4. ê [ɛ] 舌面、前、半低、不圆唇元音

舌头处于口腔中部，稍微抬高但不过分接近上腭。舌尖应该保持平稳。舌面靠近前方，接近口腔前部。舌面与上腭之间的距离较短。嘴唇保持平展，不要收圆。不需要特别用力使嘴唇向前或向后移动。发 ê 音时，将口腔稍微张开，舌头放置在前部，舌面靠近上腭但不触碰。同时，嘴唇保持平展状态，不要用力收圆。ê 只在语气词"欸"中单用。ê 不与任何辅音声母相拼，只构成复韵母 ie、üe，并在书写时省去示例（上面）

的附加符号"参见复韵母"（ie、üe）。

5. i［i］舌面、前、高、不圆唇元音

发音时，唇形呈扁平状，舌头前伸使舌尖抵住下齿背，舌中部稍隆起，舌高点偏前。发这个音时，由于口腔开度较小，声音容易产生摩擦，我们可以尽可能地把口腔打开些，上下齿中间要有一定距离，这样发声会更清晰。

要注意尽量把嘴角向两边展开些，有意识地延长发音，以避免音色偏挤、偏窄。

示例：鼻、劈、第、体、笔记、比例、匹敌。

6. u［u］舌面、后、高、圆唇元音

发音时，口微开，圆唇，舌头后缩，舌面后部高度隆起和软腭相对，舌尖置下齿龈后，声带振动。软腭上升，关闭鼻腔通路。

u是普通话中舌位最后最高的元音，要注意"后音前发"，即唇形要圆并且前凸，口腔开度很小。

示例：补、扑、母、复、户主、不足、初步。

7. ü［y］舌面、前、高、圆唇元音

发音时，口微开，圆唇（近椭圆）略向前突，舌头前伸，舌面前部略隆起，舌尖抵住下齿背，声带振动。软腭上升，关闭鼻腔通路。

方言区的学习者要注意ü和i的区别，它们都是前高元音，不同之处在于唇形，ü是圆唇，i是不圆唇。

示例：淤、女、驴、吕、吕剧、屈居、须臾。

i、u、ü综合训练：

i：舌尖抵住下齿背，舌面前部隆起，双唇呈扁平形。

u：舌头后缩，舌面后部隆起，双唇拢圆。

ü：双唇拢圆，略向前突，上下唇间留一扁圆小孔。

练习：

i—u—ü—i—u—i—ü，一展一圆，一圆一展，动作要到位，先慢后快。

（二）舌尖元音单韵母

1. -i［ɿ］舌尖、前、高、不圆唇元音

将舌尖抬高并放置在口腔前部，接近上腭。首先，舌尖应该稍微弯

曲向上，但不要触碰到上腭。同时，保持舌面与上腭之间的距离较近。其次，口唇保持平展状态，不要收圆。嘴唇应该轻轻放松，不需要特别用力。最后，调整呼气流，使气流顺畅通过口腔。同时，声带应该振动，产生浊音。

这个音是和 z、c、s 拼合而来的，发音时注意舌尖接近下齿背，不要咬舌。

示例：自、此、四、资、自私、次子、赐死。

2. -i ［ʅ］ 舌尖、后、高、不圆唇元音

将舌尖抬起，放置在口腔中部或稍微靠后的位置。舌面靠近上腭但不接触。嘴唇保持平展状态，不需要特别用力收圆。调整呼气流，使气流顺畅通过口腔，并产生相应的声音。

这个音是和 zh、ch、sh 拼合而成的，是翘舌音。南方的学习者学发音时，要注意声母中舌尖后阻的发音部位，舌尖与齿龈后部成阻，舌面下凹度较深，不要将舌尖卷起来，否则发音缺乏清晰度。

示例：职、赤、实、指、知识、支持、指使。

（三）卷舌元音单韵母

er ［ər］ 卷舌、央、中、不圆唇元音

放松舌头并将其抬起。将舌尖轻轻触碰到上腭后部，成为一个卷舌的位置。同时，舌面应该平坦并保持与上腭的接触。调整呼气流，使空气从口腔中央顺畅通过。同时，声带应该振动，产生浊音，在发出 er 音时，口腔要稍微张开，但不要过度张开。只能自成音节，不和任何声母相拼。

可以对镜练习，舌尖对着硬腭上部（舌根底稍偏前一点）轻巧地向上一卷。

示例：二、而、尔、洱、偶尔、然而、耳朵。

掌握单元音的发音是练好韵母的基础，练好了这 10 个元音的发音，就可以举一反三，发好复韵母和鼻韵母。

二　复元音韵母的发音

复元音韵母是指由两个元音构成的韵母，它们合并在一起形成一个音节的核心。在汉语拼音系统中，复元音韵母通常由一个主元音和一个辅元音组成。主元音可以是/i/、/u/或者/ü/，而辅元音可以是/j/、/w/

或者 /ɥ/。

复韵母的发音特点如下：

1. 主元音的发音较长：复韵母中的主元音通常比单一元音长，例如 /i/、/u/ 或 /ü/ 的发音比较持久。

2. 辅元音的协同发音：复韵母中的辅元音与主元音形成了一个协同发音的关系，它们在发音时相互配合，辅元音起到辅助和调节主元音的作用。

3. 嘴型的变化：复韵母的发音需要嘴唇、舌位等口腔器官进行相应的调整。不同的复韵母对口腔形态的要求有所不同，这会导致嘴型的变化。

4. 音调的变化：复韵母的发音会影响整个音节的音调。不同的复韵母会对音节的音调产生不同的影响，因此，学习复韵母的发音也需要注意音调的变化。根据复韵母中辅音发音的位置不同，又可以分为前响复韵母、中响复韵母和后响复韵母：

1. 前响复韵母：指的是辅音发音在主元音前面的复韵母，有"ai、ao、ei、ou"四个。

2. 中响复韵母：指的是辅音发音在主元音中间的复韵母，有："iao、iou、uai、uei"四个。

3. 后响复韵母：指的是辅音发音在主元音后面的复韵母，有"ia、ie、ua、uo、üe"五个。

复韵母发音时有明显的动程。发音时由一个元音的舌位滑向另一个元音的舌位，自然连贯。我们可以从复韵母舌位动程图中，了解每个复韵母的发音要领。

（一）前响复韵母

前响复韵母共有四个：ai、ao、ei、ou。它们的共同特点是前一个元音清晰响亮，后一个元音轻短模糊，音值不太固定，只表示舌位滑动的方向。

1. ai ［ai］

ai ［ai］中的 a ［a］是比单元音 a ［A］舌位靠前的前低不圆唇元音。发 a ［a］时，口大开，扁唇，舌面前部略隆起，舌尖抵住下齿背，声带振动。发 ai ［ai］时，a ［a］清晰响亮，后头的元音 i ［i］含混模糊，只表示舌位滑动的方向（见图 4-2）。

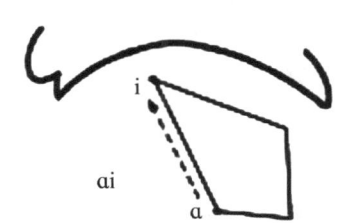

图 4-2　ai 的发音舌位动程图

示例：爱、摆、拍、卖、海外、开采、改派。

2. ao［ɑu］

发 ao［ɑu］时，起点元音 ɑ［ɑ］是比单元音 a［A］舌位靠后的后低不圆唇元音。发 ɑ［ɑ］时，口大开，扁唇，舌头后缩，舌面后部略隆起，声带振动。发 ao［ɑu］时，ɑ［ɑ］清晰响亮，后头的元音［u］舌位状态接近单元音 u［u］，但舌位略低，只表示舌位滑动的方向（见图 4-3）。

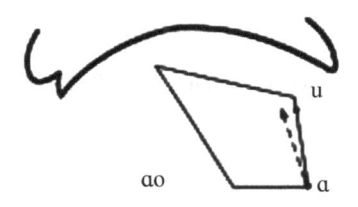

图 4-3　ao 的发音舌位动程图

《汉语拼音方案》规定，为避免字母相混，以 o 表示元音 u［u］，写作 ao。

示例：熬、包、抛、锚、懊恼、号召、早操。

3. ei［ei］

发 ei［ei］时，开头的元音 e［e］清晰响亮，舌尖抵住下齿背，使舌面前部隆起与硬腭中部相对。从 e［e］开始舌位升高，向 i［i］的方向往前高滑动，i［i］的发音含混模糊，只表示舌位滑动的方向（见图 4-4）。

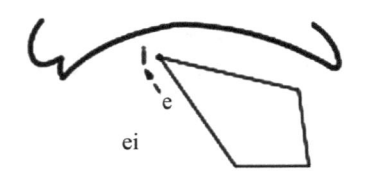

图 4 - 4　ei 的发音舌位动程图

示例：被、陪、肥、美、配备、蓓蕾、黑煤。

4. ou ［ou］

发 ou ［ou］时，起点元音 o 比单元音 o ［o］的舌位略高、略前，唇形略圆。发音时，开头的元音 o ［o］清晰响亮，舌位向 u 的方向滑动，u ［u］的发音含混模糊，只表示舌位滑动的方向（见图 4 - 5）。

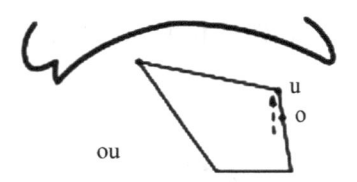

图 4 - 5　ou 的发音舌位动程图

示例：欧、剖、某、否、丑陋、口头、抖擞。

（二）后响复韵母

后响复韵母共有五个：ia、ie、ua、uo、üe。它们的共同特点是前面的元音发得轻短，只表示舌位从那里开始移动，后面的元音发得清晰响亮。

1. ia ［iA］

发 ia ［iA］时，从前高元音 i ［i］开始，舌位滑向央低元音 a ［A］结束。i ［i］的发音较短，a ［A］的发音响亮而且时间较长（见图 4 - 6）。

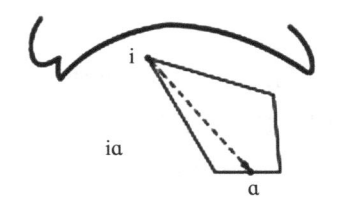

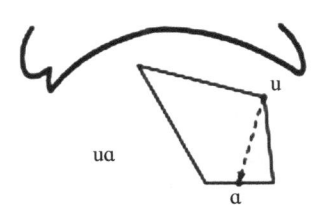

图 4-6　ia 的发音舌位动程图

示例：亚、俩、家、假、加价、下嫁、嘉奖。

2. ie [iɛ]

发 ie [iɛ] 时，从前高元音 i [i] 开始，舌位滑向前半低元音 ê [ɛ] 结束。i [i] 发音较短，ê [ɛ] 发音响亮而且时间较长（见图 4-7）。

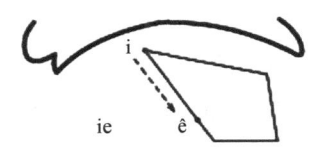

图 4-7　ie 的发音舌位动程图

示例：也、别、撇、灭、结业、铁屑、贴切。

3. uɑ [uA]

发 uɑ [uA] 时，从后高圆唇元音 u [u] 开始，舌位滑向央低元音 ɑ [A] 结束。唇形由最圆逐步展开到不圆。u [u] 发音较短，ɑ [A] 的发音响亮而且时间较长（见图 4-8）。

图 4-8　uɑ 的发音舌位动程图

示例：瓦、挂、抓、耍、花袜、傻瓜、跨越。

4. uo [uo]

发 uo [uo] 时，从后高元音 u [u] 开始，舌位向下滑到后半高元音 o [o] 结束。发音过程中，唇形保持圆唇，开头最圆，结尾圆唇度略减。u [u] 发音较短，o [o] 的发音响亮而且时间较长（见图4-9）。

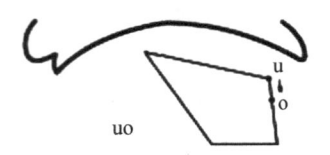

图4-9　uo 的发音舌位动程图

示例：我、多、托、诺、错落、硕果、蹉跎。

5. üe [yɛ]

发 üe [yɛ] 时，从圆唇的前高元音 ü [y] 开始，舌位下滑到前半低元音 ê [ɛ]，唇形由圆到不圆。ü [y] 的发音时间较短，ê [ɛ] 的发音响亮而且时间较长（见图4-10）。

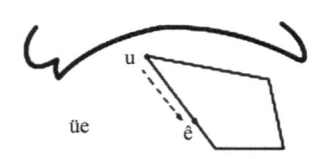

图4-10　üe 的发音舌位动程图

示例：约、略、决、缺、雀跃、雪月、觉察。

后响复韵母在自成音节时，韵头 i、u、ü 改写成 y、w、yu。

（三）中响复韵母

中响复韵母共有四个：iao、iou、uai、uei。它们共同的发音特点是前一个元音轻短，后面的元音含混，音值不太固定，只表示舌位滑动的方向，中间的元音清晰响亮。

1. iao [iɑu]

发 iao [iɑu] 时，由前高不圆唇元音 i [i] 开始，舌位降至后低元音 ɑ [ɑ]，然后再向后高圆唇元音 u [u] 的方向滑升。发音过程中，舌位先降后升，由前到后。唇形从中间的元音 ɑ [ɑ] 开始由不圆唇变为圆唇（见图 4-11）。

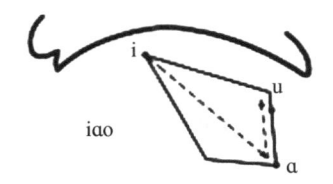

图 4-11　iao 的发音舌位动程图

《汉语拼音方案》规定，为避免字母相混，以 o 表示元音 u [u]，写作 iao。

示例：要、标、缥、绡、疗效、调料、娇俏。

2. iou [iou]

发 iou [iou] 时，由前高不圆唇元音 i [i] 开始，舌位后移且降至后半高元音 o [o]。这里 o 的实际发音比单元音 o [o] 的舌位略高、略前，唇形略圆。然后再向后高圆唇元音 u [u] 的方向滑升。发音过程中，舌位先降后升，由前到后。唇形由不圆唇开始逐渐圆唇（见图 4-12）。

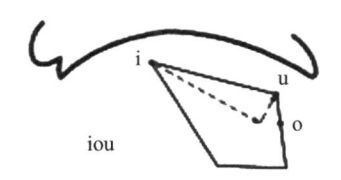

图 4-12　iou 的发音舌位动程图

示例：由、缪、刘、丢、求救、优秀、牛油。

3. uai [uai]

发 uai [uai] 时，由圆唇的后高元音 u [u] 开始，舌位向前滑降到

前低不圆唇元音 ɑ [a]（即"前 ɑ"），然后再向前高不圆唇元音 i [i] 的方向滑升。舌位动程先降后升，由后到前。唇形从最圆开始，逐渐减弱圆唇度，至发前元音 ɑ [a] 始渐变为不圆唇（见图 4-13）。

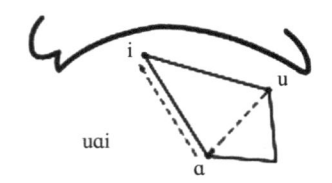

图 4-13　uɑi 的发音舌位动程图

示例：外、拐、块、怀、鬼怪、财会、将帅。

4. uei [uei]

发 uei [uei] 时，由后高圆唇元音 u [u] 开始，舌位向前向下滑到前半高不圆唇元音 e [e] 的位置，这里 e 的实际发音舌位略靠后靠下，接近央元音 e [ə]。然后再向前高不圆唇元音 i [i] 的方向滑升。发音过程中，舌位先降后升，由后到前。唇形从最圆开始，随着舌位的前移，渐变为不圆唇（见图 4-14）。

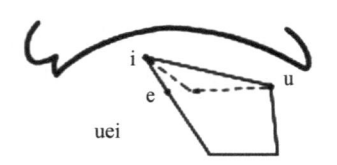

图 4-14　uei 的发音舌位动程图

示例：卫、队、腿、跪、垂危、悔罪、回归。

中响复韵母在自成音节时，韵头 i、u 改写成 y、w。复韵母 iou、uei 前面加声母的时候，要省写成 iu、ui，如"liú（留）、guī（归）"等；不跟声母相拼时，不能省写，用 y、w 开头，如"yóu（油）、wēi（威）"等。

三 鼻音尾韵母的发音

鼻音尾韵母共有16个：an、ian、uan、üan、en、in、uen、ün、ang、iang、uang、eng、ing、ueng、ong、iong。分为两大类：一类是带舌尖鼻音 n 的前鼻音韵母（共有8个）；另一类是带舌根鼻音 ng 的后鼻音韵母（共有8个）。

鼻韵母的发音要点有两个：一是元音同后面的鼻辅音不是生硬地结合在一起，而是一个有机的统一体。发音时，由元音向鼻辅音过渡，逐渐增强鼻音色彩，最后形成鼻辅音。二是在除阻阶段做韵尾的鼻辅音不发音，鼻韵母的发音不是以鼻辅音为主，而是以元音为主，元音清晰响亮，鼻辅音重在做出发音状态，发音不太明显。

（一）前鼻音尾韵母

1. an [an]

发 an [an] 时，先发 a [a]，舌位降到最低，软腭上升，关闭鼻腔通路。然后软腭下降，打开鼻腔通路，同时舌面前部与硬腭前部闭合，使在口腔受到阻碍的气流从鼻腔里透出。开口度由大渐小，舌位动程较大（见图4-15）。

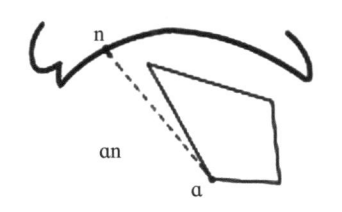

图4-15 an 的发音舌位动程图

示例：探、陕、蔓、缆、参战、舢板、感染。

2. en [ən]

发 en [ən] 时，起点元音为央元音 e [ə]，舌位居中，舌尖接触下齿背，软腭上升关闭鼻腔通路，发央元音 e [ə] 后，软腭下降，打开鼻腔通路，同时舌面前部与硬腭前部闭合，使在口腔受到阻碍的气流从鼻腔里透出。开口度由大渐小，舌位动程较小（见图4-16）。

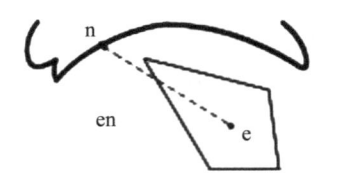

图 4 – 16　en 的发音舌位动程图

示例：笨、喷、陈、恨、根本、文身、沉闷。

3. in [in]

发 in [in] 时，起点元音是 i [i]，舌尖抵住下齿背，软腭上升关闭鼻腔通路，然后软腭下降，打开鼻腔通路，同时舌面前部与硬腭前部闭合，使在口腔受到阻碍的气流从鼻腔里透出。开口度始终很小，几乎没有变化，舌位动程很小（见图 4 – 17）。

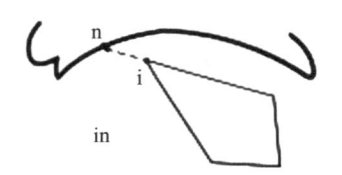

图 4 – 17　in 的发音舌位动程图

示例：心、琴、民、您、近邻、拼音、殷勤。

4. ün [yn]

发 ün [yn] 时，起点元音是前高圆唇元音 ü [y]。ün 与 in 的发音过程基本相同，只是唇形变化不同。ün 从 ü 开始唇形逐步展开，而 in 始终展唇（见图 4 – 18）。

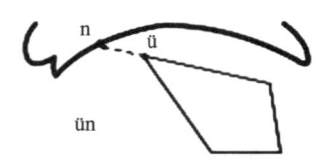

图 4 – 18　ün 的发音舌位动程图

示例：军、陨、勋、群、均匀、菌群、熏晕。

in、ün 自成音节时，写成 yin、yun。

5. ian ［iɛn］

发 ian ［iɛn］时，从前高不圆唇元音 i ［i］开始，舌位向前低元音 ɑ ［a］（前 ɑ）的方向滑降，舌位只降到半低前元音 ê ［ɛ］的位置就开始升高。发 ê ［ɛ］后，软腭下降，逐渐增强鼻音色彩，舌尖迅速移到上齿龈，最后抵住上齿龈做出发鼻音 n 的状态（见图 4-19）。

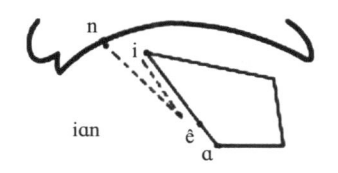

图 4-19　ian 的发音舌位动程图

示例：边、棉、恋、烟、艰险、电线、田间。

6. uan ［uan］

发 uan ［uan］时，由圆唇的后高元音 u ［u］开始，口形迅速由合口变为开口状，舌位向前迅速滑降到不圆唇的前低元音 ɑ ［a］的位置就开始升高。发 ɑ ［a］后，软腭下降，逐渐增强鼻音色彩，舌尖迅速移到上齿龈，最后抵住上齿龈做出发鼻音 n 的状态（见图 4-20）。

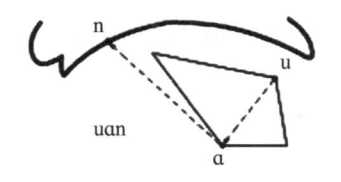

图 4-20　uan 的发音舌位动程图

示例：碗、湍、酸、船、转弯、专断、换算。

7. üan ［yan］

发 üan ［yan］时，由圆唇的后高元音 ü ［y］开始，向前低元音 ɑ ［a］的方向滑降。介音 ü 轻短，主要元音 ɑ ［a］清晰响亮，这里 ɑ 的实际发音舌位略靠后靠上。发完后，紧接着软腭下降，逐渐增强鼻音色彩，舌尖迅速移到上齿龈，抵住上齿龈做出发 n 的状态（见图 4-21）。

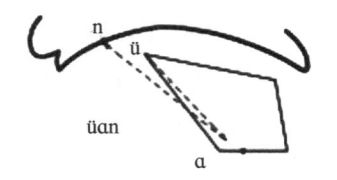

图 4-21　üan 的发音舌位动程图

示例：卷、券、玄、员、源泉、轩辕、全权。

8. uen［uən］

发 uen［uən］时，由圆唇的后高元音 u［u］开始，向央元音 e［ə］的位置滑降，然后舌位升高。发 e［ə］后，软腭下降，逐渐增强鼻音色彩，舌尖迅速移到上齿龈，最后抵住上齿龈做出发鼻音 n 的状态。在向中间折点元音滑动的过程中唇形由圆唇渐变为展唇（见图 4-22）。

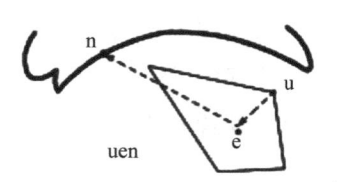

图 4-22　uen 的发音舌位动程图

《汉语拼音方案》规定，韵母 uen 和辅音声母相拼时，受声母和声调的影响，中间的元音（韵腹）产生弱化，写作 un。

示例：吨、吞、论、魂、温存、伦敦、春笋。

（二）后鼻音尾韵母

1. ang［aŋ］

发 ang［aŋ］时，起点元音是后低不圆唇元音 a［ɑ］（后 a），口大开，舌位降到最低，舌尖离开下齿背，舌头后缩，软腭上升，关闭鼻腔通路。从后低元音 a［ɑ］开始，舌面后部抬起，当贴近软腭时，软腭下降，打开鼻腔通路，紧接着舌面后部与软腭相闭合，使在口腔受到阻碍的气流从鼻腔里透出，开口由大渐小，舌位动程较大（见图4-23）。

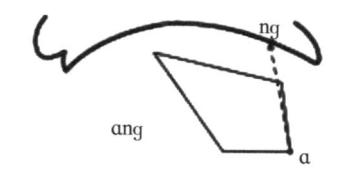

图 4-23　ang 的发音舌位动程图

示例：昂、伤、涨、抗、帮忙、螳螂、钢厂。

2. eng ［əŋ］

发 eng ［əŋ］ 时，起点元音是央元音 e ［ə］。从 e ［ə］ 开始，舌面后部抬起，贴向软腭。当两者将要接触时，软腭下降，打开鼻腔通路，紧接着舌面后部抵住软腭，使在口腔受到阻碍的气流从鼻腔里透出。开口度由大渐小，舌位动程较小（见图4-24）。

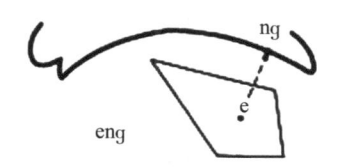

图 4-24　eng 的发音舌位动程图

示例：疼、圣、碰、能、更正、丰盛、征程。

3. ing ［iŋ］

发 ing ［iŋ］ 时，起点元音是前高不圆唇元音 i ［i］，舌尖接触下齿背，舌面前部隆起。从 i ［i］ 开始，舌面隆起部位不降低，一直后移，舌尖离开下齿背，逐步使舌面后部隆起，贴向软腭。当两者将要接触时，软腭下降，打开鼻腔通路，紧接着舌面后部抵住软腭，封闭口腔通路，气流从鼻腔透出，口型没有明显变化（见图4-25）。

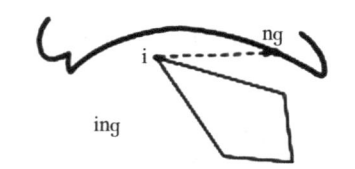

图 4 - 25　ing 的发音舌位动程图

示例：杏、硬、停、请、行星、评定、命令。

4. ong [uŋ]

发 ong [uŋ] 时，起点元音是后高圆唇元音 u [u]，但比 u 的舌位略低一点，舌尖离开下齿背，舌头后缩，舌面后部隆起，软腭上升，关闭鼻腔通路。从 u [u] 开始，舌面后部贴向软腭，当两者将要接触时，软腭下降，打开鼻腔通路，紧接着舌面后部抵住软腭，封闭口腔通路，气流从鼻腔里透出。唇形始终拢圆（见图 4 - 26）。

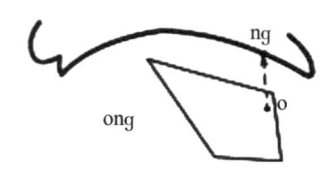

图 4 - 26　ong 的发音舌位动程图

《汉语拼音方案》规定，为避免字母相混，以 o 表示开头元音 u [u]，写作 ong。

示例：冲、懂、红、共、总统、工农、动容。

5. iang [iaŋ]

发 iang [iaŋ] 时，由前高不圆唇元音 i [i] 开始，舌位向后滑降到后低元音 ɑ [a]，然后舌位升高。从后低元音 ɑ [a] 开始，舌面后部贴向软腭。当两者将要接触时，软腭下降，打开鼻腔通路，紧接着舌面后部抵住软腭，封闭口腔通路，气流从鼻腔里透出（见图 4 - 27）。

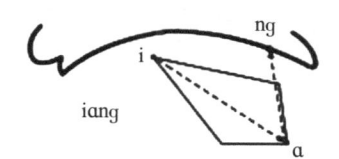

图 4-27　iang 的发音舌位动程图

示例：枪、奖、香、娘、向阳、洋相、两样。

6. uang ［uaŋ］

发 uang ［uaŋ］时，由圆唇的后高元音 u ［u］开始，舌位滑降至后低元音 a ［a］，然后舌位升高。从后低元音 a ［a］开始，舌面后部贴向软腭。当两者将要接触时，软腭下降，打开鼻腔通路，紧接着舌面后部抵住软腭，封闭口腔通路，气流从鼻腔里透出。唇形从圆唇在向折点元音的滑动中渐变为展唇（见图 4-28）。

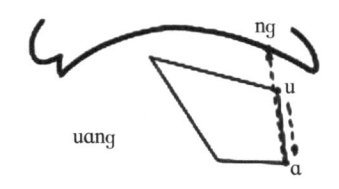

图 4-28　uang 的发音舌位动程图

示例：闯、框、霜、黄、状况、矿床、往往。

7. ueng ［uəŋ］

发 ueng ［uəŋ］时，由圆唇的后高元音 u ［u］开始，舌位滑降到央元音 e ［ə］的位置，然后舌位升高。从央元音 e ［ə］开始，舌面后部贴向软腭。当两者将要接触时，软腭下降，打开鼻腔通路，紧接着舌面后部抵住软腭，封闭口腔通路，气流从鼻腔里透出。在向中间折点元音滑动过程中唇形从圆唇渐变为展唇（见图 4-29）。

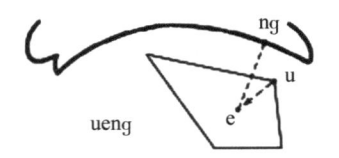

图 4 - 29　ueng 的发音舌位动程图

在普通话里，韵母 ueng 不与任何声母相拼，只有一种零声母的音节形式 weng。

示例：翁、瓮、蕹、老翁、水瓮、蕹菜。

8. iong ［yŋ］

发 iong ［yŋ］时，起点元音是舌面前高圆唇元音 ü ［y］，发 ü ［y］后，软腭下降，打开鼻腔通路，紧接着舌面后部抵住软腭，封闭口腔通路，气流从鼻腔里透出（见图 4 - 30）。

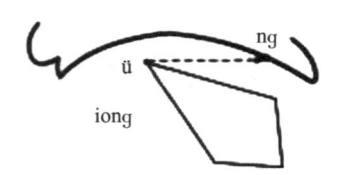

图 4 - 30　iong 的发音舌位动程图

示例：用、雄、窘、琼、汹涌、炯炯、熊熊。

《汉语拼音方案》规定，为避免字母相混，以 io 表示起点元音 ü ［y］，写作 iong、iang、iong、uang、ueng 自成音节时，韵头 i、u 分别改写成 y、w。

第三节　普通话韵母辨正

一　单元音韵母辨正

（一）i 和 ü

1. 发音辨正

"i" 是一个前响元音，它的发音要点在于将舌尖轻抵住下齿龈，嘴唇微微张开，气流从口腔中间发出，声带振动。而"ü"是一个后响元音，它的发音要点是将嘴唇稍微收圆，舌尖稍微靠近下齿龈，气流从口腔中间发出，声带振动。

4. 发音对比练习

继续	纪律	谜语	体育	例句	履历	聚集
语气	距离	曲艺	具体	比喻	与其	曲奇
寄语	一律	预计	羽翼	抑郁	雨季	急剧

生育—生意　居住—记住　聚会—忌讳　取名—起名
于是—仪式　名誉—名义　遇见—意见　舆论—议论
美育—美意　姓吕—姓李　雨具—以及　区域—歧义

（二）e 和 o

1. 发音辨正

元音 o 和 e 都是后半高元音，舌位都在口腔后面。根本区别在于 o 是圆唇，e 是不圆唇。可以用唇形变化的方法来联系，掌握它们不同的发音方法。东北方言中有将 o 韵母发成 e 韵母的情况，西南方言中有将 e 韵母发成 o 韵母的情况。

2. 发音对比练习

脖子	老婆	蘑菇	伯父	传播	哥哥	破格
河水	毒蛇	记者	叵测	波折	恶魔	刻薄

二 复元音韵母辨正

复元音韵母的发音是唇形和舌位由一个元音向另一个元音变化的过程，中间没有界限，浑然一体，且韵腹发音清晰响亮，时间长，韵头发音轻短，韵尾发音轻短模糊。

（一）ɑi 和 ei

1. 发音辨正

主要元音的开口度大小不同。由于这两个复元音韵母都是前响复韵母，主要元音位于前部，所以发音时起始舌位的高低就有区别，ɑi 中的 ɑ

是前低舌位，ei 是前半高舌位。

2. 发音对比练习

白费　败北　代培　败类　海内

悲哀　黑白　擂台　每袋　内债

排场—赔偿　分派—分配　小麦—小妹　摆布—北部

奈何—内河　卖力—魅力　来生—雷声　安排—安培

（二）ao 和 ou

1. 发音辨正

主要元音的开口度大小不同。ao 中的 a 是舌面后低不圆唇元音，发音时嘴巴自然打开到最大，然后向圆唇 u 收音，发音时开口度由开向闭逐渐过渡；ou 中的 o 是后半高圆唇元音，发音时开口度由半闭向闭逐渐过渡。

2. 发音对比练习

保守　刀口　稿酬　毛豆　矛头

酬劳　逗号　漏勺　柔道　手套

稻子—豆子　考试—口试　病号—病后　高洁—勾结

号叫—吼叫　小赵—小周　烧了—收了　毛利—牟利

牢房—楼房　老人—搂人　桃子—头子　线袄—鲜藕

（三）ia 和 ie

1. 发音辨正

发音时注意主要元音的开口度。这两个韵母都是后响复韵母，所以后音是主要元音，注意发音时 ia 的主要元音舌位低于 ie，因此 ia 发音动程完成时开口度大于 ie。

2. 发音对比练习

家业　佳节　假借　嫁接　接洽　野鸭　截下　跌价

（四）iao 和 iou

1. 发音辨正

发音要有动程，注意主要元音的开口度要到位（见 ao 和 ou），韵头发音轻短，韵尾发音轻短模糊。

2. 发音对比练习

交流—娇羞	料酒—校友	要求—丢掉	柳条—牛角
求教—求教	摇动—游动	药片—诱骗	耀眼—右眼
生效—生锈	角楼—酒楼	消息—休息	铁桥—铁球

（五）ie 和 üe

1. 发音辨正

ie 和 üe 根本区别在于 ie 是齐齿呼，üe 是撮口呼。

2. 发音对比练习

解决　谢绝　灭绝　月夜　确切　学业　决裂

三　鼻音尾韵母辨正

（一）发音辨正

很多方言区的人在发鼻音韵母时，前鼻韵尾 –n 的发音部位向后偏移，后鼻韵尾 –ng 的发音部位向前偏移，最终导致在发前鼻音和后鼻音时两个发音点无限重合，尤其是对于偏向南方方言区的民众来说，他们的发音已经习惯了舌尖和舌根较为松弛，因此在发鼻音韵母时，很难做到灵活变动力度来区别两者，最终导致前后鼻音混淆，或发出的后鼻音韵母过"硬"，发音迟滞、吃力，听感僵硬、死板。因此，想要正确发出前后鼻音，应该先锻炼舌头，让舌尖、舌根灵活、有力起来。

1. 舌头卷曲：首先，尝试将舌头往后卷曲到喉咙部位，并保持几秒钟，这有助于放松和锻炼舌根。

2. 舌头伸展：在完成卷曲练习后，尝试将舌头向前伸展，直到舌尖触碰上齿龈，这有助于锻炼舌尖的弹性。

3. 舌头旋转：将舌头旋转到左右两侧，同时使舌根部位保持稳定，这可以练习舌头的灵活性和控制力。

4. 舌头下压：将舌头下压，使其尽可能接近口腔底部，这有助于锻炼舌根的弹性和力量。

5. 舌头升起：将舌头升起并贴紧上腭，同时保持舌根的放松状态。这可以锻炼舌头的弹性和控制力。

(二) 发音对比练习

1. an—ang

班长—繁忙	反抗—擅长	冉冉—嚷嚷	账单—方案
开饭—开放	心烦—心房	山口—伤口	坚石—江石
扳手—帮手	女篮—女郎	反问—访问	担心—当心
看家—康佳	战防—账房	闪光—赏光	涂染—土壤
粘贴—张贴	铲子—厂子	烂漫—浪漫	施展—师长

2. en—eng

真诚—本能	长针—长征	人生—成本	承认—风尘
陈旧—成就	真气—蒸汽	上身—上升	人参—人生
针眼—睁眼	晨风—成风	同门—同盟	瓜分—刮风
出身—出生	粉刺—讽刺	花盆—花棚	深耕—生根
震中—正中	分针—风筝	审视—省市	深沉—生成

3. in—ing

心情—品行	海滨—海兵	金星—灵敏	精心—定亲
红心—红星	人民—人名	信服—幸福	劲头—镜头
因而—婴儿	临时—零食	禁止—静止	弹琴—谈情
频频—平平	今天—惊天	亲近—清静	金银—晶莹

4. un—ong

存钱—从前	春分—冲锋	炖肉—冻肉	余温—渔翁
轮子—笼子	吞并—通病	浑水—洪水	村东—冲动

第四节　普通话韵母发音训练

一　词语训练

（一）朗读下列单音节字词

a	阿	拔	擦	茶	搭	法	哈	卡	蜡	抹	拿	爬	撒	沙	他	它	塔	踏
o	波	伯	博	薄	佛	摸	模	膜	摩	磨	抹	末	墨	坡	颇	婆	破	迫
e	册	车	扯	彻	撤	德	割	革	个	各	喝	和	颌	颗	壳	咳	乐	讷
i	鼻	低	机	己	离	米	泥	皮	期	提	稀	移	遗	疑	倚	义	艺	议
u	补	初	独	夫	胡	炉	母	努	扑	儒	输	速	突	无	吾	吴	族	阻
ü	居	旅	女	取	需	虚	于	余	鱼	愉	与	予	羽	雨	语	玉	育	域
-i（前）	词	此	次	司	丝	私	思	斯	死	四	寺	似	资	姿	兹	滋	子	紫
-i（后）	吃	池	尺	赤	失	师	石	拾	史	氏	之	脂	止	至	志	制	质	治
er	儿	而	尔	耳	饵	二												
ai	挨	百	猜	代	带	改	孩	开	来	埋	耐	拍	腮	晒	抬	太	灾	栽
ei	杯	飞	菲	肥	匪	肺	给	黑	雷	累	没	妹	魅	内	胚	培	配	贼
ao	熬	包	操	超	朝	吵	刀	岛	搞	号	考	捞	毛	脑	抛	绕	扫	掏
ou	抽	凑	都	否	勾	喉	抠	口	楼	欧	偶	柔	收	搜	偷	周	走	奏
ia	加	夹	甲	钾	假	价	驾	嫁	恰	虾	瞎	侠	下	压	押	鸭	鸦	牙
ie	别	爹	叠	阶	节	解	介	咧	列	灭	捏	且	切	贴	铁	些	歇	协
ua	瓜	刮	寡	挂	华	滑	化	划	画	夸	垮	跨	刷	耍	挖	娃	瓦	抓
uo	搓	多	郭	活	阔	罗	若	说	缩	托	窝	桌	昨	左	做	作	坐	座
üe	决	角	觉	绝	嚼	诀	掠	略	缺	却	确	削	学	雪	血	曰	约	月
iao	标	掉	浇	脚	辽	苗	飘	悄	跳	消	校	要	腰	邀	遥	咬	药	钥
iou	丢	纠	溜	柳	牛	秋	求	修	优	幽	悠	尤	由	邮	犹	友	又	右
uai	拐	怪	怀	坏	快	筷	摔	衰	甩	率	歪	外						
uei	吹	垂	摧	堆	队	归	鬼	贵	灰	亏	谁	虽	推	危	胃	喂	魏	追
an	安	板	版	参	担	番	甘	含	砍	栏	漫	男	潘	然	三	善	摊	咱
en	奔	陈	恩	分	根	跟	痕	肯	闷	嫩	喷	人	森	身	怎	真	诊	枕
in	宾	斤	津	仅	进	邻	民	敏	您	拼	侵	亲	辛	因	银	引	饮	隐

续表

ün	军	均	君	菌	群	寻	询	循	训	讯	迅	云	匀	允	运	韵	蕴	晕
ian	边	典	尖	连	棉	年	偏	千	天	咽	烟	延	掩	眼	演	厌	宴	验
uan	川	窜	端	关	欢	宽	乱	软	栓	闩	酸	算	湍	团	弯	万	赚	钻
uen	春	存	吨	滚	婚	捆	伦	顺	孙	损	温	文	纹	闻	吻	稳	问	准
üan	捐	卷	全	倦	券	圈	权	劝	宣	悬	旋	选	元	援	源	怨	院	愿
ang	帮	仓	长	窗	挡	妨	刚	航	扛	狼	忙	囊	旁	嚷	让	嗓	丧	汤
eng	崩	层	灯	风	更	铿	棱	冷	愣	蒙	扔	僧	升	疼	争	蒸	整	正
ing	冰	丁	经	灵	鸣	凝	瓶	清	停	星	应	英	婴	鹰	迎	营	影	映
ong	冲	聪	从	懂	工	红	孔	垄	农	荣	松	通	中	忠	众	重	总	纵
iang	江	良	娘	枪	相	乡	香	享	响	想	向	项	像	秧	扬	羊	阳	杨
uang	光	慌	晃	筐	狂	矿	框	况	双	霜	爽	汪	亡	王	网	庄	桩	幢
ueng	翁	嗡	蓊	瓮	蕹													
iong	穷	凶	兄	胸	熊	雄	拥	永	勇	涌	用							

(二) 朗读下列双音节词语

1. 相同单韵母词语训练

a	发达	沙茶	哪怕	ü	语句	旅居	吕剧
o	伯伯	摸佛	磨墨	ê		欸	
e	合格	折射	车辙	-i [ɿ]	字词	恣肆	子嗣
i	集体	提议	记忆	-i [ʅ]	支持	事实	史诗
u	树木	孤独	互助	er		尔耳	

2. 单韵母组合词语训练

刹车	法则	爬坡	沙漠	法医	大意
摸底	摩擦	薄荷	布帛	合股	合法
客气	克服	刻薄	合计	拘束	许可
基础	激发	取乐	局促	取齐	入耳
顾惜	末日	耳目	预测	赤字	计策
抵达	舞女	戏法	朱砂	预科	主持
师资	辞职	丝织	主席	芝麻	欺诈
余额	职责	曲折	齐楚	彻底	舍得

3. 相同复韵母词语训练

ai	卖呆	海带	开采	开斋	买卖	晒台	拍卖	灾害	彩排
ei	菲菲	黑煤	蓓蕾	北美	非得	配备	每每	北碚	废垒
ao	号召	茅草	操劳	抛锚	号啕	吵闹	高照	宝岛	报告
ou	兜售	后手	瘦肉	守候	漏斗	绸缪	抖擞	走兽	叩首
ia	加压	牙牙	贾家	恰恰	架下	下家			
ie	爷爷	谢谢	翘趄	结节	姐姐	斜切	铁锨	贴切	
ua	画画	花袜	娃娃	瓜花	挂画	抓蛙	挂花	花褂	
uo	过错	阔绰	啰唆	懦弱	躲过	说妥	堕落	火锅	活捉
üe	缺月	掘穴	决绝	悦悦	约略	缺雪	绝学	学乐	
iao	调料	苗条	小巧	巧笑	小鸟	调笑	飘摇	笑料	悄悄
iou	琉球	牛油	悠久	有救	优秀	求救	救球	秋游	舅舅
uai	怀揣	乖乖	摔坏	快拽	外	快	外踝		
uei	吹灰	催税	水位	退回	追随	摧毁	回味	回归	魁伟

4. 复韵母组合词语训练

排列	悲哀	百草	白费	肥皂	北斗	茅台	报仇	堡垒
佩戴	内债	埋头	栽培	稿费	胚胎	黑白	败北	购买
脑袋	飞刀	筹备	雅座	守备	走开	枷锁	下月	接洽
佳话	鞋袜	家伙	结果	下列	国家	瓦解	火花	化学
活跃	唾液	雪茄	花朵	削弱	学业	节约	解决	国画
血液	郊游	要求	表率	瓜果	邮票	漂流	牛角	校友
描绘	流水	怀表	幼苗	翠鸟	垂柳	歪斜	毁坏	跳水
鬼怪	油料	诱拐	微妙	推脱	推销	推导		

5. 相同鼻韵母词语训练

an	展览	谈判	蹒跚	橄榄	漫谈	烂漫
en	神人	身份	本分	嫩根	认真	沉闷
in	贫民	信心	薪金	亲近	拼音	尽心
ün	逡巡	均匀	芸芸	军训	寻菌	云云

续表

ian	浅显	连年	变迁	天险	牵连	电线
uan	换算	转弯	万端	宽缓	专断	软缎
uen	春笋	昆仑	温顺	温存	温润	论文
üan	源泉	选员	轩辕	渊源	全权	圆圈
ang	张榜	沧桑	苍茫			
eng	更正	丰盛	逞能	鹏程	生成	冷风
ing	行星	命名	宁静	清静	明星	晶莹
ong	共同	总统	隆重	从容	中农	红松
iong	炯炯	穷凶	汹涌			
iang	江洋	湘江	酱香	两样	向阳	想象
uang	窗框	狂妄	装潢	王庄	状况	矿床
ueng	嗡嗡					

6. 鼻韵母组合词语训练

版本	三千	判断	残忍	联欢	简单	文件	锻炼	反问
人民	专门	面粉	前进	谦逊	光明	阳光	爽朗	慌忙
英勇	成功	航空	黄蜂	正常	猖狂	缆绳	蓝鲸	浪漫
生产	品种	芬芳	精神	平淡	银行	人性	前锋	战争
仁政	坚韧	散场	散装	伞兵	桑蚕	申请	丧命	桑葚
长短	双全	慌乱	春光	黄昏	浑圆	痛心	动人	

二 绕口令训练

a

妈妈开拉达，爸爸桑塔纳，娃娃是警察，跨上雅马哈。

o

有个姓罗的老婆婆，手里端着两个笸箩，左手的笸箩装着菠萝，右手的笸箩装着萝卜，比一比罗婆婆手上的笸箩，是左边装着菠萝的笸箩比右边装着萝卜的笸箩多，还是右边装着萝卜的笸箩比左边装着菠萝的笸箩多？猜对了罗婆婆请你吃菠萝。

e

坡上立着一只鹅，坡下流着一条河。宽宽的河，肥肥的鹅，鹅要过河，河要渡鹅。不知是鹅过河，还是河渡鹅。

i

老毕篱下脱坯，老季窗西喂鸡。老毕脱坯怕吓跑了老季的鸡，老季喂鸡怕碰坏了老毕的坯。老毕顾及老季，老季顾及老毕。老季喂好鸡没碰坏老毕的坯，老毕脱完坯没吓跑老季的鸡。

u

村里有个顾老五，穿上新裤去卖谷。卖了谷，买了布，外加一瓶老陈醋。肩背布，手提醋，老五急忙来赶路。走了一里路，看见一只兔。老五放下布和醋，糊里糊涂去追兔。刮破了裤，没追上兔，回来不见了布和醋。

鼓上画只虎，破了拿布补。不知布补鼓，还是布补虎。

ü

村里新开一条渠，弯弯曲曲上山去。河水雨水渠里流，满山庄稼绿油油。

-i [ɿ]

一个大嫂子，一个大小子。大嫂子跟大小子比包饺子，看是大嫂子包的饺子好，还是大小子包的饺子好，再看大嫂子包的饺子少，还是大小子包的饺子少。大嫂子包的饺子又小又好又不少，大小子包的饺子又小又少又不好。

-i [ʅ]

知之为知之，不知为不知，不以不知为知之，不以知之为不知，唯此才能求真知。

er

要说"尔"专说"尔"，马尔代夫，喀布尔。阿尔巴尼亚，扎伊尔。卡塔尔，尼泊尔。贝尔格莱德，安道尔。萨尔瓦多，伯尔尼。利伯维尔，班珠尔。厄瓜多尔，塞舌尔。哈密尔顿，尼日尔。圣皮埃尔，巴斯特尔。塞内加尔的达喀尔。阿尔及利亚的阿尔及尔。

ɑi

小艾和小戴，一起去买菜。小艾把一斤菜给小戴，小戴有比小艾多一倍的菜；小戴把一斤菜给小艾，小艾小戴就有一般多的菜。请你想想猜猜，小艾小戴各买了多少菜？

买白菜，搭海带，不买海带就别买大白菜。买卖改，不搭卖，不买海带也能买到大白菜。

ao

毛毛和涛涛，跳高又练跑，毛毛教涛涛练跑，涛涛教毛毛跳高，毛毛学会了跳高，涛涛学会了练跑。

东边庙里有个猫，西边树梢有只鸟。猫鸟天天闹，不知是猫闹树上鸟，还是鸟闹庙里猫。

ei

贝贝背水，水撒贝贝一背水。妹妹添煤，煤抹妹妹两眉煤。

贝贝飞纸飞机，菲菲要贝贝的纸飞机，贝贝不给菲菲自己的纸飞机，贝贝教菲菲自己做能飞的纸飞机。

ou

清早街上走，走到周家大门口。门里跳出大黄狗，黄狗要咬我的手，急忙拿起大石头，黄狗吓得赶忙走。

忽听门外人咬狗，拿起门来开开手；拾起狗来打砖头，又被砖头咬了手；从来不说颠倒话，口袋驮着骡子走。

ia

小亚上午补了牙，邀请小贾去他家。小贾上街买了鸭，高高兴兴去了小亚家。谁知鸭肉碰掉了小亚的假牙。急得小亚怪小贾，急得小贾满地找假牙。

天上飘着一片霞，水上飘着一群鸭。霞是五彩霞，鸭是麻花鸭。麻花鸭游进五彩霞，五彩霞挽住麻花鸭。乐坏了鸭，拍碎了霞，分不清是鸭还是霞。

ie

杰杰、聂聂和叶叶，花园里面捉蝴蝶。彩蝶粉蝶和凤蝶，只只蝴蝶像树叶。杰杰用针把蝶别，聂聂将蝶墙上贴。杰杰聂聂看叶叶，叶叶还在捉蝴蝶。

姐姐借刀切茄子，去把儿去叶儿斜切丝，切好茄子烧茄子，炒茄子、蒸茄子，还有一碗焖茄子。

ua

一个胖娃娃，画了三个大花活蛤蟆；三个胖娃娃，画不出一个大花活蛤蟆。画不出一个大花活蛤蟆的三个胖娃娃，真不如画了三个大花活蛤蟆的一个胖娃娃。

uo

大哥有个大锅，二哥有个二锅。大哥要换二哥的二锅，二哥不换大哥的大锅。狼打柴，狗烧火，猫儿上炕捏窝窝，雀儿飞来蒸饽饽。

üe

真绝真绝真叫绝，皓月当空下大雪，麻雀游泳不飞跃，鹊巢鸠占鹊喜悦。

iao

水上漂着一只表，表上落着一只鸟。鸟看表，表瞪鸟，鸟不认识表，表也不认识鸟。

iou

出南门，走六步，见到六叔和六舅。叫声六叔和六舅，借我六斗六升好绿豆。过了秋，打了豆，还我六叔六舅六斗六升好绿豆。

uai

槐树槐，槐树槐，槐树底下搭戏台。人家的姑娘都来了，我家的姑娘还没来。说着说着就来了。骑着驴，打着伞，歪着脑袋上戏台。

uei

威威、伟伟和卫卫，拿着水杯去接水。威威让伟伟，伟伟让卫卫，卫卫让威威，没人先接水。一二三，排好队，一个一个来接水。

山前有个崔粗腿，山后有个崔腿粗。二人山前来比腿，不知是崔粗腿比崔腿粗的腿粗，还是崔腿粗比崔粗腿的腿粗？

an

小安小谭去投弹，小安不安打寒战。小谭坦然投出弹，小安心里真赞叹。

出前门，往正南，有个面铺面冲南，门口挂着蓝布棉门帘。摘了它的蓝布棉门帘，棉铺面冲南，给他挂上蓝布棉门帘，面铺还是面冲南。

en

小陈去卖针，小沈去卖盆。俩人挑着担，一起出了门。小陈喊卖针，小沈喊卖盆。也不知是谁卖针，也不知是谁卖盆。

in

你也勤来我也勤，生产同心土变金。工人农民亲兄弟，心心相印团结紧。

ün

军车运来一堆裙，一色军用绿色裙。军训女生一大群，换下花裙换绿裙。

ian

田建贤前天从前线回到家乡田家店，只见家乡变化万千，繁荣景象出现在眼前。

半边莲，莲半边，半边莲长在山涧边。半边天路过山涧边，发现这片半边莲。半边天拿来一把镰，割了半筐半边莲。半筐半边莲，送给边防连。

uan

大帆船，小帆船，竖起桅杆撑起船。风吹帆，帆引船，帆船顺风转海湾。

üan

男演员女演员，登台演戏说方言。男演员说吴方言，女演员说闽南言。男演员演远东旅行飞行员，女演员演鲁迅文学研究员。研究员，飞行员，吴方言，闽南言，你说男女演员演得全不全。

圆圈圆，圈圆圈，圆圆娟娟画圆圈。娟娟画的圈连圈，圆圆画的圈套圈。娟娟圆圆比圆圈，看看谁的圆圈圆。

uen

孙村温村过新春，春雷一声响昆仑。竹林怀春出春笋，春联春雨处处春。孙伦打靶真叫准，半蹲射击特别神，本是半路出家人，摸爬滚打练成神。

ang

长江里帆船帆布黄，船舱放着一张床，床上躺着老大娘。大娘年高怕大浪，头晕恶心心里慌。船老大来身旁，亲亲热热唠家常，还把姜汤来送上。平安返回家中去，大娘告别热泪淌。

eng

郑政捧着盏台灯，彭澎扛着架屏风，彭澎让郑政扛屏风，郑政让彭澎捧台灯。扁担长,板凳宽,扁担没有板凳宽,板凳没有扁担长。扁担绑在板凳上,板凳不让扁担绑在板凳上,扁担偏要扁担绑在板凳上。

ing

天上七颗星,树上七只鹰。梁上七个钉,台上七盏灯。拿扇扇了灯,用手拔了钉。举枪打了鹰,乌云盖了星。

蜻蜓青,青浮萍,青萍上面停蜻蜓,蜻蜓青萍分不清。别把蜻蜓当青萍,别把青萍当蜻蜓。

ong

冲冲栽了十畦葱,松松栽了十棵松。冲冲说栽松不如栽葱,松松说栽葱不如栽松。

iang

杨家养了一只羊,蒋家修了一道墙。杨家的羊撞倒了蒋家的墙,蒋家的墙压死了杨家的羊。杨家要蒋家赔杨家的羊,蒋家要杨家赔蒋家的墙。

uang

王庄卖筐,匡庄卖网,王庄卖筐不卖网,匡庄卖网不卖筐,你要买筐别去匡庄去王庄,你要买网别去王庄去匡庄。

ueng

小蜜蜂,嗡嗡嗡,吵得老翁心烦躁。喝口瓮中清泉水,老翁不再心烦躁。老翁卖酒老翁买,老翁买酒老翁卖。

iong

小涌勇敢学游泳,勇敢游泳是英雄。

i—ü

这天天下雨,体育局穿绿雨衣的女小吕,去找穿绿运动衣的女老李。穿绿雨衣的女小吕,没找到穿绿运动衣的女老李,穿绿运动衣的女老李,也没见着穿绿雨衣的女小吕。

e—o

村东有条清水河,河岸是个小山坡。大伙儿坡上挖红薯,闹闹嚷嚷笑呵呵。忽听河里一声响,河水溅起一丈多,谁不小心掉下河?一个姑娘回答我:不是有人掉下河,是个红薯滚下坡。

i— -i

一二三，三二一，一二三四五六七。七个阿姨来摘果，七个花篮儿手中提。七棵树上结七样儿，苹果、桃儿、石榴、柿子、李子、栗子、梨。

ai—ei

大妹和小妹，一起去收麦。大妹割大麦，小妹割小麦。大妹帮小妹挑小麦，小妹帮大妹挑大麦。大妹小妹收完麦，噼噼啪啪齐打麦。

ao—ou

铜勺舀热油，铁勺舀凉油；铜勺舀了热油舀凉油，铁勺舀了凉油舀热油。

ou—iu

咱村有六十六条沟，沟沟都是大丰收。东山果园像彩楼，西山棉田似锦绣，北山有条红旗渠，滚滚清泉绕山走。过去瞅见这六十六条沟，心里就难受；今天瞅见这六十六条彩楼、锦绣、万宝沟，瞅也瞅不够！

ua—ou

哥挎瓜筐过宽沟，赶快过沟看怪狗。观看怪狗瓜筐扣，瓜滚筐空哥怪狗。

ia—ua

华华园里有一株藤萝花，佳佳园里有一株喇叭花。佳佳的喇叭花，绕住了华华的藤萝花，华华的藤萝花，缠住了佳佳的喇叭花。也不知道是藤萝花先绕住了喇叭花，还是喇叭花先缠住了藤萝花。

ie—üe

街上走来一个瘸子，背着一袋茄子，不小心绊着路边的木橛子。摔倒了瘸子，撒了茄子，气得瘸子不住地骂木橛子。北边来了个小孩子叫小洁子，手里拿着个小碟子，她赶紧放下小碟子，扶起瘸子，捡起茄子，拔掉木橛子。瘸子不住地夸奖小洁子是好孩子。

an—ang

你说船比床长，他说床比船长，我说船不比床长，床也不比船长，船床一样长。

那边划来一艘船，这边漂去一张床，船床河中互相撞，不知船撞床，还是床撞船。张康当董事长，詹丹当厂长，张康帮助詹丹，詹丹帮助张康。

en—eng

真冷,真冷,真正冷。冷冰冰,冰冰冷,猛的一阵风更冷。心冷,身冷。透心冷,寒风刮得天地冻,浑身冷得像冰棍儿。

天上一个盆,地上一个棚。盆碰棚,棚碰盆,棚倒了,盆碎了,是棚赔盆,还是盆赔棚?

in—ing

天上有银星,星旁有阴云。阴云要遮银星,银星躲过阴云,不让阴云遮银星。

uen—ong

你会炖冻豆腐,你来炖我的炖冻豆腐,你不会炖炖冻豆腐,就别胡炖乱炖炖坏了我的炖冻豆腐。

eng—ong

青龙洞中龙做梦,青龙做梦出龙洞。做了千年万载梦,龙洞困龙在深洞。自从来了新愚公,愚公捅开青龙洞。青龙洞中涌出水,龙去农田做农工。

三 语篇训练

明月几时有?把酒问青天。不知天上宫阙,今夕是何年。我欲乘风归去,又恐琼楼玉宇,高处不胜寒。起舞弄清影,何似在人间。转朱阁,低绮户,照无眠。不应有恨,何事长向别时圆?人有悲欢离合,月有阴晴圆缺,此事古难全。但愿人长久,千里共婵娟。

——苏轼《水调歌头》

红藕香残玉簟秋。轻解罗裳,独上兰舟。云中谁寄锦书来?雁字回时,月满西楼。　花自飘零水自流,一种相思,两处闲愁。此情无计可消除,才下眉头,却上心头。

——李清照《一剪梅》

假如生活欺骗了你,不要悲伤,不要心急!忧郁的日子里须要镇静:相信吧,快乐的日子将会来临!心儿永远向往着未来;现在却常是忧郁。

一切都是瞬息，一切都将会过去；而那过去了的，就会成为亲切的怀恋。

——普希金《假如生活欺骗了你》

第五节 读音缺陷与读音错误

一 常见的韵母读音缺陷

（一）常见的单韵母读音缺陷有以下五种

1. 舌前音后化：如将/i/读成/e/，将/u/读成/ü/这种发音问题原因可能是舌尖位置过于靠前。

2. 舌后音前化：如将/e/读成/i/，将/ü/读成/u/这种发音问题原因可能是舌根位置过于靠前。

3. 鼻音化：在发某些单韵母时，会出现鼻音化的问题，如将/a/读成/an/，将/o/读成/on/等。这种发音问题可能是鼻腔与口腔没有良好的隔离。

4. 向前短促：在读某些单韵母时，发音声音短促且向前，如将/ü/读成/üi/，将/u/读成/wu/等。这种发音问题可能是因为嘴唇合拢不够紧密，气流泄漏导致。

5. 重读音位错误：在读某些单韵母时，会出现音位重读错误的问题，如将/a/读成/ā/，将/e/读成/ē/等。这种发音问题可能是因为没有掌握正确的音位和重音位置。

（二）常见的复韵母读音缺陷有以下三种

1. 口形不准：在发某些复韵母时，发音者嘴唇或舌头的口形不够准确，导致发音不清晰，如将/ai/读成/ei/，将/ao/读成/ou/等。这种发音问题可能是因为缺乏对口形的认识和掌握。

2. 舌位不准：在发某些复韵母时，发音者的舌头位置不够准确，导致发音不清晰，如将/uo/读成/o/，将/ie/读成/ye/等。这种发音问题可能是因为舌头位置不够准确，或者舌头运动不够灵活。

3. 动程不明显：在发某些复韵母时，发音者没有清晰地表现出韵母之间的音调变化，导致发音不自然，如将/ia/读成/ya/，将/ua/读成/wa/等。这种发音问题可能是因为发音者没有充分理解音调变化对发音的影响。

(三) 常见的鼻韵母读音缺陷有以下三种

1. 动程不明显或主要元音的开口度不够：在发某些鼻韵母时，发音者没有清晰地表现出鼻音与元音之间的运动过程，或者主要元音的开口度不够，导致发音不准确，如将/an/读成/ang/，将/en/读成/eng/等。这种发音问题可能是因为发音者对鼻音与元音之间的动态关系理解不深或者嘴唇、舌位的协调不够。

2. 元音鼻化：在发某些鼻韵母时，发音者没有将气息完全从口腔中排出，导致元音带有鼻音的特点，如将/an/读成/ãn/，将/en/读成/ẽn/等。这种发音问题可能是因为发音者没有正确控制鼻腔与口腔的气流分离。

3. 韵尾归音不准：在发某些鼻韵母后的韵尾音时，发音者没有准确地表现出韵尾的音色和音长，导致发音不准确，如将/ang/读成/an/，将/eng/读成/en/等。这种发音问题可能是因为发音者没有掌握韵尾音的正确发音方式，或者对韵尾音的持续时间没有准确的把握。

二　普通话水平测试中韵母读音缺陷的基本类型

普通话水平测试中，韵母读音缺陷的基本类型共 25 种：

（1）"i、u、ü"三个元音发音不准确；

（2）韵母"e、a、o、ê、er、ai、i、ao、ou、an、en、in、ün、ang、eng、ing、ong"的读音不准确；

（3）韵母的开合度不准确；

（4）韵母鼻化不准确；

（5）韵尾音的读音不准确；

（6）声调的处理不准确；

（7）连读和缩读处理不当；

（8）读音不清晰、重音错误等发音问题；

（9）韵母的后颌化、硬化、碎裂等问题；

（10）韵母的吐字口型错位、颚化等发音问题；

（11）韵母的音色模糊、混淆等发音问题；

（12）韵母的喉化、塞音化等发音问题；

（13）韵母的轻声处理不当；

（14）韵母的语音体系理解不够深入；
（15）韵母的语音规律掌握不够熟练；
（16）韵母的语音运用不够自然；
（17）韵母的音节分解和语调处理不合理；
（18）韵母的语音表达和语音连贯性不够好；
（19）韵母的语音韵律掌握不够娴熟；
（20）韵母的语音风格和语音特点不够准确；
（21）韵母的语音转换和语音转折不够自然；
（22）韵母的语音陈述和语音衔接不够明确；
（23）韵母的语音敏感度和语音反应能力不够灵敏；
（24）遗留轻微的入声喉塞韵尾；
（25）过分强调鼻音韵尾－n、－ng，使韵尾延长。

三 普通话水平测试中韵母读音错误的基本类型

普通话水平测试中，韵母读音错误的基本类型共22种：
（1）把后半高不圆唇元音e读作前半低元音ê，或读作前半高元音。
（2）韵母er没有卷舌色彩。
（3）舌尖前元音－i［ɿ］没有保持单元音的状态，明显向央元音的舌位滑动。
（4）舌尖后元音－i［ʅ］没有保持单元音的状态，明显向央元音的舌位滑动，有的同时带有卷舌色彩。
（5）前高不圆唇元音i没有保持单元音的状态，明显向央元音的舌位滑动。
（6）后半高不圆唇元音e处在舌尖后音（翘舌音）声母后面，舌位靠前，带有卷舌色彩。
（7）把圆唇音复合的复韵母uo读作后半高不圆唇的单元音。
（8）把韵母ie、üe中的前中不圆唇元音读作后半高不圆唇元音。
（9）把复韵母uo明显读作后半高圆唇的单元音。
（10）把撮口呼韵母读作齐齿呼韵母。
（11）宽窄（舌位移动的大小，并伴随口型的开合）复韵母相混、宽窄鼻韵母相混，特指韵头、韵尾相同，而韵腹元音舌位高低不同的韵母相混，即：ai→ei、ao→ou、ia→ie、ua→uo、iao→iou、uai→uei、ei→ai、ou→ao、ie→ia、uo→ua、iou→iao、uei→uai、an→en、ang→eng、ian→in、iang→ing、uan→uen、uang→ueng（ong）、üan→ün、en→an、eng→ang、in→ian、ing→iang、uen→uan、ueng（ong）→uang、ün→üan。

（12）把有韵头的韵母读作无韵头的韵母。

（13）把无韵头的韵母读作有韵头的韵母。

（14）把带鼻辅音韵尾 – n 的韵母（前鼻音韵母）读作带鼻辅音韵尾 – ng 的韵母（后鼻音韵母）。

（15）把带鼻辅音韵尾 – ng 的韵母（后鼻音韵母）读作带鼻辅音韵尾 – n 的韵母（前鼻音韵母）。

（16）把二合前响复合元音读作单元音。

（17）把三合前响复合元音读作二合元音。

（18）把鼻韵母读作鼻化元音。

（19）鼻韵母没有鼻辅音（包括半鼻化音）收尾，变成开尾音韵。

（20）遗留入声双唇塞音韵尾以及明显遗留舌尖中塞音韵尾、明显遗留舌面后塞音韵尾。

（21）把与唇音声母相拼的舌面前高不圆唇元音读作舌尖前元音。

（22）鼻韵尾 – n 没有产生音变而读作鼻韵尾 – m。

四 鼻韵母 an 和 ang、en 和 eng、in 和 ing 对照辨音字表

备注：表中的数字表示声调，①是阴平，②是阳平，③是上声，④是去声。

表 4 – 10　　　　　　　　an 和 ang 对照辨音字表

	an	ang
◎	①安桉氨鞍庵鹌谙③俺铵④岸按案胺暗黯	①肮②昂④盎
b	①扳颁班斑般搬③阪坂板版钣版④办半伴拌绊扮瓣	①邦帮梆浜③绑榜膀④蚌棒傍谤磅镑

续表

	an	ang
p	①番潘攀②爿胖盘磐蟠蹒④判叛畔拚盼襻	①乓滂膀②庞旁膀磅螃③耪④胖
m	②埋蛮谩蔓馒鳗瞒③满螨④曼谩蔓幔慢漫	②邙芒忙盲氓茫硭③莽蟒
f	①帆番蕃幡藩翻②凡矾钒烦蕃樊繁③反返④犯范饭贩泛梵	①方坊芳②防坊妨肪房魴③仿访纺舫④放
d	①丹担单郸殚眈耽③胆疸掸④石旦但担诞淡惮弹蛋氮澹	①当铛裆③挡党谠④当挡档凼砀荡宕
t	①坍贪摊滩瘫②坛昙谈郯痰弹覃谭潭檀③忐坦钽袒毯④叹炭碳探	①汤铴镗②唐塘搪溏瑭糖堂樘膛螳棠③倘惝淌躺傥④烫趟
n	①囡②男南喃楠难③腩蝻④难	①囔②囊馕③攮
l	②兰拦栏岚婪谰阑澜蓝褴篮③览揽缆榄懒④烂滥	①啷②郎廊榔螂狼琅锒③朗④浪
g	①干杆肝竿甘泔柑尴③杆秆赶擀敢橄感④干赣	①冈刚纲钢扛肛缸罡③岗港④杠钢戆
k	①刊看堪③坎砍侃槛④看阚瞰	①康慷糠②扛④亢伉抗炕钪
h	①鼾酣憨②邗汗邯含晗函涵韩寒③罕喊④汉汗旱捍悍焊颔翰瀚撼憾	①夯②行吭杭航④巷
zh	①占沾毡粘旃詹谵瞻②斩崭盏展搌辗④占战站栈绽湛颤蘸	①张章彰獐漳樟蟑③长涨掌④丈仗杖账帐涨障瘴
ch	①掺搀②单婵禅蝉谗馋孱潺缠廛躔③产铲谄阐④忏颤	①昌菖猖娼鲳②长苌肠尝偿徜常嫦③厂场昶惝敞④怅畅倡唱
sh	①山舢芟杉钐衫删姗珊栅跚苫扇煽膻③闪陕④讪汕疝苫钐单掸禅扇骟善缮膳擅赡蟮	①伤殇商墒③上垧晌赏④上尚绱
r	②蚺然燃③冉苒染	①嚷②瓤③壤攘嚷④让
z	①糌簪②咱③拶④暂錾赞瓒	①赃脏臧③驵④脏奘葬藏
c	①参骖餐②残蚕惭③惨④灿孱璨	①仓苍沧舱②藏
s	①三叁③伞散馓糁④散	①丧桑③搡嗓④丧

表 4–11　　　　　　　　　　en 和 eng 对照辨音字表

	en	eng
⊙	①恩④摁	①鞥
b	①奔贲③本苯④笨	①崩②甏③绷④迸蹦泵
p	①喷②盆④喷	①烹②朋棚硼鹏彭澎膨③捧④碰
m	①闷②门们扪④闷焖	①蒙②萌盟濛檬朦艨③猛锰蜢艋蒙④梦孟
f	①分芬纷吩氛酚②坟焚汾③粉④分份忿奋粪愤	①风枫疯峰烽蜂锋丰封②逢缝冯③讽④奉俸凤缝
d	④扽	①登灯③等④邓磴镫瞪
t		②疼腾誊滕藤
n	④嫩	②能
l		①棱③冷
g	①根跟②哏④艮	①耕庚赓羹更③耿埂哽绠梗鲠④更
k	③肯啃垦恳④裉	①坑
h	②痕③很狠④恨	①亨哼②横衡恒
zh	①真贞侦祯针珍胗斟③诊疹枕缜④振赈震阵	①争挣峥狰铮筝睁正征症蒸③整拯④正政证症郑诤
ch	①嗔抻②辰宸晨沉忱陈臣尘③碜④衬趁称	①称撑②成城诚盛承呈程澄橙乘丞③逞骋④秤
sh	①申伸呻绅砷身深娠②神③沈审婶④甚慎肾渗蜃	①生牲笙甥升声②绳③省④胜圣盛剩
r	②人仁壬③忍荏④任饪妊衽认刃纫韧轫	①扔②仍
z	③怎	①曾增憎缯④赠
c	①参②岑	②曾嶒层④蹭
s	①森	①僧

表 4–12　　　　　　　　　　in 和 ing 对照辨音字表

	in	ing
⊙	①因洇茵姻氤殷音阴荫②垠银龈吟寅淫鄞③引蚓隐瘾饮尹④印荫	①英瑛媖锳应莺鹰膺婴缨撄嘤樱鹦罂②荧莹萤营蝇盈迎赢③影颖④映硬应
b	①宾傧滨缤槟镔彬④摈殡鬓	①兵冰③丙柄炳秉饼禀④病并
p	①拼②贫频嫔③品④聘	①乒②平评坪苹枰屏瓶凭

续表

	in	ing
m	②民③敏皿闽悯泯	②名茗铭明鸣冥溟暝瞑螟③酩④命
d		①丁叮仃钉疔盯③顶鼎④定锭碇腚订
t		①听厅汀②亭停婷廷庭蜓霆③挺艇铤梃
n	②您	②宁咛狞柠凝③拧④宁泞佞
l	②林淋琳霖邻粼遴嶙磷鳞麟③凛廪檩④吝赁蔺	②灵伶泠苓瓴翎玲铃蛉零龄凌陵菱绫棱③岭领④另令
j	①今衿矜斤巾津襟筋③紧锦仅谨馑瑾槿④妗尽烬浸劲觐近晋缙禁噤浸	①京惊鲸茎泾菁睛精晶荆兢粳③景颈井警儆④敬竟境镜净靖径劲胫痉
q	①衾亲侵钦②芩琴芹秦擒噙勤③寝④沁	①氢轻青清蜻倾卿②情晴擎③顷请④庆亲
x	①忻昕炘欣新薪辛莘锌心馨④信衅	①星猩腥兴②形刑邢型行③省醒④幸姓性杏兴

五　鼻韵母形声字声旁类推字表

表4-13　　　　前后鼻音类推字表

en	en类推字
贲	喷（~泉）喷（~香）愤
本	苯笨
参	骖掺
辰	晨振赈震娠唇
分	芬吩纷氛汾棻粉份忿盆
艮	茛根跟恳痕很狠恨
肯	啃掯
门	们（我~）们（图~江）扪闷（~热）闷（~不乐）焖
壬	任（姓~）任（~务）荏饪妊
申	伸呻绅砷神审婶
刃	仞纫韧忍
甚	葚斟
珍	诊疹趁

续表

en	en 类推字
贞	侦祯桢帧
真	缜镇嗔慎
枕	忱沈
in	in 类推字
宾	傧滨缤摈殡鬓嫔 [例外：槟（~榔）]
今	衿矜妗衾琴吟
斤	近靳芹欣新薪
禁	襟
尽	烬荩赆
堇	谨馑勤鄞
林	淋琳霖彬
磷	鳞嶙
民	岷泯抿
侵	寝浸
禽	擒噙
心	芯（灯~）芯（~子）沁
辛	莘（~庄）锌亲 [例外：亲（~家）]
因	茵姻氤（~氲）
阴	荫
ün	ün 类推字
云	耘芸纭运酝
俊	骏浚峻竣
群	裙
旬	询荀洵恂殉徇
迅	讯汛
训	驯
uen	uen 类推字
文	蚊纹炆雯紊汶
温	瘟
仑	抡沦轮伦纶论
屯	吨饨炖钝顿囤

续表

en	en 类推字
昆	棍混
寸	村忖
ang	ang 类推字
邦	帮梆绑
旁	磅（~礴）膀（~胱）膀（~肿）榜膀（~子）
仓	沧苍舱创枪抢
长	伥（为虎作~）怅张涨帐胀
肠	场（赶~）场（会~）畅荡汤（菜~）烫殇觞汤（~扬）扬杨
当	挡档
方	芳房坊防妨访仿纺放
缸	杠江扛项
亢	抗伉杭吭（引~高歌）航沆
荒	慌谎
良	娘郎狼廊朗浪
桑	搡嗓
上	让
尚	赏裳党常嫦倘敞趟堂棠倘淌躺掌
王	汪枉旺筐狂逛
亡	忘望妄忙盲茫氓（流~）
相	箱想霜
羊	洋氧样详祥翔
eng	eng 类推字
成	诚城盛（~东西）盛（~会）
呈	程逞
乘	剩
丞	蒸拯
登	凳澄（把水~清）瞪澄（~清）
风	枫疯讽
峰	烽蜂逢缝（~衣）缝（门~）蓬篷
奉	俸棒
更	埂梗［例外：便］

续表

en	en 类推字
亨	哼烹
塄	楞愣
蒙	檬朦蒙（内~）
孟	猛蜢
彭	澎膨
朋	棚鹏崩绷（~带）绷（~着脸）蹦
生	牲甥笙胜
誊	腾滕藤
曾	憎增缯赠蹭
正	怔征整证政症惩
争	挣（~扎）峥狰筝诤挣（~脱）
ing	ing 类推字
丙	炳柄病
并	饼屏（~除）瓶屏（~风）[例外：拼姘骈胼]
丁	仃盯钉（~子）钉（~书机）顶酊（酩~）订厅汀
定	腚碇
京	惊鲸黥
茎	泾经刭颈劲（~敌）胫径轻氢
景	憬影
敬	警擎
令	苓玲铃聆龄岭领[例外：拎邻]
名	铭酩
冥	溟螟瞑
宁	拧（~手巾）拧（~螺丝）咛狞柠泞
平	评苹坪萍
青	清蜻情晴请菁睛精靖静
廷	庭蜓霆艇挺
亭	停婷
刑	邢形型荆
英	瑛
营	荧莹萤萦莺

续表

en	en 类推字
婴	樱鹦缨
ong	ong 类推字
东	冻栋
董	懂
同	桐铜侗恫
通	捅桶痛
农	侬浓哝脓
龙	咙珑胧聋笼垄拢
工	攻功巩汞贡恐控红虹鸿讧
共	恭龚拱烘洪哄
中	忠盅钟衷肿种仲冲
容	蓉溶榕熔
宗	综棕踪鬃粽淙
从	丛纵怂耸
公	蚣松怂讼颂
用	佣拥痈
永	咏泳
甬	俑勇涌恿蛹踊
凶	匈汹胸
ueng	ueng 类推字
翁	嗡蓊瓮

第 五 章

普通话声调

第一节 普通话声调发音

普通话是一种声调语言，声调是指在发音中声音的高低、升降和平稳等方面的变化。普通话中共有四个声调，分别是阴平、阳平、上声和去声，每个声调都有其独特的内涵。"阴平"，声调平稳，音高较高，发音时嘴型比较闭合。阴平表示肯定、肯定性很强、有力度的语气，也可用于表示疑问、反问等。"阳平"，声调平稳，音高较低，发音时嘴型比较开放。阳平表示否定、疑问、弱化语气等，也可用于表示感叹、惊讶等。"上声"，声调升高，从低到高，发音时嘴型由闭合到张开。上声表示强烈的感情、语气或强调，也可用于表示祝福、赞美等。"去声"，声调降低，从高到低，发音时嘴型由张开到闭合。去声表示停顿、轻松、缓和和转折等情感，也可用于表示感叹、惊讶等。普通话里"山西"（shānxī）和"陕西"（shǎnxī），"主人"（zhǔrén）和"主任"（zhǔrèn），就是由于声调的不同而造成语音和语义的不同。

汉语的声调可以从调值和调类两方面来分析。

一 调值与调类

调值指依附在音节里高低升降的音高变化的固定格式，也就是声调的实际读音。调值的语音特点有二：第一，调值是由音高决定的，这里的音高是一种相对音高，不是绝对音高。人们发音时靠控制声带的松紧来调节声音的高低，不同性别、不同年龄的人，都说一个"大"字，如果用精密仪器来测量，他们起点和终点的频率即绝对音高肯定是不相同的，但是每个人都是从最高音降到最低音，下降的幅度大体一样，也就是说相对音高是相同的。汉语声调的调值就是由这种相对音高决定的。第二，构成调值的相对音高在读音上是连续的、渐变的，中间没有停顿，没有跳跃。

描写调值一般采用赵元任创制的"五度标记法"它将声调的相对音高分成五度，分别是低、半低、中、半高、高，依次用数字 1、2、3、4、5 表示。

低：用数字 1 表示。

半低：用数字 2 表示。

中：用数字 3 表示。

半高：用数字 4 表示。

高：用数字 5 表示。

这种标记法中的数字表示声调在五度音阶上的位置，数字越大表示音高越高，数字越小表示音高越低。平调的声调一般用数字 3 表示，其他声调则根据其升降情况使用相应的数字。

举例说明：

第一声（阴平）在五度标记法中表示为 55。

第二声（阳平）在五度标记法中表示为 35。

第三声（上声）在五度标记法中表示为 214。

第四声（去声）在五度标记法中表示为 51。

通过五度标记法，我们可以清晰地表示不同声调之间的音高变化，进而准确地传达语义信息。请注意，这只是一种常用的标记方法，在实际学习和教学中也可能会有其他的标记系统。有时也采用两位数字或三位数字表示（见图 5-1）。

调类是声调的种类，就是把调值相同的字归纳在一起所建立的类。普通话当中有四个调类，分别是阴平、阳平、上声和去声。

1. 阴平（第一声）55

最高而平，即由 5 度到 5 度，表示声音比较高，而且基本上没有升降的变化，调值 55。因此，阴平调又叫高平调或 55 调。例如"高、飞、天、空"的声调。

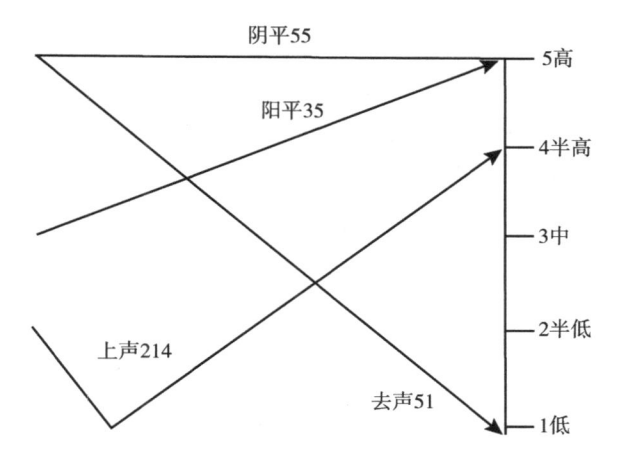

图 5-1 普通话调值五度标记图

2. 阳平（第二声）35

由中音升到最高音，即由 3 度升到 5 度，是个由中向高升的调子，调值 35。因此，阳平调又叫中升调或 35 调。例如"来、回、繁人忙"的声调。

3. 上声（第三声）214

由低音先降到最低音后升到高音，即由 2 度降到 1 度再升到 4 度，是先降后升的曲折调，调值 214。因此，上声调又叫降升调（凹调）或 214 调。例如"勇、敢、友、好"的声调。

5. 去声（第四声）51

由最高音降到最低音，即由 5 度降到 1 度，是个全降的调子，调值为 51。因此，去声调又叫全降调或 51 调。例如"建、设、世、界"的声调。

普通话四种基本声调的调型可以简单归结为一平、二升、三曲、四降。拼音方案的调号就反映了这四种调型。

二 普通话声调类型

第一声（阴平）属于高平调类。其调值为 55，即第一个音节的音高较高，而后面的音节保持平稳不变。

第二声（阳平）属于低平调类。其调值为35，即第一个音节的音高较低，而后面的音节保持平稳不变。

第三声（上声）属于升调类。其调值为214，即第一个音节先从中音调升高至高音调，再由高音调降至低音调。

第四声（去声）属于降调类。其调值为51，即第一个音节先从高音调降至中音调，再由中音调降至低音调。

普通话声调的调类和调值可以综合为表5-1：

表5-1　　　　　　　普通话声调调类调值表

调	类	调值	调	型	调号	例字
阴	平	55	高	平	□	咪 mī 身 shēn
阳	平	35	中	升	´	迷 mí 神 shén
上	声	214	降	升	ˇ	米 mǐ 审 shěn
去	声	51	全	降	`	密 mì 慎 shèn

第二节　普通话声调辨正

一　古今声调发展演变

汉语声调从古代到现代经历了数千年的发展和演变。在古汉语时期，声调主要是通过音节的开合、重轻和声调符号来表达的。随着时间的推移，这种表示方式逐渐演变为五声平仄体系，并最终发展成为现代汉语中使用的四声系统。

以下是古今声调发展演变的主要阶段：

早期古汉语时期（公元前11世纪—公元3世纪）：早期古汉语中的声调是通过音节的开合、轻重和声调符号来表示的。当时的声调符号有三种形式：点、折和横线。这种声调表示方式称为"三替"。

中古汉语时期（公元3世纪—公元10世纪）：在中古汉语时期，声调符号逐渐被五声平仄体系所取代。五声分别为阴平、阳平、上声、去声和入声。其中，阴平和阳平称为"平声"，上声和去声称为"仄声"，入声则属于特殊情况。

近代汉语时期（20世纪初至今）：在近代汉语时期，汉语的声调系统已经基本稳定下来，并形成了现代汉语中使用的四声系统。这四个声调分别为阴平、阳平、上声和去声，对应着普通话中的第一、二、三、四声。

二　普通话声调辨正

（一）单音节字训练

1. 第一声（阴平）

阿、安、悲、邦、崩、宾、波、餐、仓、昌、春、川、丹、灯、丁、东、冬、方、飞、分、风、夫、歌、戈、姑、瓜、光、归、挥、晖、灰、奸、江、金、经、晶、京、娇、骄、巾、斤、军、君、科、坑、空、宽、亏、昆、坤、筐、匡、慷、乌、污、巫、呜呼、掀、喧

2. 第二声（阳平）

才、长、池、词、成、程、迟、驰、绸、传、船、床、唇、儿、移、银、姨、疑、云、洋、扬、阳、遥、尧、爷、阁、炎、沿、盐、颜、缘、元、源、袁、圆、援、匀、芸、肴、淫、盈、萤、营、萦

3. 第三声（上声）

把、板、北、笔、表、扁、丙、本、补、草、场、厂、尺、此、打、胆、党、等、底、典、点、反、感、改、杆、广、海、好、喊、早、走、水、想、洗、锁、死、展、枕、纸、主、煮、肘、总、走、准

4. 第四声（去声）

霸、败、办、报、背、贝、辈、布、菜、灿、衬、称、秤、斥、敕、赐、脆、悴、淬、戴、带、殆、代、袋、待、帝、弟、烂、拜、吊、钓、调、荡、罐、郑、阵、纣、助、咒、注、驻、筑

（二）双音节词语训练

1. 阴平—阴平

风光、江山、青春、花开、诗书、天空、清香、心声、丰收、欢欣、端庄、专心、窗花、青春、恩施、恩师、芬芳、花开、风烟、光阴、江山、歌声

2. 阴平—阳平

心情、心田、飞翔、英豪、中原、单词、西城、山竹、高原、中国、巴黎、丘陵、丰台、生蚝、辉煌、功能、金黄、咽喉、烟台、山河

3. 阴平—上声

心想、风起、天晚、歌舞、光彩、香水、山水、烟火、深浅、加减、风雨、风景、拨款、黑板、灯塔、安稳、充满、艰苦

4. 阴平—去声

心意、春色、光亮、天际、心静、心碎、秋意、诗意、春意、安慰、播送、操练、单位、通信、经济、牵挂、八卦

5. 阳平—阳平

田园、平凡、时常、年华、儿童、盘旋、红人、情怀、由来、平行、虫鸣、题名、长城、停留、豪情、游离、调和、存活、滑翔、文明、遗传

6. 阳平—阴平

回升、时迁、长驱、船帆、拔高、扬威、淋湿、阳光、阳刚、绒衣、回收、霞光

7. 阳平—上声

游览、情感、泥土、淋雨、荣辱、南北、文笔、回首、容忍、牛尾、咱俩、国礼

8. 阳平—去声

流逝、长夜、情尽、痕迹、平淡、迷路、寒月、离散、炎夏、如梦、门缝、头目、携带、怀抱

9. 上声—上声

美好、手指、舞蹈、口语、早起、雨水、酒水、鼓掌、指点、手表、组长、走好、管理、晚晚、草草、滚滚、缓缓、整整、隐隐、远远、小小、短短、浅浅、点点、好好、满满、改悔、改选

10. 上声—阴平

火车、海参、老师、水坑、水压、水舱、酒杯、酒盅、苦衷、苦工、苦思、早期、撇开、拐弯、古风、反超、改编、改观

11. 上声—阳平

敏捷、敏行、敏学、水流、酒瓶、小鱼、美学、美名、品德、品尝、品评、品牌、品红、有人、有形、有名、展台、火钳、表达、组合、组成、古玩

12. 上声—去声

跑步、手册、手臂、手势、写信、品味、品鉴、品质、展示、展现、小路、努力、脚印、有限、圣诞、网购、领悟、表示、表象

13. 去声—去声

奋斗、变化、力量、正气、地质、浪漫、助力、电路、面罩、汉字、跳跃、印象、夜晚、降落、破碎、贵重、灿烂、迈步、亮丽、信念、大气、后辈、趣事、隧道

14. 去声—阴平

奋发、变迁、变心、便签、地基、正中、虐杀、夜间、夜莺、夜深、信札、信箱、信标、迈出、迈开、露天、技工、技师、热衷、漏光

15. 去声—阳平

技能、壮年、大权、后年、后学、后延、厚薄、厚颜、破壳、信徒、信服、信从、贵国、利于、贸然、赠别、拜别、技能、调查、漏勺、漏壶、变文

16. 去声—上声

尚好、背景、背影、夜场、破损、破口、破网、技巧、技法、热水、热炒、赠品、赠与、赠礼、奋勉、漏水、漏斗、漏嘴、变法、变好、中肯

第三节 普通话声调训练

一 词语训练

表5-2　　　　　　声调训练词语训练表

爱情	安全	帮助	别人	曾经	措施	到处	东北	读者	繁荣	方针
副食	更加	冠军	航空	后悔	坚强	节约	经过	开始	空前	浪费
留念	贸易	模样	难受	农村	平等	破坏	期间	强调	如果	热情
森林	神经	食品	市场	特殊	通讯	外交	完整	无限	吸收	系统
项目	熊猫	严肃	医院	游泳	赞成	真理	支援	重视	遵守	昂扬
拜访	伴奏	悲愤	编辑	辩解	波涛	驳斥	部位	参军	查明	常规

续表

城镇	惩罚	冲锋	筹备	传授	吹捧	翠绿	单纯	当初	悼念	颠簸
定向	叮嘱	冻结	夺取	发炎	烦恼	防汛	飞翔	分明	丰满	敷衍
覆盖	钢琴	高尚	跟随	功绩	沟通	关闭	规章	过滤	寒暄	和蔼
合唱	呼啸	华侨	混纺	吉祥	记载	激情	监察	践踏	教唆	金融
惊动	纠纷	捐献	军装	开设	空调	枯燥	科普	亏损	浪潮	乐趣
凌晨	脉搏	掠夺	民航	目光	难关	捏造	怒吼	攀登	佩服	疲惫
平稳	奇特	器械	牵扯	钦佩	轻微	庆贺	权威	群岛	燃料	任性
桑树	商标	设想	甚至	失效	盛情	食用	市长	售货	说谎	隧道
探亲	提炼	跳跃	同胞	诬陷	西服	相对	叙谈	严密	议员	优胜
蕴藏	栽培	震荡	投标	挖掘	危及	现状	协助	学说	凶猛	验证

二 绕口令训练

(1) 梁上两对倒吊鸟，泥里两对鸟倒吊。可怜梁上的两对倒吊鸟，惦着泥里的两对鸟倒吊，可怜泥里的两对鸟倒吊，也惦着梁上的两对倒吊鸟。

(2) 河边两只鹅，一同过了河；白鹅去拾草，黑鹅来搭窝。冬天北风刮，草窝真暖和，住在草窝里，哦哦唱支歌。

(3) 清早上街走，走到周家大门口，门里跳出一只大黄狗，朝我哇啦哇啦吼。我拾起石头打黄狗，黄狗跳上来就咬我的手。也不知我手里的石头打没打着周家的大黄狗，周家的大黄狗咬没咬着我的手？

(4) 华华园里有一株藤萝花，佳佳园里有一株喇叭花。佳佳的喇叭花，绕住了华华的藤萝花，华华的藤萝花，缠住了佳佳的喇叭花。也不知道是藤萝花先绕住了喇叭花，还是喇叭花先缠住了藤萝花。

(5) 天连水，水连天，水天一色望无边。蓝蓝的天似绿水，绿绿的水如蓝天。到底是天连水，还是水连天？

(6) 铜勺舀热油，铁勺舀凉油，铜勺舀了热油舀凉油，铁勺舀了凉油舀热油。舀油入炒勺，月月有佳肴。先炖鱿鱼块，后扒羊肉条。火在炉下燃，油在勺中熬，满锅同炎热，管它铜勺与铁勺。

(7) 天上一群大白鸽，河里一群大白鹅。白鸽尖尖红嘴壳，白鹅曲项向天歌。白鸽剪开云朵朵，白鹅拨开浪波波。鸽乐呵呵，鹅活泼泼，白鹅白鸽碧波蓝天真快乐。

（8）嘴说腿，腿说嘴，嘴说腿爱跑腿，腿说嘴爱卖嘴。光动嘴不动腿，光动腿不动嘴，不如不长腿和嘴。

（9）天空飘着一片霞，水上游来一群鸭。霞是五彩霞，鸭是麻花鸭，麻花鸭游进五彩霞，五彩霞网住麻花鸭。乐坏了鸭，拍碎了霞，分不清是鸭还是霞。

三 语篇训练

我曾经三访雁荡山的大龙湫，每次都给我十分鹉的感觉。祖国艉丽的山水给我们美的享受，是无穷无尽的。

大龙湫是雁荡最著名的瀑布。它背依铁垣似的连去嶂，面对挺秀的一帆峰，水源大，瀑身高，水从万丈峭壁上凌空腾泻下来，四周无所依傍，随风飘摇，变幻多端，令人百看不厌。

记得我第一次去大龙湫，是盛夏季节。雷雨初过，溪水暴涨，过马鞍岭，沿锦溪向北走，才到剪刀峰前，就听见山谷内轰雷似的水吼声。转过剪刀峰，劈面就是一阵狂风暴雨，一抬头，只见一条粗数十围的大瀑布，像一条发怒的银龙，从半空中猛扑下来，直捣潭心，水声轰轰，激荡起阵阵狂风，喷迸出如雹的急雨，封锁了整个山谷，使你没法再往里走。那巨大、强悍、粗犷的气势，真是震天撼地！

我第二回到大龙湫，是晴朗的冬日。从雁荡山的最高峰——百岗尖下来，走到大龙湫的顶上，从龙湫背俯瞰龙湫。龙湫背形势险恶，有一个黑咕隆咚的深潭，潭水从缺口溢出去，泻下万丈峭壁，便是龙湫飞瀑。那一阵，天晴久了，潭水不太满，泻下去的瀑布倒像一斛碎珠，散散落落，望不到底。连云嶂左右舒展，一帆峰遥遥挺立，衬着蓝天白云，山谷显得开朗而宁静。那一次，大龙湫给我的印象是潇洒、素淡，像一幅着墨不多的山水画。银龙蛰伏在龙潭里，正养神呢！

节选自竹子《三访雁荡山》

我虽然已在成都住了一年，遇上花会，还是第一次。开幕这天，我起得特别早，饭后便直奔青羊城宫，这成都西郊的美丽、古老的寺院。

才九点钟，通惠门到青羊宫的宽敞马路上，已经拥挤着愉快的人们。

林荫道上新植的垂柳，宛若花会招待员，列队迎接游人。

远远近近都是花

进了花会南大门，沿着花径走不多远，一座新堆的假山出现在面前，给花会的自然景色增添了情趣。游人走到这里，可以绕过假山，随着自己的兴趣，向四面分流而去，舒适地漫步在缤纷的花海之中。假山背后，是风姿别致的喷水池，水从涧石间缓缓涌出，红色金鱼搅着微波嬉戏。

我站在假山旁向四面看了看，犹如完全被万花包围起来了。在视线可以看到的远远近近，高高低低之处，无不是花天花地。桃红李白，相互斗艳；海棠和红梅，像火焰般怒放；玉兰花苞蕴蓄着无限的春意，茶花恰如一抹红霞。游人们在这里一散开来，很快就给花丛隐没了，只听得歌声和笑声。这情景比陆放翁所写："当前走马锦城西，曾如梅花醉似泥，二十里中香不断，青羊宫至浣花溪。"要更加迷人。

节选自曾克《蓉城花会》

春三月，渭北高原还有些许凉意，路上吆车挑担的老汉后生，地里挎篮挑野菜的女子，都还没有褪去那一身臃肿，路边的白杨依然枯着，不过细看那秃着的枝枝桠桠上，分明已经有了星星点点的鹅黄。

太阳却艳艳的，越冬的小麦也绿得浓重绿得实在，我们的车子就在这饱满的绿色中一路向朝韩城原驰去。

蓝色的公路牌终于赫然标出韩城市界，我的心不由肃然起敬，眼睛却开始忙乱。四野苍茫，我搜寻着每一片村落，每一幢农舍，每一个沙丘，每一丛枯树，在我看来，这里的一草一木都和那个留下了一部五十二万言的《史记》的司马迁还有着某种联系与纠葛。

两千多年前的那个太阳，大概不如头顶的这颗这般鲜艳，公元前六四五年的秦、晋第一次韩原大战的旌旗战尘遮蔽了那轮赤红，却将如注如流的碧血泼进这片干旱的黄土，那时，大获全胜的秦穆公与当了俘虏的晋惠公没有料到，五百多年之后，生于斯地长于斯地的一个史官会用饱蘸着恋乡之情的笔墨，酣畅淋漓地记载下那场昏天黑地的厮杀，记载下他们的荣耀与耻辱。

节选自李镜《谒司马迁祠》

天蒙蒙亮的时候，隔着玻璃窗户不见一点红霞，天色灰暗，只有随风乱摆的柳丝，我的心就沉重起来了。南方的天气，老是没一个准，一会下雨，一会天晴，要是又下起雨来，我们去桃花坪的计划可就吹了。不知为什么，那种少年时代等着上哪儿去玩的兴头、热忱和担心，非常浓厚地笼罩着我。

我们赶快起身，忙着张罗吃早饭。机关里很多见着我们的人，也表示说道："今天的天气很难说咧。"好像他们知道了我们要出门似的。真奇怪，谁问你们天气来着，反正，下雨我们也得去，不过，我们心里也确同天气一样，有些灰，而且阴晴不定着咧。

本来昨天约好了杨新泉，要他早晨七点钟来我们这里一道吃早饭，可是快八点了，我们老早把饭吃好了，还不见他来。人一定不来了，他一定以为天气不好，我们不会去，他就不来了，他一定已经各自走了，连通知我们一声也不通知，就回家去了，这些人真是！我一个人暗自在心里嘀咕，焦急地在大院子里的柳树林下徘徊。布谷鸟在远处使人不耐地叫唤着。

节选自丁玲《记游桃花坪》

山中幽静，一夜酣睡，黎明时分，一阵咚咚的敲门声，把我从梦中喊醒，是小叶同志来催促起床了。原来今天要上天子山，需要爬十多华里的山岭，山高坡陡，天气又炎热，所以决定早些起床，趁着清晨的凉爽之际上路。

此时正是五点，天还未大亮，一轮残月，还发射着明亮的光辉，斜挂在西面山峰的上空。那无数座密如林立的山峰，在迷离的月光下，显出朦朦胧胧的淡影，像一幅水墨画儿似的，充满了诗意。凉爽的山风，沿着幽深的山谷吹来，带着露水和草木的清香，也带来了峡谷间农屋里雄鸡的啼声。仰头望望那高耸在头顶上空的天柱峰，月光下，显得更加雄伟高大了，一缕缕乳白色的晨雾，飘浮在山峰的半腰，像围上了一层轻纱。……

吃罢早饭后，已是林中鸟声盈耳，空中红霞满天了。

我们告别了热情的索溪峪的主人，在霞光和鸟鸣声中，沿着山间小径，经过了养猴人的小石屋，向着天子山进发了。路，是狭窄而又陡峭的羊肠小路，它沿着山坡，弯弯曲曲地往上升高，路两旁，尽是茂密的树林和灌木丛。一缕缕晨雾像炮烟似的在浓绿的林间缭绕，灌木丛中，散发出一股股浓烈的腐草枯叶的气味。一群群好奇的山雀，追着人在路边的树上、岩石上叽叽喳喳地叫。蝉，也开始"知了""知了"地叫了起来。清晨的山间，是如此的幽静，除去这鸟蝉声之外，就只听见山泉在石涧中奔流的叮咚声，和山林吹动着树木、山草的飒飒声。

节选自峻青《天子山一日》

第 六 章

普通话语流音变

普通话中的语流音变是一种自然的语言现象，这里所说的音变不是历时的语音变化，而是共时的语流音变，主要是连续音变，即连着念的音节，其音素声调等有时会发生变化。在正常的语言交流中，为了提高说话的流利度和速度，人们会倾向于将相邻的音节或单词连接起来，形成连读。这种连读会导致音节间的辅音或元音发生变化，以便更顺畅地发音。快速说话时，为了节省时间和口气，人们往往会缩短一些音节的持续时间，这可能会导致元音的变化（如/i/变成/ɪ/）。在语流中，普通话的声调可能会因为句子结构和语调的影响而发生改变。例如，句子末尾的降调可能会变成半降调或高平调。这种声调转化有助于保持句子的整体平衡和流畅性。某个音素的发音可能会受到其前后邻近音的影响，产生音位上的变化。比如，元音的舌位、开合程度等可能会受到相邻元音的影响而产生微调。总的来说，普通话语流音变是一种自然而然的现象，它在提高口语流利度的同时也提高了交流的效率。虽然在正式场合和语言学习中，需要注意准确发音，但了解普通话语流音变的规律和原因能够帮助我们更好地理解和运用语言。

第一节 变调

有些音节的声调在语流中连着念会起一定的变化，与单念时调值不同，这种声调的变化叫作变调。音节变调多数是受后一个音节声调的影响引起的。

一　上声变调

在语流中，上声变调的情况最多，也最复杂。上声的调值是 214，在以下两种情况下上声不变调：①单念的时候；②出现在词句末尾的时候。在其他情况下，上声一般都要变调。上声变调有两种情况：一是调值变为 21，称为"半上"；二是调值变为 35，与阳平的调值一致。

（1）上声和上声相连，前一个上声调值变为 35，与阳平的调值一致。

美满 měimǎn　　　　保险 bǎoxiǎn　　　　选举 xuánjǔ
水果 shuíguǒ　　　　雨伞 yúsǎn　　　　　草稿 cáogǎo

（2）上声在非上声（阴平、阳平、去声）以及轻声的前面，变为半上，调值变为 21。

①上声+阴平：
语音 yǔyīn　　　　　演出 yǎnchū　　　　每天 měitiān
手工 shǒugōng

②上声+阳平：
演员 yǎnyuán　　　　朗读 lǎngdú　　　　感觉 gǎnjué
普及 pǔjí　　　　　　补偿 bǔcháng　　　走神 zǒushén

③上声+去声：
讲话 jiǎnghuà　　　　省略 shěnglüè　　　访问 fǎngwèn
水稻 shuǐdào　　　　管制 guǎnzhì　　　　走运 zǒuyùn

④上声+轻声：
打量 dǎliang　　　　喇叭 lǎba　　　　　免得 miǎnde
老实 lǎoshi　　　　　买卖 mǎimai　　　　我们 wǒmen

（3）三个上声相连，如果前两个音节在语法上联系较为紧密，称为"双单格"，前两个上声音节都变成阳平（调值 35）；如果后两个音节在语法上联系比较紧密，则为"单双格"，前两个上声音节读音分别变成半上（调值 21）和阳平（调值 35）。

①双单格：
表演者 biáoyánzhě　　草稿纸 cáogáozhǐ　　赶紧走 gánjínzǒu
体检表 tíjiánbiǎo

②单双格:

冷处理 lěngchúlǐ　　女导演 nǔdáoyǎn　　很典雅 hěndiányǎ

小广场 xiǎoguángchǎng　　老领导 lǎolíngdǎo

买雨伞 mǎiyúsǎn

(4) 上声在由上声变来的轻声前面有两种变调:一种是变为半上(调值21),另一种是变为阳平(调值35)。

①变半上:

姐姐 jiějie　　　　奶奶 nǎinai　　　　马虎 mǎhu

②变阳平:

想想 xiángxiang　　走走 zóuzou　　　手里 shóuli

上声变调口诀:

两个上声字相连,前面一个要变化;上上相连前变阳,上加非上变半上。三个上声字相连,前面两个要变化;双单变为阳和阳,单双变为半上阳。

二 "一"和"不"的变调

"一"的本调是阴平调,"不"的本调是去声调。它们在单念、词句末尾或表示序数的时候读本调。如在"一等奖"(表序数)、"唯一"(词末),"不,我就不!"(单念、句尾)中读本调。

"一"和"不"在语流中也经常发生变调。规律如下:

(1) 在去声字的前面,"一、不"都变为阳平(调值35)。

一定 yídìng　　一律 yílǜ　　不必 búbì　　不是 búshì

一共 yígòng　　一致 yízhì　　不但 búdàn　　不要 búyào

(2) 在非去声字(阴平、阳平、上声)的前面,"一"变为去声(调值51),"不"仍读为本调。

一般 yìbān　　一心 yìxīn　　一同 yìtóng　　一直 yìzhí

一起 yìqǐ　　一手 yìshǒu　　不堪 bùkān　　不惜 bùxī

不如 bùrú

(3) "一、不"嵌在相同的动词中间时,读轻声。

想一想 xiǎngyixiǎng　　谈一谈 tányitán　　来不来 láibulái

看一看 kànyikàn　　好不好 hǎobuhǎo　　想不到 xiǎngbudào

"一"和"不"的变调口诀：
去声之前念阳平，非去之前念去声，
词语中间念轻声，变调规律记心中。

三　叠字形容词的变调
形容词重叠一般有 AA 式、ABB 式和 AABB 式三种。

1. AA 式的变调

在 AA 式的叠字形容词中，两个相同的字重叠在一起，如"快快儿"。在语流中，这种叠字形容词的变调不太明显，多数情况下保持相同的声调和音高。AA 式后加"儿尾"，重叠的第二个音节变成"儿化韵"时，声调可以变为阴平。例如：

慢慢儿 mànmānr　　　　　快快儿 kuàikuāir
大大儿 dàdār　　　　　　好好儿 hǎohāor

2. ABB 式、AABB 式的变调

当后面两个叠字音节的声调是阳平、上声、去声（非阴平）时，调值变为高平调 55，跟阴平的调值一样，AABB 式中的第二个 A 读轻声。例如：

ABB 式：
绿茸茸 lǜrōngrōng　　　　绿油油 lǜyōuyōu
红彤彤 hóngtōngtōng　　　慢腾腾 màntēngtēng

AABB 式：
慢慢腾腾 mànmantēngtēng　　马马虎虎 mǎmahūhū
舒舒服服 shūshufūfū

注意：①上述变调规律仅就 ABB 式和 AABB 式形容词的一般情况而言。②一部分书面语的叠字形容词不变调。例如：白皑皑、金闪闪、轰轰烈烈、堂堂正正、沸沸扬扬、闪闪烁烁等。

第二节　轻声

一　轻声的性质
普通话中有阴平、阳平、上声、去声，每一个声调在语流音变中都有可能变成又轻又短的调子，而不是原来固有调值的声调。我们把这些因语流音变而形成的又轻又短的调子统称为轻声。因此，不能说汉语轻声是四声之外独立的第五个声调。简单来说，轻声是四声在一定条件下变成比原调又轻又短的声调变体。

轻声的性质如下：

1. 轻声没有固定的声调：轻声不具备明确的声调高低，因为它是非实质性的音，所以在标准的拼音表示中，轻声一般不标注声调符号。

2. 轻声不强调音调变化：轻声发音时，不强调声调的上升或下降，而是以较轻柔、短促的方式发音。

3. 轻声不影响前一个音节的声调：当轻声出现在多音节词的最后一个音节上时，它通常不会改变前一个音节的声调，即无论前一个音节的声调是什么，都不会受到轻声的影响。

4. 轻声的存在保持平衡和连贯：轻声的存在可以保持语音的平衡和连贯性，使得句子的节奏更加自然。轻声音节的发音时间相对较短，音量较小，音调轻快。它通常以一种轻柔、短促的方式发音，不会过分强调或拉长发音时间。

在汉语中，轻声音节的高度通常与前面音节的声调有关。虽然轻声音节本身没有明确的声调高度，但前音节残留的发音位置会连带对轻声音节的调度产生影响。

大致的情况是：上声音节后面的轻声音节读 4 度，阳平音节后面的轻声音节读 3 度，阴平后面的轻声音节读 2 度，去声后面的轻声音节读 1 度。例如：

上声 + 轻声（4 度）：剪子、枕头、爽快、委屈
阳平 + 轻声（3 度）：孩子、石头、凉快、人们
阴平 + 轻声（2 度）：桌子、跟头、称呼、庄稼
去声 + 轻声（1 度）：凳子、念头、报酬、事情

普通话中的音节一般要读为轻声的主要有以下几种情况：

1. 语气词：例如"啊""呀""哦"等语气词，在这些词中，轻声音节用于表示语气的轻松、随意或感叹。

2. 助词：一些助词如"了""着""的"等，在特定语境中作为语法功能助词使用时，它们的音节会被读为轻声。

3. 叠音词和重叠动词末一个音节：例如"咯吱""哗啦"等叠音词，在这些词中，最后一个音节会读为轻声。此外，重叠动词也会以轻声结尾，例如"跑跑""笑笑"。

4. 用在动词后面表示趋向和用在形容词后面表示变化的趋向动词：例如，"过来""红起来"中的"来""起"都会被读为轻声。

5. 用在名词及代词后面的方位词：例如，"家里""桌子上"中的"里""上"在这些情况下会读为轻声。

6. 名词及某些代词的后缀：例如，"小狗儿"中的"儿"会读为轻声。

7. 量词"个"

一个、这个

8. 一些常用的双音节词的后一个音节

脑袋、胳膊、头发、钥匙、消息、麻烦、快活、见识、机灵、扎实、凑合

二　轻声的词汇语法作用

轻声是一种语音现象，同时也具有词汇、语法的作用。有些词语，读不读轻声，意思、用法会不同。例如，"大爷"不读轻声，是指不好劳动、傲慢任性的男子；旧时大户人家中兄弟排行居首也称"大爷"。"大爷"读轻声，是对伯父的称呼，也是对年长男子的尊称。轻声的作用可以概括为两个方面。

1. 区别词义

例如：

东西：东方和西方。
东西：泛指各种事物。
地方：各级行政区划的统称。
地方：区域；空间；部位。

2. 区别词性

有时，轻声不但改变词义，而且改变了词性。

例如：

地道：名词，地下坑道。
地道：形容词，真正的，纯粹的。
自然：名词，自然界；自由发展；理所当然。
自然：形容词，不勉强；不局促；不呆板。

第三节 儿化

普通话的"儿化"指的是一个音节中，韵母带上卷舌色彩的一种特殊音变现象，这种卷舌的韵母就叫作"儿化韵"。例如，普通话念"花儿"的时候，这个儿字不是一个独立的音节，也不是音素，而只是一个表示卷舌动作的符号。只表示在念到"花（hua）"这个字音的韵腹时，随即加上一个卷舌动作，使韵母带上卷舌音"儿"的音色，用汉语拼音字母拼写儿化音节，只需在原来的音节之后加上"r"（表示卷舌作用）就可以了。比如：点儿—diǎnr，树叶儿—shùyèr。

一 儿化的读音规律

一个韵母变成儿化韵，共同的特点是在原有韵母的基础上加上了卷舌的动作。但是，韵母的结构特点不同，使得韵母有不同的儿化方式，主要的规律有以下几个：

1. 对于以 a、o、e、ê、u 收尾的单韵母，直接在后面加上卷舌动作 r，形成儿化发音。

例如，"花"儿化为"花儿"a→ar；"干活"儿化为"干活儿"uo→uor；

2. 对于单韵母 i、ü，在韵母后面加上 er 进行儿化。

例如，"鱼"儿化为"鱼儿"ü→üer；"书皮"儿化为"书皮儿"i→ier；

3. 对于 -i [ɿ]、-i [ʅ] 这两个韵母，韵母变成 er。

例如，"瓜子"儿化为"瓜子儿" -i [ɿ]→er；"没事"儿化为"没事儿" -i [ʅ]→er；

4. 对于韵尾是 i、n 的多韵母，韵尾脱落，韵腹加上卷舌动作。

例如，"宝贝"儿化为"宝贝儿"ei→er；"花边"儿化为"花边儿"ian→iar；

5. 对于韵尾是 ng 的多韵母，韵尾脱落，韵腹加上卷舌动作并带上鼻音色彩，形成鼻化儿化发音。

例如，"眼镜"儿化为"眼镜儿"ing→iẽr；"有空"儿化为"有空儿"ong→uɤ̃ɚ；

二　儿化的词汇语法作用

儿化也有词汇语法作用，词语带不带"儿"缀，意思、用法会有差异。有的词不读成儿化就不成词，有的词读成儿化与不读成儿化感情色彩不同，还有的词读成儿化与不读成儿化意思不同。例如，"桃儿""杏儿"，没有"儿"缀，在口语中就不能单说；"面条儿"说成"面条"，"小孩儿"说成"小孩"，意思没有什么不同，感情色彩上可能稍微有点差异。

儿化的主要词汇语法作用可以概括为以下几种：

1. 区别词义，带"儿"缀的词和不带"儿"缀的词是意义不同的两个词

头：脑袋。

头儿：领头的。

眼：眼睛。

眼儿：小窟窿。

2. 区别词性，带"儿"缀的词和不带"儿"缀的词，词性不同

盖：动词。

盖儿：名词。

个：量词。

个儿：名词。

3. 带"儿"缀的词，一般表示细、小、轻、微的意义（与带"子"缀的词比较）

棍儿　刀儿　花园儿　饭桌儿　皮球儿　纸片儿

4. 带"儿"缀的词，可以表示喜爱、亲切的感情色彩

脸儿　　伙伴儿　　小孩儿
小鸟儿　宝贝儿　　花裙儿

第四节　语气词"啊"的音变

语气词"啊"在汉语口语中常用于表示疑问、惊讶、肯定等语气。它在发音时往往受前字读音的影响而产生音变，有以下几种情况。

1. 前面音节的收尾音素是 a、o、e、ê、i、ü 的时候，读 ya，写成"呀"或"啊"

真的是你啊（nǐya）！

果树要栽在那个坡啊（pōya）！

下雨天当然要留客啊（kēya）！

好想快点见到她啊（tāya）！

这棵树好绿啊（lǜya）！

2. 前面音节的收尾音素是 u（o）的时候，读 wa，写成"哇"或"啊"

这药真苦啊（kǔwa）！

快来瞧啊（qiáowa）！

3. 前面音节的收尾音素是 n 的时候，读 na，写成"哪"或"啊"

天啊（tiānna），大家快来看啊（kànna）！

他真是个好人啊（rénna）！

4. 前面音节的收尾音素是 ng 的时候，读 nga，写成"啊"

这菜真香啊（xiāngnga）！

接着往下唱啊（chàngnga）！

5. 前面音节的收尾音素是 -i [ɿ] 的时候，读 [zA]，写成"啊"

多漂亮的字啊（zì zA）！

这是什么意思啊（yì sī zA）！

6. 前面音节的收尾音素是 –i ［ʅ］的时候，读 ra，写成"啊"

大家快吃啊（chī ra）！

到底是怎么回事啊（shì ra）！

注意：①零声母音节"er"后面的"啊"读"ra"，如"儿啊（ra）"。②儿化后面的"啊"也多读"ra"，如"花儿啊（ra）""皮儿啊（ra）""歌儿啊（ra）""食儿啊（ra）"，但也有例外，如"枣儿啊"，这个"啊"要读"wa"。

第五节　语流音变发音训练

一　变调练习

（一）上声变调

1. 上声＋阴平（前者读为半上，调值21，后者不变）

马车 mǎchē　　　傻瓜 shǎguā　　　舍身 shěshēn

法官 fǎguān　　　假山 jiǎshān　　　纸张 zhǐzhāng

2. 上声＋阳平（前者读为半上，调值21，后者不变）

考察 kǎochá　　　手足 shǒuzú　　　脸庞 liǎnpáng

表达 biǎodá　　　满员 mǎnyuán　　　准时 zhǔnshí

3. 上声＋上声（前者读为阳平，后者不变）

把柄 bábǐng　　　保险 báoxiǎn　　　笔者 bízhě

处理 chúlǐ　　　底稿 dígǎo　　　首长 shóuzhǎng

粉笔 fénbǐ　　　鼓舞 gúwǔ　　　好久 háojiǔ

举止 júzhǐ　　　耳语 éryǔ　　　勇敢 yónggǎn

4. 上声＋去声（前者读为半上，调值21，后者不变）

法定 fǎdìng　　　写作 xiězuò　　　丑化 chǒuhuà

果断 guǒduàn　　　水稻 shuǐdào　　　体现 tǐxiàn

5. 上声＋轻声（前者读为半上，调值21，后者不变）

比方 bǐfang　　　点心 diǎnxin　　　使唤 shǐhuan

打发 dǎfa　　　好处 hǎochu　　　委屈 wěiqu

一 "一、不"的变调

1. "一"的变调

(1) 一+去声（"一"读为阳平，调值 35）：

一半 yíbàn　　一带 yídài　　一概 yígài　　一切 yíqiè
一并 yíbìng　　一道 yídào　　一律 yílù　　一样 yíyàng

(2) 一+阴平（"一"为去声，调值 51）：

一般 yìbān　　一番 yìfān　　一生 yìshēng　　一心 yìxīn
一边 yìbiān　　一批 yìpī　　一些 yìxiē　　一双 yìshuāng

(3) 一+阳平（"一"读为去声，调值 51）：

一回 yìhuí　　一年 yìnián　　一齐 yìqí　　一群 yìqún
一连 yìlián　　一旁 yìpáng　　一如 yìrú　　一直 yìzhí

(4) 一+上声（"一"读为去声，调值 51）：

一口 yìkǒu　　一起 yìqǐ　　一统 yìtǒng　　一览 yìlǎn
一举 yìjǔ　　一体 yìtǐ　　一种 yìzhǒng　　一点儿 yìdiǎnr

2. "不"的变调

(1) 不+去声（"不"读为阳平，调值 35）：

不是 búshì　　不但 búdàn　　不倦 bújuàn　　不利 búlì
不必 búbì　　不断 búduàn　　不愧 búkuì　　不懈 búxiè

(2) 不+阴平、阳平、上声（"不"读为去声，调值 51）：

不安 bùān　　不该 bùgāi　　不公 bùgōng
不堪 bùkān　　不曾 bùcéng　　不乏 bùfá
不良 bùliáng　　不同 bùtóng　　不止 bùzhǐ
不管 bùguǎn　　不久 bùjiǔ　　不免 bùmiǎn

三　轻声练习

本事 běnshì—本事 běnshi　　　　地理 dìlǐ—地里 dìli
地下 dìxià—地下 dìxia　　　　　大方 dàfāng—大方 dàfang
服气 fúqì—福气 fúqi　　　　　　莲子 liánzǐ—帘子 liánzi
利害 lìhài—厉害 lìhai　　　　　兄弟 xiōngdì—兄弟 xiōngdi
大爷 dàyé—大爷 dàye　　　　　 近来 jìnlái—进来 jìnlai

四　儿化练习

表 6-1　　　　　　　　　儿化练习词语表

a→ar：	那儿	话把儿	u→ur：	酒壶儿	门路儿
ia→iar：	纸匣儿	人家儿	ao→aor：	羊羔儿	小草儿
ua→uar：	菊花儿	鞋刷儿	iao→iaor：	面条儿	插销儿
o→or：	山坡儿	围脖儿	ou→our：	老头儿	快手儿
uo→uor：	木桌儿	面果儿	iou→iour：	篮球儿	长袖儿
e→er：	送客儿	餐盒儿	i→ier：	玩意儿	凉皮儿
iê→iêr：	半截儿	小鞋儿	ü→üer：	毛驴儿	马驹儿
üê→üêr：	旦角儿	肥缺儿	-i→er：	识字儿	新词儿
-i→er：	果汁儿	小事儿	in→ier：	树林儿	费劲儿
ai→ar：	门牌儿	锅盖儿	ün→üer：	花裙儿	
uai→uar：	乖乖儿	木块儿	ang→ār：	秘方儿	赶趟儿
ei→er：	刀背儿	眼泪儿	iang→iār：	茴香儿	玥凉儿
uei→uer：	帽盔儿	烟灰儿	uang→uār：	沾光儿	纸筐儿
an→ar：	收摊儿	拼盘儿	eng→ēr：	泥坑儿	门缝儿
ian→iar：	小辫儿	冒烟儿	ueng→uēr：	水瓮儿	
uan→uar：	瓦罐儿	好玩儿	ong→ūr：	小虫儿	酒盅儿
üan→üar：	绕远儿	花卷儿	ing→iēr：	打鸣儿	蛋清儿
en→er：	脸盆儿	大婶儿	iong→üēr：	小熊儿	
uen→uer：	下文儿	飞轮儿			

五　语气词"啊"音变练习

（一）句子练习

（1）这是一个好办法啊（ya）！

（2）要等到期末啊（ya）！

（3）大家好好喝啊（ya）！

（4）这件事对大家非常有利啊（ya）。

（5）要走那么远的路啊（wa）！

（6）你以为我不知道啊（wa）！

（7）这一走就是十年啊（na）。

（8）今天好冷啊（nga）！

（9）这张纸可不能撕啊［zA］！

（10）好坚固的牙齿啊（ra）。

（二）语篇练习

多么美丽的春天啊（na）！阳光真灿烂啊（na），空气好清新啊（na），地上的草多绿啊（ya），树上的花多美啊（ya）！那些天真的孩子啊［zA］，唱啊（nga），跳啊（wa），他们玩得多好啊（wa）。春天的景色真是如画如诗啊（ra）！

六　普通话"重·次轻"格式词语表

普通话中的"重·次轻"格式词语是指在该词语中，第一个音节读得比较重，第二个音节读得相对轻一些。

下述词语，一般的词典没有标注轻声，但在普通话的口语中人们却大多读作"后轻"，实际上是"重·次轻"的格式。

这些词语在普通话水平测试中是语音评定的难点，在读双音节词语的时候，应试者读作"中·重"的格式，要判定为正确，因为词典上没有标注为轻声；应试者读作"重·次轻"的格式，也应判定为正确，因为在纯正的普通话口语中大多是这样读的。

不过，当应试者在朗读和说话这两项测试中把这些词语读作"中·重"的格式时，我们就会感到生硬。应试者的普通话达到二级甲等以上的水平后，为了进一步提高普通话水平，把普通话说得纯正自然，就要注意这部分词语的读音了。

A：

阿门、爱护、爱惜、安顿、安稳、安详、安心、安慰、暗淡、奥妙、澳门、把手、把守、把握、霸占、笨蛋、罢了、败露、拜访

B：

巴结、巴掌、罢笔、罢了、霸气、百姓、摆动、拜访、班房、搬动、宝贝、备战、背后、背诵、辈分

C：

餐桌、层次、差错、场面、尘世、沉醉、成熟、城墙、呈现、迟缓、

充实、重逢、重复、抽查、筹建

D：

担当、端正、地点、底下、典礼、惦记、动荡、断定、兑换、兑现、多么、独特、顿时、断定、冬瓜

E：

额外、而后、儿歌、儿童、耳环、二等、二者、噩梦、恩惠

F：

发掘、发挥、繁华、反感、方寸、吩咐、分明、奋力、风气、风俗、奉献、服气、福气、辐射、夫妻

G：

改善、改变、感慨、感觉、跟随、根本、功劳、古镇、规划、归来、贵族、光环、光阴、过往、观念

H：

海洋、海量、含糊、寒假、好比、和尚、何必、红花、呼吸、欢喜、怀里、回顾、汇报、糊涂、挥手

以 I 开头的词语较少，因为 "I" 在汉语拼音中主要作为声母使用，并且大部分以 "I" 开头的词语并不符合"重·次轻"的格式。但仍然可以找到一些例子，如：

I：

理想（Lǐxiǎng）中的"理"和"想"

J：

机器、积极、记得、济南、渐渐、交接、仅仅、进步、经验、今天

K：

开心、考虑、宽阔、看守、夸奖、可口、魁梧、愧疚、困难、关切

L：

流露、理论、理想、历来、礼拜、利落、力量、伶俐、领航、领会、晾晒、灵魂、玲珑、流连、留意

M：

麻木、满意、茂密、漫长、埋头、迷糊、秘密、免费、面临、明媚

N：
纳闷、难忘、嫩绿、逆流、凝结、农家、暖和、挪动、诺言、女人
O：
欧元、偶尔、奥妙、奥援
P：
批评、平常、漂亮、飘扬、破碎、品尝、疲惫、皮囊、偏僻、期望
Q：
齐全、其次、奇迹、气氛、千万、牵挂、亲切、轻巧、清澈、取得
R：
认真、仍然、容忍、如意、软弱、洒脱、瑞安、入味、日后、人为
S：
洒脱、素质、随即、松散、琐碎、搜索、诉说、算计、唆使、损失
T：
踏实、太太、探讨、腾飞、提高、体贴、天堂、听从、透露、图画
U：
乌龟、无锡、无数、乌云、务必
V：
以V开头的词语在普通话中十分罕见，因为V在汉语拼音中并不作为一个独立的声母使用。所以，在普通话中，我们很难找到以V开头的"重·次轻"词语。
W：
稳妥、挖苦、万岁、外婆、为难、忘怀、威力、稳重、问题、无奈
X：
稀奇、喜庆、现场、细心、虚伪、下限、鲜血、娴熟、相差、向来
Y：
原来、愿意、一元、移动、遗憾、艺术、犹豫、遥远、依旧、引导
Z：
自在、综合、总理、组织、自信、尊重、最后、最初、准备、仔细

七 普通话水平测试用必读轻声词语表

1. 表6-2为普通话水平测试用必读轻声词语表，根据《普通话水平

测试用普通话词语表》编制。

2. 本表共收词 548 条（其中"子"尾词 207 条），按汉语拼音字母顺序排列。

3. 条目中的非轻声音节只标本调，不标变调；条目中的轻声音节，注音不标调号，例如："明白 míngbai"。

表 6-2   普通话水平测试用必读轻声词语表

爱人	àiren	扁担	biǎndan	绸子	chóuzi
案子	ànzi	辫子	biànzi	除了	chúle
巴掌	bāzhang	别扭	bièniu	锄头	chútou
把子	bǎzi	饼子	bǐngzi	畜生	chùsheng
把子	bàzi	拨弄	bōnong	窗户	chuānghu
爸爸	bàba	脖子	bózi	窗子	chuāngzi
白净	báijing	簸箕	bòji	锤子	chuízi
班子	bānzi	补丁	bǔding	刺猬	cìwei
板子	bǎnzi	不由得	bùyóude	凑合	còuhe
帮手	bāngshou	不在乎	bùzàihu	村子	cūnzi
梆子	bāngzi	步子	bùzi	耷拉	dāla
膀子	bǎngzi	部分	bùfen	答应	dāying
棒槌	bàngchui	财主	cáizhu	打扮	dǎban
棒子	bàngzi	裁缝	cáifeng	打点	dǎdian
包袱	bāofu	苍蝇	cāngying	打发	dǎfa
包涵	bāohan	差事	chāishi	打量	dǎliang
包子	bāozi	柴火	cháihuo	打算	dǎsuan
豹子	bàozi	池子	chízi	打听	dǎting
杯子	bēizi	肠子	chángzi	大方	dàfang
被子	bèizi	厂子	chǎngzi	大爷	dàye
本事	běnshi	场子	chǎngzi	大夫	dàifu
本子	běnzi	车子	chēzi	带子	dàizi
鼻子	bízi	称呼	chēnghu	袋子	dàizi
比方	bǐfang	尺子	chǐzi	耽搁	dānge
鞭子	biānzi	虫子	chóngzi	耽误	dānwu

续表

单子	dānzi	份子	fènzi	罐头	guàntou
胆子	dǎnzi	风筝	fēngzheng	罐子	guànzi
担子	dànzi	疯子	fēngzi	规矩	guīju
刀子	dāozi	福气	fúqi	闺女	guīnü
道士	dàoshi	斧子	fǔzi	鬼子	guǐzi
稻子	dàozi	盖子	gàizi	柜子	guìzi
灯笼	dēnglong	甘蔗	gānzhe	棍子	gùnzi
凳子	dèngzi	杆子	gānzi	锅子	guōzi
提防	dīfang	杆子	gǎnzi	果子	guǒzi
笛子	dízi	干事	gànshi	蛤蟆	háma
底子	dǐzi	杠子	gàngzi	孩子	háizi
地道	dìdao	高粱	gāoliang	含糊	hánhu
弟弟	dìdi	膏药	gāoyao	汉子	hànzi
地方	dìfang	稿子	gǎozi	行当	hángdang
弟兄	dìxiong	告诉	gàosu	合同	hétong
点心	diǎnxin	疙瘩	gēda	和尚	héshang
调子	diàozi	哥哥	gēge	核桃	hétao
钉子	dīngzi	胳膊	gēbo	盒子	hézi
东家	dōngjia	鸽子	gēzi	红火	hónghuo
东西	dōngxi	格子	gézi	猴子	hóuzi
动静	dòngjing	个子	gèzi	厚道	hòudao
动弹	dòngtan	根子	gēnzi	后头	hòutou
豆腐	dòufu	跟头	gēntou	狐狸	húli
豆子	dòuzi	工夫	gōngfu	胡萝卜	húluóbo
嘟囔	dūnang	功夫	gōngfu	胡琴	húqin
肚子	dǔzi	公公	gōnggong	糊涂	hútu
肚子	dùzi	弓子	gōngzi	护士	hùshi
缎子	duànzi	钩子	gōuzi	皇上	huángshang
队伍	duìwu	姑姑	gūgu	幌子	huǎngzi
对付	duìfu	姑娘	gūniang	活泼	huópo
对头	duìtou	谷子	gǔzi	火候	huǒhou
多么	duōme	骨头	gǔtou	伙计	huǒji
蛾子	ézi	故事	gùshi	机灵	jīling

续表

儿子	érzi	寡妇	guǎfu	脊梁	jǐliang
耳朵	ěrduo	褂子	guàzi	记号	jìhao
贩子	fànzi	怪物	guàiwu	记性	jìxing
房子	fángzi	关系	guānxi	夹子	jiāzi
废物	fèiwu	官司	guānsi	家伙	jiāhuo
架势	jiàshi	喇叭	lǎba	骡子	luózi
架子	jiàzi	喇嘛	lǎma	骆驼	luòtuo
嫁妆	jiàzhuang	篮子	lánzi	妈妈	māma
尖子	jiānzi	懒得	lǎnde	麻烦	máfan
茧子	jiǎnzi	浪头	làngtou	麻利	máli
剪子	jiǎnzi	姥姥	lǎolao	麻子	mázi
见识	jiànshi	老婆	lǎopo	马虎	mǎhu
毽子	jiànzi	老实	lǎoshi	码头	mǎtou
将就	jiāngjiu	老太太	lǎotàitai	买卖	mǎimai
交情	jiāoqing	老头子	lǎotóuzi	麦子	màizi
饺子	jiǎozi	老爷	lǎoye	馒头	mántou
叫唤	jiàohuan	老子	lǎozi	忙活	mánghuo
轿子	jiàozi	累赘	léizhui	冒失	màoshi
结实	jiēshi	篱笆	líba	帽子	màozi
街坊	jiēfang	里头	lǐtou	眉毛	méimao
姐夫	jiěfu	厉害	lìhai	媒人	méiren
姐姐	jiějie	痢疾	lìji	妹妹	mèimei
戒指	jièzhi	利落	lìluo	门道	méndao
金子	jīnzi	力气	lìqi	眯缝	mīfeng
精神	jīngshen	利索	lìsuo	迷糊	míhu
镜子	jìngzi	例子	lìzi	面子	miànzi
舅舅	jiùjiu	栗子	lìzi	苗条	miáotiao
橘子	júzi	连累	liánlei	苗头	miáotou
句子	jùzi	帘子	liánzi	名堂	míngtang
卷子	juànzi	林子	línzi	名字	míngzi
咳嗽	késou	凉快	liángkuai	明白	míngbai
客气	kèqi	粮食	liángshi	蘑菇	mógu

续表

空子	kòngzi	料子	liàozi	模糊	móhu
口袋	kǒudai	两口子	liǎngkǒuzi	木匠	mùjiang
口子	kǒuzi	翎子	língzi	木头	mùtou
扣子	kòuzi	领子	lǐngzi	那么	nàme
窟窿	kūlong	溜达	liūda	奶奶	nǎinai
裤子	kùzi	聋子	lóngzi	难为	nánwei
快活	kuàihuo	笼子	lóngzi	脑袋	nǎodai
筷子	kuàizi	炉子	lúzi	脑子	nǎozi
框子	kuàngzi	路子	lùzi	能耐	néngnai
困难	kùnnan	轮子	lúnzi	你们	nǐmen
阔气	kuòqi	萝卜	luóbo	念叨	niàndao
念头	niàntou	亲家	qìngjia	石榴	shíliu
娘家	niángjia	曲子	qǔzi	时候	shíhou
镊子	nièzi	圈子	quānzi	石匠	shíjiang
奴才	núcai	拳头	quántou	石头	shítou
女婿	nǚxu	裙子	qúnzi	实在	shízai
暖和	nuǎnhuo	热闹	rènao	使唤	shǐhuan
疟疾	nüèji	人家	rénjia	似的	shìde
拍子	pāizi	人们	rénmen	世故	shìgu
牌楼	páilou	认识	rènshi	事情	shìqing
牌子	páizi	日子	rìzi	柿子	shìzi
盘算	pánsuan	褥子	rùzi	收成	shōucheng
盘子	bánzi	塞子	sāizi	收拾	shōushi
胖子	pàngzi	嗓子	sǎngzi	首饰	shǒushi
狍子	páozi	嫂子	sǎozi	舒服	shūfu
盆子	pénzi	扫帚	sàozhou	疏忽	shūhu
朋友	péngyou	沙子	shāzi	叔叔	shūshu
棚子	péngzi	傻子	shǎzi	舒坦	shūtan
脾气	píqi	扇子	shànzi	梳子	shūzi
皮子	pízi	商量	shāngliang	爽快	shuǎngkuai
痞子	pǐzi	晌午	shǎngwu	思量	sīliang
屁股	pìgu	上司	shàngsi	算计	suànji

续表

片子	piānzi	上头	shàngtou	岁数	suìshu
便宜	piányi	烧饼	shāobing	孙子	sūnzi
骗子	piànzi	勺子	sháozi	他们	tāmen
票子	piàozi	少爷	shàoye	它们	tāmen
漂亮	piàoliang	哨子	shàozi	她们	tāmen
瓶子	píngzi	舌头	shétou	台子	táizi
婆家	pójia	身子	shēnzi	太太	tàitai
婆婆	pópo	什么	shénme	摊子	tānzi
铺盖	pūgai	婶子	shěnzi	坛子	tánzi
欺负	qīfu	生意	shēngyi	毯子	tǎnzi
旗子	qízi	牲口	shēngkou	桃子	táozi
前头	qiántou	绳子	shéngzi	特务	tèwu
钳子	qiánzi	师父	shīfu	梯子	tīzi
茄子	qiézi	师傅	shīfu	蹄子	tízi
亲戚	qīnqi	虱子	shīzi	挑剔	tiāoti
勤快	qínkuai	狮子	shīzi	挑子	tiāozi
清楚	qīngchu	拾掇	shíduo	条子	tiáozi
跳蚤	tiàozao	谢谢	xièxie	应酬	yìngchou
铁匠	tiějiang	心思	xīnsi	柚子	yòuzi
亭子	tíngzi	星星	xīngxing	冤枉	yuānwang
头发	tóufa	猩猩	xīngxing	院子	yuànzi
头子	tóuzi	行李	xíngli	月饼	yuèbing
兔子	tùzi	性子	xìngzi	月亮	yuèliang
妥当	tuǒdang	兄弟	xiōngdi	云彩	yúncai
唾沫	tuòmo	休息	xiūxi	运气	yùnqi
挖苦	wāku	秀才	xiùcai	在乎	zàihu
娃娃	wáwa	秀气	xiùqi	咱们	zánmen
袜子	wàzi	袖子	xiùzi	早上	zǎoshang
晚上	wǎnshang	靴子	xuēzi	怎么	zěnme
尾巴	wěiba	学生	xuésheng	扎实	zhāshi
委屈	wěiqu	学问	xuéwen	眨巴	zhǎba
为了	wèile	丫头	yātou	栅栏	zhàlan

续表

位置	wèizhi	鸭子	yāzi	宅子	zháizi
位子	wèizi	衙门	yámen	寨子	zhàizi
蚊子	wénzi	哑巴	yǎba	张罗	zhāngluo
稳当	wěndang	烟筒	yāntong	这么	zhème
我们	wǒmen	胭脂	yānzhi	丈夫	zhàngfu
屋子	wūzi	眼睛	yǎnjing	芝麻	zhīma
稀罕	xīhan	燕子	yànzi	帐篷	zhàngpeng
席子	xízi	秧歌	yāngge	丈人	zhàngren
媳妇	xífu	养活	yǎnghuo	帐子	zhàngzi
喜欢	xǐhuan	样子	yàngzi	招呼	zhāohu
瞎子	xiāzi	吆喝	yāohe	招牌	zhāopai
匣子	xiázi	妖精	yāojing	折腾	zhēteng
下巴	xiàba	钥匙	yàoshi	这个	zhège
吓唬	xiàhu	椰子	yēzi	枕头	zhěntou
先生	xiānsheng	爷爷	yéye	镇子	zhènzi
消息	xiāoxi	叶子	yèzi	知识	zhīshi
乡下	xiāngxia	一辈子	yībèizi	侄子	zhízi
箱子	xiāngzi	衣服	yīfu	指甲	zhǐjia（zhījia）
相声	xiàngsheng	衣裳	yīshang	种子	zhǒngzi
小伙子	xiǎohuǒzi	椅子	yǐzi	珠子	zhūzi
小气	xiǎoqi	意思	yìsi	竹子	zhúzi
小子	xiǎozi	银子	yínzi	主意	zhǔyi（zhúyi）
笑话	xiàohua	影子	yǐngzi	主子	zhǔzi
柱子	zhùzi	锥子	zhuīzi	嘴巴	zuǐba
爪子	zhuǎzi	桌子	zhuōzi	作坊	zuōfang
转悠	zhuànyou	字号	zìhao	指头	zhǐtou（zhítou）
庄稼	zhuāngjia	自在	zìzai	状元	zhuàngyuan
壮实	zhuàngshi	庄子	zhuāngzi	粽子	zòngzi
祖宗	zǔzong	琢磨	zuómo		

八　普通话水平测试用儿化词语表

1. 表6-3普通话水平测试用儿化词语表参照《普通话水平测试用普

通话词语表》及《现代汉语词典》编制。加 * 的是以上二者未收,根据测试需要而酌增的条目。

2. 本表仅供普通话水平测试第二项—读多音节词语（100 个音节）测试使用。本表儿化音节,在书面上一律加"儿",但并不表明所列词语在任何语用场合都必须儿化。

3. 本表共收词 189 条,按儿化韵母的汉语拼音字母顺序排列。

4. 本表列出的儿化音节的注音只在基本形式后面加 r,如："一会儿 yīhuìr",不标语音上的实际变化。

表 6-3　　　　　　　　普通话水平测试用儿化词语表

刀把儿 dāobàr	号码儿 hàomǎr	戏法儿 xìfǎr
找碴儿 zhǎochár	打杂儿 dǎzáer	板擦儿 bǎncār
名牌儿 míngpáir	鞋带儿 xiédàir	壶盖儿 húgàir
加塞儿 jiāsāir	快板儿 kuàibǎnr	老伴儿 lǎobànr
脸盘儿 liǎnpánr	脸蛋儿 liǎndànr	收摊儿 shōutānr
栅栏儿 zhàlanr	包干儿 bāogānr	笔杆儿 bǐgǎnr
门槛儿 ménkǎnr	药方儿 yàofāngr	赶趟儿 gǎntàngr
香肠儿 xiāngchángr	瓜瓤儿 guāríngr	掉价儿 diàojiàr
一下儿 yīxiàr	豆芽儿 dòuyár	小辫儿 xiǎobiànr
扇面儿 shànmiànr	差点儿 chàdiǎnr	一点儿 yīdiǎnr
雨点儿 yǔdiǎnr	聊天儿 liáotiānr	照片儿 zhàopiānr
拉链儿 lāliànr	冒尖儿 màojiānr	坎肩儿 kǎnjiānr
牙签儿 yáqiānr	露馅儿 lòuxiànr	心眼儿 xīnyǎnr
鼻梁儿 bíliángr	透亮儿 tòuliàngr	花样儿 huāyàngr
脑瓜儿 nǎoguār	大褂儿 dàguàr	麻花儿 máhuār
笑话儿 xiàohuar	牙刷儿 yáshuār	一块儿 yīkuàir
茶馆儿 cháguǎnr	饭馆儿 fànguǎnr	火罐儿 huǒguànr
落款儿 luòkuǎnr	打转儿 dǎzhuànr	拐弯儿 guǎiwānr
好玩儿 hǎowánr	大腕儿 dàwànr	蛋黄儿 dànhuángr
打晃儿 dǎhuàngr	烟卷儿 yānjuǎnr	手绢儿 shǒujuànr
刀背儿 dāobèir	出圈儿 chūquānr	包圆儿 bāoyuánr
老本儿 lǎoběnr	人缘儿 rényuánr	绕远儿 ràoyuǎnr

续表

杂院儿 záyuànr	天窗儿 tiānchuāngr	摸黑儿 mōhēir
花盆儿 huāpénr	嗓门儿 sǎngménr	把门儿 bǎménr
哥们儿 gēmenr	纳闷儿 nàmènr	后跟儿 hòugēnr
别针儿 biézhēnr	一阵儿 yīzhènr	走神儿 zǒushénr
大婶儿 dàshěnr	杏仁儿 xìngrénr	刀刃儿 dāorènr
夹缝儿 jiāfèngr	脖颈儿 bógěngr	提成儿 tíchéngr
半截儿 bànjiér	小鞋儿 xiǎoxiér	高跟儿鞋 gāogēnrxié
主角儿 zhǔjuér	旦角儿 dànjuér	小人儿书 xiǎorénrshū
跑腿儿 pǎotuǐr	一会儿 yīhuìr	耳垂儿 ěrchuír
墨水儿 mòshuǐr	围嘴儿 wéizuǐr	走味儿 zǒuwèir
打盹儿 dǎdǔnr	钢镚儿 gāngbèngr	胖墩儿 pàngdūnr
砂轮儿 shālúnr	冰棍儿 bīnggùnr	没准儿 méizhǔnr
开春儿 kāichūnr	小瓮儿 xiǎowèngr	瓜子儿 guāzǐr
石子儿 shízǐr	没词儿 méicír	挑刺儿 tiāocìr
墨汁儿 mòzhīr	锯齿儿 jùchǐr	记事儿 jìshìr
针鼻儿 zhēnbír	垫底儿 diàndǐr	肚脐儿 dùqír
玩意儿 wányìr	有劲儿 yǒujìnr	送信儿 sòngxìnr
脚印儿 jiǎoyìnr	花瓶儿 huāpíngr	打鸣儿 dǎmíngr
图钉儿 túdīngr	眼镜儿 yǎnjìngr	门铃儿 ménlíngr
蛋清儿 dànqīngr	火星儿 huǒxīngr	痰盂儿 tányúr
人影儿 rényǐngr	毛驴儿 máolúr	小曲儿 xiǎoqǔr
合群儿 héqúnr	模特儿 mótèr	逗乐儿 dòulèr
唱歌儿 chànggēr	挨个儿 āigèr	打嗝儿 dǎgér
饭盒儿 fànhér	在这儿 zàizhèr	碎步儿 suìbùr
没谱儿 méipǔr	儿媳妇儿 érxífur	梨核儿 líhúr
泪珠儿 lèizhūr	有数儿 yǒushùr	果冻儿 guǒdòngr
门洞儿 méndòngr	胡同儿 hútòngr	抽空儿 chōukòngr
酒盅儿 jiǔzhōngr	小葱儿 xiǎocōngr	小熊儿 xiǎoxióngr
红包儿 hóngbāor	灯泡儿 dēngpàor	半道儿 bàndàor
手套儿 shǒutàor	叫好儿 jiàohǎor	跳高儿 tiàogāor
口罩儿 kǒuzhàor	绝招儿 juézhāor	口哨儿 kǒushàor
蜜枣儿 mìzǎor	鱼漂儿 yúpiāor	火苗儿 huǒmiáor

续表

跑调儿 pǎodiàor	面条儿 miàntiáor	豆角儿 dòujiǎor
开窍儿 kāiqiàor	衣兜儿 yīdōur	老头儿 lǎotóur
年头儿 niántóur	小偷儿 xiǎotōur	门口儿 ménkǒur
纽扣儿 niǔkòur	线轴儿 xiànzhóur	小丑儿 xiǎochǒur
顶牛儿 dǐngniúr	火锅儿 huǒguōr	小说儿 xiǎoshuōr
抓阄儿 zhuājiūr	做活儿 zuòhuór	被窝儿 bèiwōr
棉球儿 miánqiúr	大伙儿 dàhuǒr	耳膜儿 ěrmór
加油儿 jiāyóur	邮戳儿 yóuchuōr	粉末儿 fěnmèr
在哪儿 zàinǎr	小孩儿 xiǎoháir	蒜瓣儿 suànbànr

第 七 章

普通话音节

第一节　普通话音节概况

一　普通话音节的结构

（一）普通话音节的构成

普通话音节是指汉语普通话中的音节单元。音节是语言中最基本的发音单位，由一个音素或多个音素组成，具有一定的发音时长和重音特点。从生理角度看，发音器官肌肉紧张度的每一次增而复减就形成一个音节。

普通话里，除个别情况（儿化）外，一个汉字对应的就是一个音节。从现代语音学角度分析，在普通话中，一个音节由一个声母和一个韵母组成。声母位于音节的起始位置，韵母位于音节的结束位置：

（1）声母，普通话中的声母包括单声母和复合声母。单声母即一个汉字对应一个声母，例如"b""p""m"等。复合声母由两个字母或三个字母组成，例如"zh""ch""sh"等。

（2）韵母，普通话中的韵母分为单韵母、复韵母和复杂韵母。单韵母由一个音节组成，例如"a""o""e"等。复韵母由一个介音（i、u、ü）和一个闭合韵母（ai、ei、ao、ou 等）组成，例如"ai""ei""ao""ou"等。复杂韵母由两个或多个元音组成，例如"ia""uan""üe"等。另外韵母又可以按结构分为韵头、韵腹和韵尾。

①韵头，又叫介音，是指介于辅音声母和韵腹（主要元音）之间的音，又叫头音。普通话中只有 i、u、ü 三个介音。

②韵腹，是韵母中口腔开合度最大的元音，也是音节中最响亮、最

突出、听觉感受最显著的部分。如果音节中只有一个元音，这个元音就是韵腹。

③韵尾，是一个音节的收束部分，发音较短、较弱，又叫尾音。普通话只有 i、u（ɑo 中的"o"实际上是"u"）、n、ng 四个音素充当尾音。

（3）声调，普通话音节的音调也是非常重要的一部分。普通话有四个基本的音调：阴平、阳平、上声和去声。音调的不同可以改变词语的意义。

音节的结构具体如表 7-1 所示：

表 7-1　　　　　　　　　普通话音节结构表

声母（辅音 | 零声母）	声调		
	韵母		
	韵头（元音）	韵腹（元音）	韵尾（元音 | 辅音）

（二）普通话音节结构类型

根据组合特点来划分，普通话音节有以下几种类型：

声母 +（韵头 + 韵腹 + 韵尾）+ 声调，如 guài 怪。

声母 +（O + 韵腹 + 韵尾）+ 声调，如 gāi 该。

声母 +（韵头 + 韵腹 + O）+ 声调，如 xué 学。

声母 +（O + 韵腹 + O）+ 声调，如 tǎ 塔。

O +（韵头 + 韵腹 + 韵尾）+ 声调，如 yán 延。

O +（韵头 + 韵腹 + O）+ 声调，如 wǒ 我。

O +（O + 韵腹 + 韵尾）+ 声调，如 ǒu 偶。

O +（O + 韵腹 + O）+ 声调，如 yù 玉。

注意：为了教学方便，必要时应将汉语拼音的某些拼法加括号予以还原。例如：yi、wu、yu 还原为（i）(u)(ü)，iu、ui、un 还原为 i（o）u、u（e）i、u（e）n，ie、üe 还原为 i（ê）、ü（ê）等。

（三）普通话音节结构特点

普通话音节结构主要有如下特点：

（1）一个音节最少由一个音素构成，最多可以由四个音素构成。例如：音节 ê 有一个音素，音节 tú 有两个音素，音节 dōu 有三个音素，音节 zhuàng 有四个音素。

（2）有的音节没有辅音，但每个音节都有元音，少则一个（韵腹），多则三个，10 个单元音都可以做韵腹。

（3）有辅音的音节里，辅音只在音节的开头或末尾出现，在音节末尾出现的辅音只限于 n 和 ng；而且没有两个辅音相连的音节，声母 zh、ch、sh 和韵尾 ng 分别表示一个辅音，都不是复辅音。

（4）韵母可以分成韵头、韵腹和韵尾三部分，一个音节可以没有辅音韵头和韵尾，但不能没有韵腹（主要元音）；可以充当韵腹的元音有 a、o、e、ê、i、u、ü、er、-i [ɿ]、-i [ʅ]，可以充当韵头的只有高元音 i、u、ü，可以充当韵尾的只有高元音 i、u 和鼻辅音 n、ng。

（5）每个音节都有声调。有几个特殊的叹词音节只有辅音而没有元音。例如：hm（噷）、hng（哼）、m（姆）、n（嗯）、ng（嗯），其中 m、ng 是单辅音，hm、hng 是两个辅音拼合而成。但这只是普通话音节中的个别现象。

以上几点有助于我们了解普通话音节的结构，熟悉和掌握这些特点有助于正确地拼读普通话音节。

二　普通话音节的拼读

普通话音节的拼读，简称拼音，就是按照普通话音节的构成规律，把声母、韵母快速地连读拼合并加上声调而成为一个音节。

（一）拼音应注意的问题

1. 声母要读本音

平常念声母一般是念它的呼读音，所谓呼读音都是在声母的本音后面加上一个元音，如 b、p、m、f 后加 o，d、t、n、l、g、k、h 后加 e，j、q、x 后加 i，zh、ch、sh、r 后加 -i [ʅ]，z、c、s 后加 -i [ɿ]。用声母拼音时，应该去掉这个加进去以便呼读的元音，而用它的本音。一般声母念得轻一些、短一些就接近本音。

2. 声母、韵母之间不要有停顿，拼读要快速、连贯

拼音时，发音器官先做好发某个声母本音的姿势，然后在发这个声母本音的同时把后面的韵母顺势念出来。如拼 gǔ（谷）时，g 和 u 之间

不能有停顿，否则就会拼成 g（ē）—ǔ（歌舞）。

3. 要念准韵头

对于有韵头的音节，在拼音时要把韵头念准，有意识地让口张得慢一些，把韵头引出来，防止出现丢失韵头或误读韵头的现象。如 luàn（乱）若丢失韵头，就会拼成 làn（滥）；xué（学）误读韵头，就会拼成 xié（鞋）。

（二）拼音的方法

1. 双拼法

音节拼读最常用的方法是双拼法。

其中又以"声韵双拼法"最为常用，即用声母和韵母两个部分进行拼音的方法。用这种方法拼音，要把韵母当作一个整体，如 g—uāng、m—íng。两拼法的拼音要领可以总结为"前音轻短后音重，两音相连猛一碰"。

此外，还有一种"声介合拼法"，即先把声母和韵头（介音）合成一个部分，然后同随后的韵母（学名为"韵身"）拼合。不过该法只适用于有韵头的音节，如 gu—āng→guāng（光）。

2. 三拼法

把带介音的音节分析成声母、韵头、韵身三个部分，拼音时将声母、韵头、韵身三部分连读成一个音节。该法也只适用于有韵头的音节。拼音时先读声母，再读 i、u 或 ü，然后再读后面的韵母，三部分连续呼出一个音节。如：q—i—áng→qiáng（强）。发音要领是"声轻介快韵母响，三音连读很顺当"。

3. 整体认读法

整体认读法就是先做好发声母的准备，然后再读带声调的韵母，例如"班"这个字，先摆好发 b 的架势，然后用 ān 冲开架子连成音节，就发出了"bān"。

此外，拼音时还要看清调号，读准调值。声调在拼读时一般有两种读法：

（1）韵母定调法。声韵拼合时按音节的实际声调读，如"明"m—íng→míng。

（2）音节数调法。声韵拼合时读阴平，拼成音节时也读阴平，然后再按阳平、上声、去声的顺序挨个儿试，找准要读的那个调子，如"明"

mīng—míng—mǐng—mìng。

第二节 普通话单音节字词发音训练

一 难认易混字训练

本节所说的难认易混字，指由方言语音以外的因素造成误读的字。主要有以下几类：

（一）因汉字形近而易误读

汉字中有不少字的形体大同小异，测试时应试者有时只识其大概，匆匆将甲字读成乙字。考生答题时不要一瞥而过，要看清形近（形似）字的细微差别。

辨一辨、读一读下面的形近字：

表 7-2　　　　　　　　易混淆的形近字 1

绢 juàn	捐 juān	舂 chōng	春 chūn	韦 wéi	苇 wěi
酉 yǒu	晒 shài	窄 zhǎi	乍 zhà	抿 mǐn	眠 mián
磬 qìng	馨 xīn	吮 shǔn	允 yǔn	卒 zú	啐 cuì
瓮 wèng	翁 wēng	缫 sāo	巢 cháo	吠 fèi	犬 quǎn
涮 shuàn	刷 shuā	拙 zhuō	绌 chù	槽 cáo	糟 zāo
鬓 bìn	滨 bīn	硼 péng	蹦 bèng	祛 qū	怯 qiè
谬 miù	廖 liào	昧 mèi	味 wèi	瞟 piǎo	膘 biāo
筛 shāi	帅 shuài	癖 pǐ	辟 pì	债 zhài	责 zé
瘦 shòu	艘 sōu	蕊 ruǐ	芯 xīn	攥 zuàn	纂 zuǎn
蹿 cuān	窜 cuàn	歼 jiān	纤 xiān	妄 wàng	枉 wǎng
踹 chuài	喘 chuǎn	擦 cā	察 chá	蹭 cèng	僧 sēng
饷 xiǎng	晌 shǎng	烁 shuò	砾 lì	眨 zhǎ	贬 biǎn
撅 juē	蕨 jué	裴 péi	斐 fěi	焚 fén	婪 lán
拎 līn	岭 lǐng	琼 qióng	晾 liàng	邻 lín	领 lǐng
肘 zhǒu	忖 cǔn	窖 jiào	窘 jiǒng	隋 suí	髓 suǐ
蛹 yǒng	捅 tǒng	幂 mì	幕 mù	畦 qí	畸 jī
獭 tǎ	癞 lài	瘟 wēn	蕴 yùn	拂 fú	佛 fó
凹 āo	凸 tū	栅 zhà	珊 shān		

表 7-3 易混淆的形近字 2

匀—均	磕—嗑	隋—惰	弱—溺	阴—荫	浊—烛	响—晌
已—己	险—捡	若—苦	拨—拔	券—卷	拆—折	辍—缀
玖—玫	冼—洗	孽—蘖	癣—藓	俩—两	困—团	灸—炙
赢—羸	旅—族	未—末	器—嚣	逢—蓬	仍—扔	堤—提
坯—胚	进—迸	奈—捺	呃—砸	暂—崭	频—濒	篡—纂

塌—蹋—榻	拔—拨—泼	辍—缀—啜
瞥—憋—撇	虱—蚤—骚	妥—馁—绥
概—溉—慨	锹—揪—瞅	

皱—诌—绉—邹	垮—挎—夸—跨
考—烤—拷—铐	筐—框—匡—眶
若—偌—诺—惹	疮—怆—舱—苍
镖—飘—瞟—膘	阐—蝉—婵—禅—掸
陷—谄—掐—馅—焰	玄—眩—炫—舷
抠—沤—讴—呕	挠—铙—饶—绕
踹—湍—瑞—端—惴—揣	

（二）因偏旁类推而易误读

在现行汉字中，有 90% 以上的字是形声字。形声字的声旁表示读音，就声旁的功能来看，由同一声旁构成的字，其读音大都是相同或大致相同的，有的即使经过长期的语音演变，相互间仍然有规律可以寻找。但是用声旁推导声、韵、调时，要排除少数例外，不可一概而论，否则就会出现"秀才识字读半边"的情况。

需要注意三种情况：一种是声旁的声母变化了，如"挠"不读 ráo 读 náo，"济"不读 qí 读 jì；另一种是声旁的韵母变化了，如"喔"不读 wū 读 wò，"捭"不读 bēi 读 bǎi；还有一种情况就是声旁中的声母、韵母全变了，如"崛"不读 qū 读 jué，"嵩"不读 gāo 读 sōng。

请读一读下面的字（测试字—声旁）：

表7-4　形声字声旁误读测试表

迸—并	筛—师	侍—寺	锹—秋
疮—仓	滨—宾	沤—区	潲—稍
涮—刷	捌—别	掸—单	铐—考
拗—幼	鳃—思	碾—展	疮—仓
砣—它	渍—责		

（三）将双音节词语中的甲字误读作乙字

现代汉语词汇以双音节为主，有些双音节词的甲、乙两字通常是成对出现，且其中某个字或两个字都不常见或不单用时，这类双音节词的甲、乙两字拆开单独认读时往往会出现误读。例如：

表7-5　双音节词语中甲乙字误读测试表

吝—啬	铿—锵	玫—瑰	吊—唁
逮—捕	酝—酿	喷—嚏	抽—屉
镶—嵌	搪—塞	褶—皱	龋—齿
蚌—埠	妊—娠	奢—侈	讹—诈
继—续	叛—变	侮—辱	叙—述

（四）把甲字误读作与甲字意义相近或相关的乙字

有些字词对于一些应试者来说是比较生僻的，他们在口语或书面语中较少使用，日常阅读中结合上下文语境能大略推知其意义，但不明其读音，测试时便容易出现误读。例如：

表7-6　意义相近或相关字误读测试表

镍—溴	疼—痛	啃—咬	瞥—瞄
膻—臊	刈—割	拽—拉	

（五）已经统读的异读词的误读

1985年12月，《普通话异读词审音表》经国家语言文字工作委员会、国家教育委员会、广播电视部审查通过并联合发布。审音表的发布为现代汉语异读词的读音确立了标准，但测试中异读词误读现象仍较普遍。例如：

卓 zhuó—zhuō　　呆 dāi—ái　　凿 záo—zuò　　酵 jiào—xiào

（六）习惯误读的字

习惯误读字是指仅凭主观印象或受他人、社会等的影响而读错的字。如把"气氛"的"氛"读成 fèn（应读 fēn），把"埋怨"的"埋"读成 mái（应读 mán）等。

（七）生僻字或非常用字

一些汉字不常用，再加上形体较复杂，应试者会因临时记不起该字的读音而空读或错读。

下面这些字容易误读，请注音并熟读：

袄、偿、拆、抽、惩、脆、悼、栋、抚、逢、昏、浆、俊、浸、桓、旅、栗、乃、暖、凝、坡、泼、判、凭、禽、券、圈、锹、揉、染、摄、嘲、肆、俗、膛、蛙、威、侮、叙、絮、熊、冤、愈、崖、御、撞、扎、熬、蚌、埠、捌、侈、茬、揣、舵、瞪、甸、掸、妒、讹、贰、樊、夔、豁、灸、窘、诀、铐、抠、凛、拗、捺、孽、疟、碾、虐、坯、潘、烹、颇、乾、蛆、契、纽、漱、彤、掮、屈、淌、罂、犀、镶、癣、刑、喑、辙、掷、铡、撤、逞、磋、痔、颊、咯、槛、赢、酶、饶、拈、镍、筐、啪、鲭、妾、鳕、擅、粟、佘、嚏、榻、沓、唔、剑、冼、遢、魅、荀、鄢、挥、刈、褶

（八）注意常见成语中特殊字的读音

例如："丢车保帅"的"车"读 jū 不读 chē，"心宽体胖"的"胖"读 pán 不读 pàng，"自怨自艾"的"艾"读 yì 不读 ài 等。

关于成语的具体情况详见下面"易错成语"部分，此处不作详细分析。

二　多音字训练

多音字，顾名思义，就是一字多音。多音字的认读比较复杂，容易

出错。

普通话多音字的规范读音应参照《现代汉语词典》和《普通话异读词审音表》。以前的《现代汉语词典》有一些字音与《普通话异读词审音表》不一致，商务印书馆的第 5 版《现代汉语词典》已基本按《普通话异读词审音表》改正了，只有极个别字音没改，若二者有差异，需以《普通话异读词审音表》为准。

（一）多音字的认读规则

下面介绍一些普通话多音字的认读规则，并举些例子在方法上做一些提示。

1. 区别口语读音与书面语读音

例如，"薄"在书面语中读 bó，如"薄弱""单薄""淡薄""日薄西山""薄利多销"；而在口语中读 báo，如"纸太薄"。又如"熟"在书面语中读 shú，如"熟悉""成熟""深思熟虑""熟视无睹"；而在口语中读 shóu，如"李子熟了"。

请读一读、记一记下表中因语体不同而有不同读音的字：

表 7-7　　　　　　　　　　　因语体不同而读音不同的字

	口语	书面语		口语	书面语
壳	脑壳（ké）儿	地壳（qiào）	露	露（lòu）马脚	露（lù）骨
落	落（lào）枕、丢三落（là）四	降落（luò）	熟	苹果熟（shóu）了	成熟（shú）
蔓	瓜蔓（wàn）	蔓（màn）延	钥	钥（yào）匙	锁钥（yuè）
疟	发疟（yào）子	疟（nüè）疾	尾	马尾（yǐ）巴	尾（wěi）巴
片	相片（piān）儿	照片（piàn）	颈	脖颈（gěng）子	颈（jǐng）椎
色	掉色（shǎi）	颜色（sè）	血	流了点血（xiě）	流血（xuè）牺牲

2. 区分单用还是构词

有的字单用时的读音与组成词语后的读音不同。如"剥花生"的"剥"读 bāo，而"剥削"的"剥"读 bō。

请读一读、记一记下表中的多音字：

表 7-8　　　　　　　　单用和构词读音不同的字

	单用	构词		单用	构词
削	削（xiāo）皮	削（xuē）足适履	勒	勒（lēi）紧	勒（lè）令
逮	逮（dǎi）耗子	逮（dài）捕	馏	馏（liù）馒头	分馏（liú）
澄	把水澄（dèng）清	澄（chéng）清事实	翘	翘（qiào）尾	翘（qiáo）首
给	给（gěi）国旗行礼	自给（jǐ）自足	薄	薄（báo）饼	薄（bó）弱
虹	天上出了虹（jiàng）	彩虹（hóng）	择	择（zhái）菜	选择（zé）

3. 不同的语音代表不同的语义

有些字，字义不同时，读音也往往不同。根据不同的意义来掌握不同的读音，这是认读多音字的重要方法。比如"载"，在表示"年"或者"记载""刊登"意义的时候念 zǎi，如"转载"；在表示"装载"意义的时候念 zài，如"载体"。

4. 不同的语音区分词性

有的字，词性不同，读音也往往不同。例如"畜"，做名词时读 chù，如"家畜""牲畜"，做动词时读 xù，如"畜牧""畜养"。

请读一读、记一记下表中的多音字：

表 7-9　　　　　　　　因词性不同而读音不同的字

趟	动词读 tāng 趟地	名词、量词读 tàng 跟上趟、走一趟
扇	动词读 shān 扇凉	名词、量词读 shàn 门扇、一扇门
担	动词读 dān 承担	名词、量词读 dàn 担子、一担柴
铺	名词读 pù 店铺、床铺	动词、量词读 pū 铺床、一铺炕
几	数词读 jǐ 几个人	名词、副词读 jī 茶几、柔肠几断
夫	名词读 fū 车夫、老夫人	代词、助词读 fú 夫人不言、悲夫

（二）巧记多音字

1. "记少不记多"的方法

多音字可采用"记少不记多"的方法来识记，即记住某些字的少数（或个别）特殊的读音以达到快速识记或便捷识记的目的。可使用这种方法识记的多音字主要有如下两类：

（1）只有一个词读音特殊的多音字。

腌：除"腌臜"读 ā 外，其余都读 yān。
熬：除"熬菜"读 āo 外，其余都读 áo。
蚌：除"蚌埠"读 bèng 外，其余都读 bàng。
臂：除"胳臂"读 bei 外，其余都读 bì。
瘪：除"瘪三"读 biē 外，其余都读 biě。
簸：除"簸箕"读 bò 外，其余都读 bǒ。
打：除量词（十二个为一打）读 dá 外，其余都读 dǎ。
逮：除"逮捕"读 dài 外，其余都读 dǎi。
提：除"提防"读 dī 外，其余都读 tí。
佛：除"仿佛"读 fú 外，其余都读 fó。
红：除"女红"读 gōng 外，其余都读 hóng。
估：除"估衣"读 gù 外，其余都读 gū。
过：除作为姓氏时读 guō 外，其余都读 guò。
勾：除"勾当"读 gòu 外，其余都读 gōu。
纶：除"纶巾"读 guān 外，其余都读 lún。
虾：除"虾蟆"读 há 外，其余都读 xiā。
巷：除"巷道"读 hàng 外，其余都读 xiàng。
溃：除"溃脓"读 huì 外，其余都读 kuì。
奇：除"奇数"读 jī 外，其余都读 qí。
经：除"经纱"读 jìng 外，其余都读 jīng。
靓：除"靓妆"读 jìng 外，其余都读 liàng。
浅：除"浅浅"（拟声词，形容流水声）读 jiān 外，其余都读 qiǎn。
车：除象棋中读 jū 外，其余都读 chē。
据：除"拮据"读 jū 外，其余都读 jù。
槛：除"门槛"读 kǎn 外，其余都读 jiàn。
烙：除"炮烙"读 luò 外，其余都读 lào。
论：除在《论语》中读 lún 外，其余都读 lùn。
埋：除"埋怨"读 mán 外，其余都读 mái。
脉：除"脉脉"读 mò 外，其余都读 mài。
迫：除"迫击炮"读 pǎi 外，其余都读 pò。

胖：除"心广体胖"读 pán 外，其余都读 pàng。
扁：除"扁舟"读 piān 外，其余都读 biǎn。
冯：除"暴虎冯河"读 píng 外，其余都读 féng。
仆：除"前仆后继"读 pū 外，其余都读 pú。
亟：除"亟来闻讯"读 qì 外，其余都读 jí。
稽：除"稽首"读 qǐ 外，其余都读 jī。
亲：除"亲家"读 qìng 外，其余都读 qīn。
稍：除"稍息"读 shào 外，其余都读 shāo。
汤：除"汤汤"（水流大而急）读 shāng 外，其余都读 tāng。
上：除"上声"读 shǎng 外，其余都读 shàng。
拾：除"拾级而上"读 shè 外，其余都读 shí。
什：除"什么"读 shén 外，其余都读 shí。
似：除"似的"读 shì 外，其余都读 sì。
遂：除"半身不遂"读 suí 外，其余都读 suì。
踏：除"踏实"读外 tā，其余都读 tà。
体：除"体己"读 tī 外，其余都读 tǐ。
同：除"胡同"读 tòng 外，其余都读 tóng。
厦：除"厦门"读 xià 外，其余都读 shà。
肖：除作为姓氏读 xiāo 外，其余都读 xiào。
叶：除"叶韵"读 xié 外，其余都读 yè。
殷：除"殷红"读 yān、"殷殷（形容雷声）其雷"读 yǐn 外，其余都读 yīn。
症：除"症结"读 zhēng 外，其余都读 zhèng。

（2）两个以上词读音特殊的多音字。

秘：除"秘鲁"及作为姓氏时读 bì 外，其余都读 mì。
骨：除"花骨朵、骨碌"读 gū 外，其余都读 gǔ。
结：除"结了果子、开花结果、结巴、结实"读 jiē 外，其余都读 jié。
渐：除"渐染、东渐于海"读 jiān 外，其余都读 jiàn。
会：除"会计、会稽"读 kuài 外，其余都读 huì。
擂：除"擂台、打擂"读 lèi 外，其余都读 léi。

弄：除"里弄、弄堂"等读 lòng 外，其余都读 nòng。
绿：除"绿林、绿营"读 lù 外，其余都读 lǜ。
丽：除"丽水、高丽"读 lí 外，其余都读 lì。
台：除"台州、天台山"读 tāi 外，其余都读 tái。
轧：除"轧钢、轧辊、轧机"读 zhá 外，其余都读 yà。

2. 趣味练习

艾：他在耆艾（qíài，六十岁以上的人）之年得了艾（ài）滋病，整天自怨自艾（yì）。

拗：这首诗写得太拗（ào）口了，但他执拗（niù）不改，气得我把笔杆都拗（ǎo）断了。

扒：他扒（bā）下皮鞋，就去追扒（pá）手。

把：你把（bǎ）水缸把（bà）摔坏了，以后使用没把（bǎ）柄了。

膀：膀（páng）胱炎会使人膀（pāng）肿吗？

辟：随意诬陷人搞封建复辟（bì）可不行，得辟（pì）谣。

便：局长大腹便便（pián），行动不便（biàn）。

伯：我是她的大伯（bó）（父亲的哥哥），不是她的大伯（bǎi）子（丈夫的哥哥）。

泊：小船漂泊（bó）在湖泊（pō）里。

薄：薄（bò）荷油味不薄（báo），很受欢迎，但要薄（bó）利多销。

簸：他用簸（bò）箕簸（bǒ）米。

参：人参（shēn）苗长得参（cēn）差不齐，还让人参（cān）观吗？

伧：这个人衣着寒伧（chen），语言伧（cāng）俗（伧俗：粗俗鄙陋）。

藏：西藏（zàng）的布达拉宫是收藏（cáng）大藏（zàng）经的宝藏（zàng）。

差：他每次出差（chāi）差（chà）不多都要出点差（chā）错。

颤：听到这个噩耗，小刘颤（zhàn）栗，小陈颤（chàn）抖。

朝：我朝（zhāo）气蓬勃朝（cháo）前走。

称：称（chèng 同"秤"）杆的名称（chēng）、实物要相称（chèn）。

澄：澄（dèng）清浑水易，澄（chéng）清问题难。

匙：汤匙（chí）、钥匙（shi）都放在桌子上。

臭：臭气熏天的"臭（chòu）是指气味难闻，无色无臭、满身铜臭的"臭（xiù）"是泛指一般气味。

处：教务处（chù）正在处（chǔ）理这个问题。

传：《鸿门宴》是汉代传（zhuàn）记而不是唐代传（chuán）奇。

创：勇于创（chuàng）造的人难免会遭受创（chuāng）伤。

单：单（shàn，姓氏）老师说，单（chán）于只会骑马，不会骑单（dān）车。

弹：这种弹（dàn）弓弹（tán）力很强。

倒：瓶子倒（dǎo）了，水倒（dào）了出来。

得：你得（děi，必须）把心得（dé）体会写得（de）具体、详细些。

调：出现矛盾要先调（diào）查，然后调（tiáo）解。

都：大都（dū）市的人口都（dōu，副词）很多。

度：度（dù，姓氏）老师宽宏大度（dù），一向度（duó，动词）德量力，从不以己度（duó，动词）人。

囤：大囤（dùn）、小囤（dùn），都囤（tún）满了粮食。

恶：这条恶（è）狗真可恶（wù），满身臭味，让人闻了就恶（ě）心。

蕃：吐蕃（bō，藏族的前身）族在青藏高原生活、蕃（fán）衍了几千年。

缝：这台缝（féng）纫机的台板有裂缝（fèng）。

脯：胸脯（pú）、果脯（fǔ）不是同一个读音。

干：穿着干（gān）净的衣服干（gàn）脏活，真有点不协调。

给：请把这封信交给（gěi）团长，告诉他，前线的供给（jǐ）一定要有保障。

好：好（hào）逸恶劳、好（hào）为人师的做法都不好（hǎo）。

号：受了批评，那几名小号（hào）手都号叫（háo）起来。

喝：武松大喝（hè）一声："快拿酒来！我要喝（hē）十二碗。"博得众食客一阵喝（hè）彩。

和：天气暖和（huo），小和（hé）在家和（huó，动词）泥抹（mò）墙；他讲原则性，是非面前从不和（huò）稀泥，也不随声附和（hè）别人，更不会在麻将桌上高喊："我和（hú）了。"

荷：荷（hé）花旁边站着一位荷（hè）枪实弹的战士。

哄：他那像哄（hǒng）小孩似的话，引得人们哄（hōng）堂大笑，大家听了一哄（hòng）而散。

会：今天召开的会（kuài）计工作会（huì）议一会（huì）儿就要结束了。

几：这几（jǐ）张茶几（jī）几（jī）乎都要散架了。

假：假（jiǎ）如儿童节学校不放假（jià），我们怎么办？

间：他们两人之间（jiān）的友谊从来没有间（jiàn）断过。

降：我们有办法使从空中降（jiàng）落的敌人投降（xiáng）。

劲：球场上遇到劲（jìng）敌，倒使他干劲（jìn）更足了。

卷：考卷（juàn）被风卷（juǎn）起，飘落到了地上。

卡：这辆藏匿毒品的卡（kǎ）车在过关卡（qiǎ）时被截住了。

看：看（kān）守大门的保安也很喜欢看（kàn）小说。

咳：咳（hāi）！你怎么又咳（ké）起来了？

吭：小李一声不吭（kēng），小王却引吭（háng）高歌。

空：有空（kòng）闲就好好读书，尽量少说空（kōng）话。

乐：教我们音乐（yuè）的老师姓乐（yuè），他乐（lè）于助人。

俩：他们兄弟俩（liǎ）耍猴的伎俩（liǎng）不过如此。

量：野外测量（liáng）要量（liàng）力而行。

露：小杨刚一露（lòu）头，就暴露（lù）了目标。

率：他办事从不草率（shuài），效率（lǜ）一向很高。

埋：他自己懒散，却总是埋（mán）怨别人埋（mái）头工作。

没：驾车违章，证件被交警没（mò）收了，他仍像没（méi）事一样。

模：这两件瓷器模（mú）样很相似，像是由一个模（mó）型做出来的。

耙：你用犁耙（bà）耙（bà）地，我用钉耙（pá）耙（pá）草。

胖：肥胖（pàng）并不都是因为心宽体胖（pán），而是缺少锻炼。

刨：我刨（bào，推刮）平木头，再去刨（páo，挖掘）花生。

炮：能用打红的炮（pào）筒炮（bāo，烹调方法）羊肉和炮（páo）制药材吗？

屏：他屏（bǐng）气凝神躲在屏（píng）风后面。

曝：参加体育锻炼缺乏毅力，一曝（pù）十寒的事情在校会上被曝（bào）光，他感到十分羞愧。

奇：数学中奇（jī）数是最奇（qí）妙的。

强：小强（qiáng）很倔强（jiàng），做事别勉强（qiǎng）他。

茄：我不喜欢抽雪茄（jiā）烟，但我喜欢吃番茄（qié）。

塞：塞（sài）外并不闭塞（sè），塞（sāi）子塞（sāi）不住漏洞。

散：我收集的材料散（sàn）失了，散（sǎn）文没法写了。

丧：他穿着丧（sāng）服，为丧（sāng）葬费发愁，神情沮丧（sàng），垂头丧（sàng）气。

扇：他拿着扇（shàn）子却扇（shān）不来风。

舍：我真舍（shě）不得离开住了这么多年的宿舍（shè）。

省：副省（shěng）长李大强如能早些省（xǐng）悟，就不至于丢官弃职，气得不省（xǐng）人事了。

盛：盛（shèng）老师盛（shèng）情邀我去她家做客，并帮我盛（chéng）饭。

石：两石（dàn）石（shí）子不够装一卡车。

伺：边伺（cì）候他边窥伺（sì）动静。

宿：小明在宿（sù）舍说了一宿（xiǔ）有关星宿（xiù）的常识。

拓：拓片、拓本的"拓"读tà，开拓、拓荒的"拓"读tuò。

系：你得系（jì）上红领巾去学校联系（xì）少先队员来参加活动。

吓：敌人的恐吓（hè）吓（xià）不倒他。

巷：矿下的巷（hàng）道与北京四合院的小巷（xiàng）有点相似。

校：上校（xiào）到校（jiào）场找人校（jiào）对材料。

行：银行（háng）发行（xíng）股票，报纸刊登行（háng）情。

畜：畜（xù）牧场里牲畜（chù）多。

殷：老林家境殷（yīn）实，那清一色殷（yān）红的实木家具令人赞叹不已。

载：据史书记载（zǎi），王昭君多才多艺，每逢汉匈首脑聚会，她都要载（zài）歌载（zài）舞。

扎：鱼拼命挣扎（zhá），鱼刺扎（zhā）破了手，他随意包扎（zā）

一下。

轧：轧（zhá）钢车间的工人很团结，没有相互倾轧（yà）的现象。

粘：胶水不粘（nián）了，书页粘（zhān）不紧。

涨：我说她涨（zhǎng）了工资，她就涨（zhàng）红了脸摇头否认。

折：这两批货物都打折（zhé）出售，严重折（shé）本，他再也经不起这样折（zhē）腾了。

重：老师很重（zhòng）视这个问题，请重（chóng）说一遍。

着：你这着（zhāo）真绝，让他干着（zháo）急，又无法着（zhuó）手应付，心里老是悬着（zhe）。

三 单音节字综合训练

（一）普通话水平测试中语音正确、错误、缺陷的界定

学习普通话的过程是从单一使用方言逐步向全面掌握普通话的过渡。应试者在接受测试时，往往或多或少地遗留方言语音习惯，正确界定正确、错误、缺陷就显得尤为重要。

1. 语音正确

发音时音节的声、韵、调完全准确。

2. 语音错误

指在普通话语音（音位）系统中，把一个音（位）误读作另一个音（位），如把 zh 读作 z，把 an 读作 ang，把声调中调值平的读作曲折的（如把"吃"的 55 调读作 214 调）等。

3. 语音缺陷

语音缺陷是指发音存在一些不完全准确或不清晰的问题，但并不严重到被归类为错误。在普通话水平测试中，对语音缺陷的界定可以根据以下几个方面考虑：

（1）音节清晰度：语音清晰度是评价语音缺陷的关键因素之一。如果发音模糊或含糊不清，可能会被判定为语音缺陷。例如，发音不够清晰、不够明亮或不够连贯。

（2）语音流畅度：流畅度也是评价语音缺陷的一个重要指标。如果发音有中断或卡顿的情况，也可能会被判定为语音缺陷。例如，发音中间出现了停顿，或者发音不够顺畅、不够自然。

（3）情境适应性：在不同的情境下，发音的规范度和准确度可能会有所不同，这也需要考虑到评价语音缺陷的因素之一。例如，在口语交流中，一些非正式的发音可能被视为比较符合语言习惯，而在正式的场合，这些发音可能就被视为语音缺陷。

（4）流利度和自然度：流利度和自然度也是评价语音缺陷的指标之一。如果发音虽然准确，但是过于夸张或不自然，也可能被判定为语音缺陷。例如，过于强调声调、语气或节奏，会影响到语音的流畅度和自然度。

（二）读单音节字词的测试指导与训练

普通话水平测试的第一题是读单音节字词，该部分测试是普通话水平测试中的基础测验。

1. 试题基本情况

限时3.5分钟，共10分，试题的具体构成情况如下：

（1）共100个音节，不含轻声、儿化音节。

（2）100个单音节字词中70%选自《普通话水平测试用普通话词语表》"表一"，30%选自"表二"。

（3）100个音节里，每个声母的出现一般不少于3次，每个韵母的出现一般不少于2次，4个声调出现的比例大体相当。

（4）方言里缺少或容易混淆的声母、韵母的出现次数，酌情增加1—2次。

（5）声母、韵母或声调相同的音节隔开排列，相邻的音节不出现双声或叠韵的情况。

2. 目的

测查应试者声母、韵母、声调读音的标准程度。

3. 评分标准

语音错误（一个音节的声母、韵母、声调是一个完整的统一体，任何一项错了，这个音节就错了），每个音节扣0.1分；语音缺陷（读得不到位、不完整，就是缺陷），每个音节扣0.05分。

读单音节字词要读准声、韵、调，扣分争取不超过2分，否则难以达到二乙；扣分争取不超过1分，否则难以达到二甲。

4. 应试注意事项

（1）从左至右横向朗读。测试题会将100个字分为10行，每行10

个字。朗读时要从第一行由左至右读起，不要从第一个字起从上往下读，还要做到不错行、不跳行、不漏行。

（2）读错及时纠正。一个字允许读两遍，即应试者发觉某字第一遍读音有误时可马上改读一遍，评分以第二遍的读音为依据，但不允许读第三遍，隔音节改读也无效。

（3）语速要适中。该题有限时3.5分钟的时间要求，有的人担心时间不够，快速抢读，有的字未读完全，降低了准确率，造成语音缺陷，所以切忌抢读。当然朗读也不能太慢，不能每一个字都揣摩或试读，速度太慢说明基础太差，或不熟练、准备不足，而且容易造成超时。其实每个音节读完整，一个接一个地往下读，该题就不会超时。

（4）不涉及音变，不允许读出轻声和儿化音。

（5）每个字要读清楚（吐字归音要清晰）。

①声母要发准。声母要发准，是指发音时要找准部位，方法正确。一是不能把普通话里的某一类声母读成另一类声母，造成误读，特别要注意 zh、ch、sh 与 z、c、s，f 与 h，n 与 l 不分的问题；二是不能把普通话里的某一类声母的发音部位用较接近的部位代替，造成读音缺陷。

②韵母要到位。韵母有单韵母、复韵母和鼻韵母。单韵母要单纯，发出来的音要吐字如珠，一个就是一个，不拖泥带水；复韵母和鼻韵母都要有动程，要有变化，变化要自然和谐，归音要到位，发出来的音要圆润。

③声调要发全。声调方面，每个字都念本调。第三声要读全上，先降后升，调值为214，如果发音时只降不升，调型就成了降调，调值就成了21。

（6）多音字可选读一音。单音节字词中有不少多音字，一定不要读出该字的所有读音，朗读时念任何一个音都是对的，比如"处"，念 chǔ 或 chù 都算对，不必费时间琢磨到底读哪一个音，分散精力，影响情绪。当然，多音字最好还是挑选最拿手的那个音读。

（7）不要省略或漏掉某个字的读音。省略或漏掉的字会被按发音错误对待，该字的分数会被全部扣除。

（8）不认识的字可以猜。不认识的字千万不要跳过去不读，汉字中有大量的形声字，根据声旁合理猜度，不少字也是可以读对的。

（9）看清楚再读，避免误读。很多普通话考试用书中都有"容易读错的字词表",测试前要多读、多记,这有助于清楚地认读音节,避免误读,提高测试成绩。

第三节 多音节词语的发音训练

一 难读词语训练

(一)难点音词语训练

1. 平翘舌音声母词语

表7-10　　　　　　　平翘舌音声母词语训练表

按照	昂首	巴掌	白色	办公室	伴随	棒槌
保存	彼此	编纂	辩证法	标准化	宾主	材料
财产	财政	参议院	苍白	苍穹	操纵	侧面
测量	策略	层出不穷	差别	产品	长城	场所
畅所欲言	唱歌儿	超额	超过	吵嘴	车子	扯皮
沉重	成本	成分	成就	成名	成年	成为
承受	诚恳	程序	持久	赤手空拳	冲刷	重叠
仇恨	出发点	出类拔萃	出圈儿	处于	传染病	传统
串联	疮疤	创立	创作	吹牛	春天	纯粹
次日	从此	从而	聪明	粗略	篡改	催化
摧残	摧毁	脆弱	村庄	村子	存在	挫伤
挫折	打算	大战	盗贼	电视台	冻疮	抖擞
耳垂儿	繁殖	放射	分成	奋不顾身	封锁	佛寺
干脆	干燥	感伤	高潮	跟随	工程师	工作日
公司	构成	故事	挂帅	贯彻	光泽	光照
海市蜃楼	合作社	何尝	核算	换算	火车	价值
家长	坚持	角色	捐赠	决策	军事	咳嗽
课程	夸张	快速	矿产	亏损	扩展	劳动者
老实	累赘	凉爽	临床	流传	留声机	卤水
没准儿	蜜枣儿	民主	拇指	脑髓	农村	排斥
赔偿	拼凑	其次	侵占	青霉素	清爽	情操
全身	缺少	群众	日食	如此	丧葬	扫帚

续表

僧尼	杀害	沙发	砂轮儿	傻瓜	扇面儿	善良
伤害	商标	上层	烧饼	少年	少女	社会
身边	深奥	深层	深厚	审美	渗透	生产力
生长	生存	石子儿	世纪	似的	收藏	收成
收购	收回	收缩	手工业	手绢儿	手套儿	首都
首尾	授予	刷新	衰败	衰弱	双亲	双重
霜期	爽快	爽朗	水果	水鸟	私人	思考
死板	四周	似乎	送信儿	算账	虽然	虽说
随便	随后	孙女	缩短	所以	探索	天真
跳蚤	通常	推算	玩耍	王朝	围嘴儿	维持
维生素	卫生	未遂	未曾	握手	洗澡	先生
线轴儿						

2. 前后鼻音韵母词语

表 7-11　　　　　前后鼻音韵母词语训练表

白净	报名	奔跑	奔涌	崩溃	辩证法	宾客
宾主	饼子	病变	病人	病榻	波峰	才能
财政	层出不穷	产品	长城	沉重	成本	成虫
成分	成果	成就	成名	成年	成为	承受
诚恳	程序	传染病	聪明	打鸣儿	大学生	灯泡儿
电能	钉子	顶点	定额	定律	断层	恩情
发愣	反省	分辨	分别	分成	分泌	分配
奋不顾身	丰满	风格	封锁	疯狂	佛教	富翁
钢镚儿	革命	根据	根据地	跟前	跟随	工程师
公民	构成	光明	贵宾	海市蜃楼	横扫	红领巾
胡琴	花瓶	坏人	火坑	减轻	他们	今日
景观	警犬	酒精	捐赠	军人	开垦	课程
来客	冷水	临床	另外	留声机	履行	率领
猫头鹰	媒人	门铃儿	蒙古包	民主	敏感	名词
名牌儿	明年	明确	明天	命令	命运	纳闷儿

续表

能量	能耐	霓虹灯	你们	年龄	年轻	旁听
盆子	拼凑	拼命	贫穷	频率	平面	平原
签订	亲切	侵略	侵占	青霉素	青蛙	轻快
轻音乐	清爽	情操	情况	请求	全身	确定
热能	人口	人们	人群	人员	仍旧	仍然
僧尼	上层	烧饼	身边	深奥	深层	深厚
神经质	审美	渗透	生产力	生长	生存	收成
刷新	双亲	私人	送信儿	太平	太阳能	特征
疼痛	天真	铁青	听话	透明	图钉儿	外宾
完成	望远镜	维生素	卫生	未曾	文明	文献
稳妥	我们	先生	显微镜	小瓮儿	心思	心眼儿
新娘	信仰	研究生	眼睛	妖精	因而	音乐
音响	引导	英雄	英勇	婴儿	荧光屏	营养
影响	有劲儿	月饼	月份	咱们	责任感	怎么
增长	增多	增强	帐篷	照明	针鼻儿	侦查
镇压	正常	正好	正面	正确	证明	政策
政党	政权	症状	终身	主人翁	抓紧	作品
做梦						

（二）易读错多音节词语训练

1. 普通话测试中容易读错的一些常用词语

按照—按（àn）不念（ān）

包扎—扎（zā）不念（zhā）

卑鄙—鄙（bǐ）不念（bì）

畚箕—畚箕（běnjī）不念（qí）

摈弃—摈（bìn）不念（bǐn）

摒弃—摒（bìng）不念（bǐng）

簸箕—簸箕（bòji）不念（qi）

参与—与（yù）不念（yǔ）

抻面—抻（chēn）

称呼—称呼（chēnghu）不念（chēnghū）

踟蹰—踟蹰（chíchú）

冲床—冲（chòng）不念（chōng）

捶布—捶（chuí）

淙淙—淙淙（cóngcóng）

挫折—挫（cuò）不念（cuō）

逮捕—逮（dài）不念（dǎi）

洞穴—穴（xué）不念（xuè）

对称—称（chèn）不念（chèng）

方框—框（kuàng）不念（kuāng）

坊间—坊（fāng）不念（fǎng）

符合—符（fú）不念（fǔ）

滑稽—稽（jī）不念（jì）

划分—划（huà）不念（huá）

脊梁—脊梁（jǐliang）不念（jíliáng）

夹子—夹（jiā）不念（jiá）

间隙—间隙（jiànxì）不念（jiānxī）

节骨眼—节骨（jiēgu）不念（jiégǔ）

结实—结实（jiēshi）不念（jiéshí）

尽量—尽（jǐn）不念（jìn）

矩形—矩（jǔ）不念（jū）

噱头—噱（xué）不念（xuè）

菌类植物—菌（jùn）不念（jūn）

开埠—埠（bù）不念（hù）

模样—模（mú）不念（mó）

磨坊—磨坊（mòfáng）不念（mófǎng）

墓地—墓地（mùdì）不念（mùde）

怄气—怄（òu）

撇开—撇（piē）不念（piě）

屏弃—屏（bǐng）不念（píng）

曝晒—曝（pù）不念（bào）

荠菜—荠（jì）

悭吝—悭吝（qiānlìn）
潜入—潜（qián）不念（qiǎn）
强迫—强（qiǎng）不念（qiáng）
翘楚—翘（qiáo）不念（qiào）
翘首以待—翘（qiáo）不念（qiào）
倾听—倾听（qīngtīng）不念（qīntīn）
祛除—祛（qū）不念（qù）
躯壳—壳（qiào）不念（ké）
妊娠—娠（shēn）
偌大—偌（ruò）不念（nuò）
散落—散（sǎn）不念（sàn）
舌苔—苔（tāi）不念（tái）
收敛—敛（liǎn）不念（liàn）
簌簌—簌簌（sùsù）
榫头—榫（sǔn）
太监—监（jiàn）不念（jiān）
提供—供（gōng）不念（gòng）
挑剔—剔（tī）不念（tì）
骰子—骰（tóu）不念（shǎi）
拓本—拓（tà）不念（tuò）
相知相属—属（zhǔ）不念（shǔ）
新颖—颖（yǐng）不念（yǐn）
兴奋—兴（xīng）不念（xìng）
烜赫—烜（xuǎn）不念（xuān）
熏陶—陶（táo）不念（tāo）
一场战争—场（cháng）不念（chǎng）
一匹马—匹（pǐ）不念（pī）
熠熠—熠熠（yìyì）
荫凉—荫（yìn）不念（yīn）
迎面—迎（yíng）不念（yín）
友谊—谊（yì）不念（yí）

早晨—晨（chén）不念（chéng）

召唤—召（zhào）不念（zhāo）

照片—片（piàn）不念（piān）

褶皱—褶（zhě）不念（zhé）

蔗糖—蔗（zhè）不念（zhē）

挣脱—挣（zhèng）不念（zhēng）

症结—症（zhēng）不念（zhèng）

脂肪—脂（zhī）不念（zhǐ）

执拗—拗（niù）

拙劣—拙（zhuō）不念（zhuó）

着落—着（zhuó）不念（zháo）

2. 北京话和普通话发不同音的词语

办公室—室（shì）不念（shǐ）

比较—较（jiào）不念（jiǎo）

档案—档（dàng）不念（dǎng）

即使—即（jí）不念（jì）

一会儿—会（huì）不念（huǐ）

3. 行业术语

密钥—钥（yuè）不念（yào）

下载—载（zài）不念（zǎi）

粘贴—粘（zhān）不念（nián）（"粘"是一个动作，不表示黏性）

二 易读错成语训练

（一）易读错成语分析

某些成语之所以容易读错，主要是因为其中的某些字容易读错，这些字涉及以下几种类型：

1. 形同义异音异（多音多义）

即字的意义改变了，读音也改变了。

常见的有两种情况：

一种情况是古义读古音造成的多音多义。如"丢卒保车"，"车"意为象棋棋子的一种，读"jū"，不读"chē"。这里"车"不是指一般的车辆，而是指那种比"卒"战斗力强大得多的战车，保留了古义也保留了古音。

还有一种情况是变音别义造成的多音多义。所谓变音别义，指由于语言表达的需要，为了记录新产生的词语，不再另造字形，而是在已有字形的基础上通过改变读音来表达不同的意义。如"呼天抢地"的"抢"，是触、碰的意思，读"qiāng"，不读第三声；"心宽体胖"的"胖"，是安泰舒适的意思，读"pán"，不读"pàng"；"沐猴而冠"的"冠"为动词，是戴帽子的意思，不同于读第一声的名词"冠"，应读第四声。

请读准下面这些成语中的多音多义字：

茅塞（sè）顿开　　处（chǔ）心积虑
荷（hè）枪实弹　　顺蔓（wàn）摸瓜
犯而不校（jiào）　　反躬自省（xǐng）
兵不血（xuè）　　未雨绸缪（móu）
人才济济（jǐ）　　如法炮（páo）制
泥（nì）古不化　　归心似（sì）箭
丢三落（là）四　　供（gōng）不应求
数（shǔ）典忘祖　　万象更（gēng）新
呱呱（gū）坠地　　阿（ē）谀奉承
塞（sài）翁失马　　千载（zǎi）难逢
千钧一发（fà）　　否（pǐ）极泰来
臧否（zāngpǐ）人物

2. 形同义同音异

常见的有三种情况：

（1）古今异读。古代的一些专有名词固定下来，保留了古音，今人习惯上仍按古音来读，从而造成古今异读。例如：绿（lù）林好汉、羽扇纶（guān）巾。

（2）文白异读。文白异读的多音字，字义基本相同，用在不同的语体中便产生了不同的读音。如"血"有两读"xuè（书面语）""xiě（口语）"，成语"歃血为盟""热血沸腾""呕心沥血"中的"血"都读"xuè"。

（3）语流音变。常用的有"不""一"，具体音变情况见本书"音变"部分，此处不再赘述。

3. 形异义异音同（通假异读）

所谓通假异读，是指在通假现象中通假字按本字的读音去读而造成的异读。例如："博闻强识（zhì）"中"识"通"志"，是记住的意思；"图穷匕见（xiàn）"中的"见"通"现"；"被（pī）发文身"中的"被"通"披"；"暴虎冯（píng）河"中的"冯"通"淜（píng）"，是蹚水过河的意思；"虚与委蛇（wēiyí）"中的"委蛇"通"逶迤"，是随便应顺的意思。

4. 含生僻难读字

休戚（qī）相关　　　　卑鄙龌龊（wòchuò）
负隅（yú）顽抗　　　　步履蹒（pán）跚
戛（jiá）然而止　　　　不容置喙（huì）
功亏一篑（kuì）　　　　长吁（xū）短叹
股肱（gōng）之臣　　　光风霁（jì）月
官运亨（hēng）通　　　敛声屏（bǐng）息
绚（xuàn）丽多姿　　　含英咀（jǔ）华
擘（bò）肌分理　　　　插科打诨（hùn）
吹毛求疵（cī）　　　　汗流浃（jiā）背
大笔如椽（chuán）　　　莘莘（shēn）学子
舐（shì）犊情深　　　　身陷囹圄（língyǔ）
犄（jī）角之势　　　　麻痹（bì）大意
噤（jìn）若寒蝉　　　　推本溯（sù）源
喟（kuì）然长叹　　　　烜（xuǎn）赫一时
赧（nǎn）颜苟活　　　　怏怏（yàng）不乐
一丘之貉（hé）　　　　秣（mò）马厉兵
奴颜婢（bì）膝　　　　一蹴（cù）而就
皮开肉绽（zhàn）　　　沆瀣（hàngxiè）一气
沁（qìn）人心脾　　　　针砭（biān）时弊
杀一儆（jǐng）百　　　　惴惴（zhuì）不安
歃（shà）血为盟　　　　振聋发聩（kuì）

稗（bài）官野史　　　纵横捭阖（bǎihé）
瞠（chēng）目结舌　　暴殄（tiǎn）天物
别出机杼（zhù）　　　揠（yà）苗助长
邂逅（xièhòu）相遇　　炙（zhì）手可热
缠绵悱（fěi）恻　　　　良莠（yǒu）不齐
焚膏继晷（guǐ）　　　蚍蜉（pífú）撼树
刚愎（bì）自用　　　　风声鹤唳（lì）
蛊（gǔ）惑人心　　　　罄（qìng）竹难书
户枢不蠹（dù）　　　　不胫（jìng）而走

（二）易错成语训练

表 7–12　　　　　　　　　　易读错成语训练表

老骥（jì）伏枥	疾首蹙（cù）眉	咄咄（duō）逼人	扪（mén）心自问
鳞次栉（zhì）比	命运多舛（chuǎn）	前倨（jù）后恭	繁文缛（rù）节
茕茕（qióng）孑立	飞扬跋扈（hù）	穷兵黩（dú）武	众口铄（shuò）金
暴戾（lì）恣睢（suī）	时乖命蹇（jiǎn）	鞭辟（pì）入里	并行不悖（bèi）
越俎（zǔ）代庖	饮鸩（zhèn）止渴	不落窠（kē）臼	卖官鬻（yù）爵
风驰电掣（chè）	忧心忡忡（chōng）	浑（hún）水摸鱼	渐臻（zhēn）佳境
垂涎（xián）三尺	佶（jí）屈聱牙	草菅（jiān）人命	矫（jiǎo）枉过正
脍（kuài）炙人口	管窥蠡（lí）测	寥（liáo）若晨星	面面相觑（qù）
色厉内荏（rěn）	提纲挈（qiè）领	锲（qiè）而不舍	咫（zhǐ）尺天涯
卷帙（zhì）浩繁	韬（tāo）光养晦	恬（tián）不知耻	弦（xián）外之音
徇（xùn）私枉法	无耻谰（lán）言	因噎（yē）废食	甘之如饴（yí）
魂牵梦萦（yíng）	鹬（yù）蚌相争	一蹶（jué）不振	同仇敌忾（kài）
拈（niān）轻怕重	呕（ǒu）心沥血	通衢（qú）广陌	春意盎（àng）然
飞扬跋（bá）扈	殚（dān）精竭虑	言简意赅（gāi）	引吭（háng）高歌
放荡不羁（jī）	同仇敌忾（kài）	一脉（mài）相承	赧（nǎn）颜苟活
杞（qǐ）人忧天	相濡（rú）以沫	大张挞（tà）伐	剜（wān）肉补疮
畏葸（xǐ）不前	睚（yá）眦（zì）必报		

三 读多音节词语测试的指导与训练

1. 测试内容

读多音节词语与读单音节字词基本相同，但比读单音节字词有更高的要求。测试发音准确性、声调掌握、流利度以及理解能力，被试者需正确发音给定的多音节词语，保持与标准发音一致。在读词语时保持流畅、连贯的语音输出，避免断断续续或卡壳的情况。还要能够理解词语的含义，并准确回答与词语相关的问题。

2. 测试目的

通过读多音节词语测试的目的是全面评估被试者的普通话口语能力，包括语音准确性、声调正确性、语音流利度和理解能力等方面。这有助于了解被试者在多音节词语的应用中的表现水平，并为进一步提高普通话口语能力提供指导。

3. 评分标准

该项测试共计20分（占测试总分的20%），即每个词语约占0.4分，每个音节占0.2分。读错一个音节声、韵、调的任何一个部分算该音节发音错误，每错一个音节扣0.2分，读音有明显缺陷的音节扣0.1分。

（1）"双音节词语错误"的判定标准。

①基本声韵调的发音评判标准与前项测试相同。

②两个上声音节相连时没有按应有的规律变调。

③"一、不"在连续变调时发生变调错误。

④轻声音节没有读轻声。

⑤轻声音节违背轻声的音高模式。

⑥儿化音节没有读儿化韵。

⑦儿化音节读成两个音节。

⑧语气助词"啊"在连续读变调中未按规律音变。

（2）"双音节词语缺陷"的判定标准。

①基本声、韵、调发音的评判标准与前项测试相同。

②儿化卷舌色彩不明显或发音生硬。

③中·重格式的双音节词语将第一音节读成重音节。

读多音节词语（包括读单音节字词）若失分超过该题总分的10%

（读多音节词语失 2 分，读单音节字词失 1 分），应试者的普通话水平基本上就不能进入一级了；应试者若有较为明显的语音缺陷，即使测试总分达到一级甲等也要降级，只能评定为一级乙等。在该项测试中，考二乙最多只能被扣 3.5 分，考二甲最多只能被扣 2 分。

4. 限时

2.5 分钟，机测到时即止。

5. 测查内容

普通话的声、韵、调及上声变调、轻声和儿化等三种音变。

6. 试题构成

声母、韵母、声调出现的次数与读单音节字词的要求基本相同。其中上声与上声相连的词语不少于 3 个，上声与非上声相连的词语不少于 4 个，轻声词语不少于 3 个，儿化词语不少于 4 个。测试用词语中 70% 选自《普通话水平测试用普通话词语表》"表一"，30% 选自"表二"。

7. 应试注意事项

（1）注意词的整体感，不能一字一顿。

多音节词语，其前后音节具有不可分割的连续性和紧密性，切记不能一字一顿地读。在普通话水平测试中，应试者由于过分注重音节声母、韵母、声调发音的到位，有时会把一个多音节词语切割开，按字分读，把一词一顿变成了一字一顿，破坏了多音节词语的整体性。

（2）不要省略或遗漏某个词的读音。

（3）尽量一次读准，切莫未看清楚就脱口而出。

（4）发现读错，可以改读一遍（不允许读第三遍、第四遍……）。

（5）读准多音字在词语中的音。

（6）注意音变。

①读多音节词语这一项测试除了考查声、韵、调外，还要测查应试者的变调，其中上声变调是重点。读词语时应该注意上声在四声前都应该变调。

②注意词语中的"一、不"的变调。应试者在测试时因为注意力较多地集中在字音的准确上，往往会忽视"一、不"的变调问题。"一、不"变调规则可概括为以下口诀："单说句来念本调，去声前面念阳平，非去声前念去声，夹在词中念轻声。"

③注意轻声词判定，朗读要准确。读多音节词语测试中有不少于3个的轻声词，这些轻声词分散排列，测试时首先要准确判断哪些词是轻声词，其次要能正确朗读。

在测试时，要尽可能地避免误读，而容易发生误读的常见情况是人们对于轻声的判断失误，如"云彩"是轻声，但很多人都读成了重音。再如"敌人"是非轻声，但很多人在口语时却往往将人字发音过轻。这样的情况还有很多，都是应试者在考试时需要特别考量的，这样才能够让大家在朗读的时候更有效地纠正自己的错误。

测试中出现的轻声词语，往往是必读轻声词语，没有规律可循，需要应试者平时不断积累、特别记忆。

④注意儿化词语。对于儿化词语，出题的要求是不少于4个。儿化词语都有明显的外在形态作为标志：词尾带有一"儿"字（需要排除像"女儿""健儿"这类非儿化词语）。有"儿"的词语要儿化，没有"儿"的词语不要随便儿化。读词语时有的词语受习惯的影响容易添加儿化音，如"君子""早点""口头"等，受平时练习的"瓜子儿""一点儿""有点儿"等的影响，容易被读成"君子儿""早点儿""口头儿"，这需要引起应试者的注意。

与读轻声词语不同，读儿化词语基本不存在判断是否是儿化词语的困难，关键是怎样正确地发出儿化音。发好儿化音，不能把"儿"与前面的音割裂开来，如"加塞儿"，它是三个汉字代表两个音节，读该词时只要在发"sāi"韵母的同时加上一个卷舌动作即可，"er"与韵母"ɑi"应该连成一个音节，读"sāir"。儿化音节不能重读，读儿化词语时语气要轻快，儿化重读会造成声调缺陷或把"儿"音节与前一音节割裂开。

四 普通话多音节字表

表7-13　　　　　　　　普通话多音节字表

A 部
1. 阿①ā 阿姨 阿姆斯特丹②ē 阿胶 阿谀
2. 腌①ā 腌臜②yān 腌渍

续表

A 部
3. 挨①āi 头挨头②ái 挨揍
4. 拗①ào 拗口②niù 执拗③ǎo 拗断
5. 熬①āo 熬菜②áo 熬煮
B 部
1. 扒①bā 扒皮②pá 扒手
2. 把①bǎ 手拿把掐②bà 刀把
3. 蚌①bàng 河蚌②bèng 蚌埠
4. 薄①báo（口语）太薄了②bó（书面）厚薄
5. 堡①bǎo 城堡②bǔ 瓦窑堡③pù 十里堡
6. 暴①bào 暴力②pù 同"曝"
7. 背①bèi 背后②bēi 背包
8. 奔①bēn 狂奔②bèn 投奔
9. 臂①bì 臂力②bei 胳臂
10. 辟①bì 复辟②pì 精辟
11. 扁①biǎn 扁担 扁豆 扁铲 扁桃体②piān 扁舟
12. 便①biàn 方便 便笺 便宜（方便合适）②pián 便宜（价格低）
13. 膀①bǎng 肩膀 臂膀②pāng 膀肿③páng 膀胱
14. 磅①bàng 磅秤②páng 磅礴
15. 绷①bēng 绷紧 绷直 绷飞了 绷带②běng 绷着脸③bèng 绷瓷儿
16. 骠①biāo 黄骠马②piào 骠勇
17. 瘪①biē 瘪三②biě 干瘪
18. 屏①bīng 屏营（书面：惶恐状）②bǐng 屏息 屏气 屏弃 屏除 屏退 ③píng 屏幕 屏风 屏障 屏蔽
19. 剥①bō（书面组词）剥削（xuē）剥离 剥蚀 剥夺 剥落②bāo（口语单用）剥皮
20. 泊①bó 淡泊 停泊 漂泊②pō 湖泊 血泊
21. 伯①bó 老伯 伯父②bǎi 大伯子（夫兄）
22. 簸①bǒ 颠簸②bò 簸箕
23. 膊①bó 赤膊②bo 胳膊
24. 卜①bo 萝卜②bǔ 占卜 卜辞 预卜 卜筮
C 部
1. 伧①cāng 言语伧俗②chen 寒伧

续表

C 部
2. 藏①cáng 矿藏②zàng 宝藏
3. 曾①céng 曾经②zēng 曾祖
4. 噌①cēng 噌地一声②chēng 噌吰（钟鼓声）
5. 差①chā（书面组词）偏差②chà（口语单用）差劲③chāi 出差④cī 参差
6. 禅①chán 禅师 禅宗 禅杖 坐禅②shàn 禅让 封禅
7. 颤①chàn 颤动 颤抖 颤音 颤悠②zhàn 颤栗
8. 孱①chán 孱弱②càn 孱头
9. 裳①cháng 着我旧时裳②shang 衣裳
10. 场①cháng 场院 一场（雨）②chǎng 场合 冷场 场面 场地
11. 嘲①cháo 嘲讽 嘲笑②zhāo 嘲哳（zhāozhā）
12. 车①chē 车马 车辆②jū（象棋子名称）
13. 称①chèn 称心 对称②chēng 称呼 称道
14. 澄①chéng（书面）澄清（问题）②dèng（口语）澄清（使液体变清）
15. 铛①chēng 饼铛②dāng 铛铛（拟声词）
16. 乘①chéng 乘坐 乘机②shèng 千乘之国 史乘 野乘
17. 匙①chí 汤匙 羹匙②shi 钥匙
18. 冲①chōng 冲锋 冲击②chòng 冲床 冲子
19. 臭①chòu 遗臭万年②xiù 乳臭 铜臭
20. 处①chǔ（动作义）处罚②chù（名词义）妙处
21. 畜①chù（名物义）牲畜②xù（动作义）畜养
22. 创①chuàng 创作②chuāng 重创
23. 绰①chuò 绰绰有余 绰号②chāo 绰起棍子
24. 伺①cì 伺候②sì 伺机 环伺
25. 兹①cí 龟兹（Qiūcí 西域古国）②zī 今兹 来兹
26. 跐①cī 登跐了②cǐ 脚跐两只船
27. 枞①cōng 枞树②zōng 枞阳（地名）
28. 攒①cuán 攒动 攒射②zǎn 积攒
29. 撮①cuō 一撮儿盐 撮合 撮要②zuǒ 一撮毛
30. 处①chǔ（动词义）处境②chù（名词义）住处
31. 揣①chuāi 揣在怀里②chuǎi 揣测

续表

C 部
32. 椎①chuí 椎心泣血②zhuī 脊椎

D 部
1. 答①dā 答应②dá 答案
2. 大①dà 大夫（官名）②dài 大夫（医生）山大王
3. 沓①dá 一沓信纸②tà 杂沓 纷至沓来
4. 逮①dǎi（口语单用）逮蚊子 逮小偷②dài（书面组词）逮捕
5. 单①dān 单独②chán 单于③shàn 单县 姓单
6. 当①dāng 当场②dàng 恰当
7. 倒①dǎo 颠倒 倒戈 倒嚼②dào 倒粪 倒药 倒退
8. 叨①dāo 叨唠②dáo 叨咕③tāo 叨扰 叨叨
9. 提①dī 提防 提溜②tí 提高 提取
10. 得①dé 得意扬扬②de 好得很③děi 得喝水了
11. 的①dí 的确 的证②dì 目的 中的 有的放矢
12. 钿①diàn 金钿 宝钿②tián 铜钿（铜钱）
13. 钉①dīng（名词义）碰钉子②dìng（动词义）钉扣子 钉钉子
14. 都①dōu 都来了②dū 都市 大都（大多）
15. 掇①duō 采掇（拾取、采取义）掇拾②duo 撺掇 掂掇
16. 度①duó 忖度 揣度 度德量力②dù 程度 度量
17. 囤①dùn 粮囤②tún 囤积 囤聚
18. 垛①duǒ 城墙垛口②duò 麦垛 垛好（堆放好）

E 部
恶①è 恶劣 凶恶 恶化②wù 可恶 厌恶③ě 恶心④wū（古代作疑问词或叹词）

F 部
1. 发①fà 理发②fā 发表
2. 坊①fāng 牌坊②fáng 粉坊
3. 分①fēn 区分②fèn 身分
4. 缝①féng 缝合②fèng 缝隙
5. 服①fú 服毒②fù 量词，也作"付"，一服中药
6. 菲①fēi 芳菲②fěi 菲薄
7. 否①fǒu 否认②pǐ 否极泰来
8. 脯①fǔ 果脯②pú 胸脯

续表

G 部
1. 轧①gá 轧账②yà 轧棉花③zhá 轧钢
2. 杆①gān 旗杆 栏杆（粗长）②gǎn 枪杆 烟杆（细短）
3. 扛①gāng 力能扛鼎②káng 扛枪 扛活
4. 膏①gāo 膏腴 膏药 牙膏②gào 膏点儿 油膏 膏笔
5. 咯①gē（拟声）咯咯 咯吱 咯噔②kǎ 咯血 咯痰③lo（助词）当然咯
6. 搁①gē 搁置 搁浅②gé 搁不住揉搓
7. 葛①gé 葛巾 瓜葛 葛藤②gě 姓葛
8. 革①gé 革命 皮革②jí 病革（病危急）
9. 合①gě 十分之一升②hé 合作 合计
10. 给①gěi（口语单用）给……②jǐ（书面组词）补给
11. 更①gēng 更换 少不更事 更新 更迭②gèng 更加 更好
12. 颈①gěng 脖颈子②jǐng 颈项 颈联
13. 供①gōng 供给 供销 供养 供不应求 提供 供求 供需 供应 供稿②gòng 口供 上供 供认 供词 供状 供品 供养 供奉 供职 供事
14. 红①gōng 女红（也写作"女工"）②hóng 红色 红人
15. 枸①gōu 枸橘②gǒu 枸杞③jǔ 枸橼
16. 估①gū 估计 估量②gù 估衣（出售的旧衣，唯一例词）
17. 呱①gū 呱呱（小儿哭声）②guā 呱呱叫③guǎ 拉呱儿（闲谈）
18. 骨①gū 骨碌 骨朵（仅此二例）②gǔ 骨肉 骨干
19. 谷①gǔ 谷子 谷雨②yù 吐谷浑（族名）
20. 鹄①gǔ 鹄的（靶心）中鹄②hú 鹄立 鹄望（鹄即天鹅）
21. 莞①guǎn 东莞（在广东）②wǎn 莞尔一笑
22. 纶①guān 羽扇纶巾②lún 经纶 涤纶 锦纶
23. 冠①guān（名物义）加冠 弹冠②guàn（动作义）冠军 沐猴而冠
24. 桧①guì 树名②huì 人名秦桧
25. 过①guō 姓氏②guò 经过
H 部
1. 虾①há 虾蟆②xiā 对虾
2. 哈①hǎ 哈达 姓哈②hà 哈什蚂③hā 哈萨克族 哈腰
3. 咳①hāi 咳是叹词，表伤感、后悔、惊异②ké 咳嗽
4. 汗①hán 可汗 大汗②hàn 汗水 汗颜

H 部
5. 巷①hàng 巷道②xiàng 街巷
6. 吭①háng 引吭高歌②kēng 吭声
7. 号①háo 呼号 号叫②hào 称号 号召
8. 和①hé 和睦 和谐②hè 应和 和诗③hú 和（麻将牌戏用语，意为赢）④huó 和面 和泥⑤huò 和药 两和（量词）
9. 貉①hé（书面）一丘之貉②háo（口语）貉绒 貉子
10. 喝①hē 喝水②hè 喝彩 喝令
11. 横①héng 横行 纵横②hèng 蛮横 横财 横祸
12. 虹①hóng（书面组词）彩虹 虹吸②jiàng（口语单用）
13. 哄①hōng 哄堂大笑 哄传②hǒng 哄骗 哄人③hòng 起哄 一哄而散
14. 划①huá 划船 划算②huà 划分 计划
15. 晃①huǎng 明晃晃 晃眼 一晃而过②huàng 摇晃 晃动
16. 会①huì 会合 都会②kuài 会计 财会
17. 混①hún 混蛋②hùn 混合 混沌 混充 混淆 混账
18. 豁①huō 豁口②huò 豁亮 豁达
J 部
1. 奇①jī 奇偶②qí 奇怪 奇异
2. 缉①jī 通缉 缉拿②qī 缉鞋口
3. 几①jī 茶几 几案②jǐ 几何 几个
4. 济①jǐ 济宁 济水 人才济济②jì 救济 同舟共济 济贫 济世 无济于事 假公济私 接济 缓不济急
5. 纪①jǐ 姓氏②jì 纪念 纪律
6. 偈①jì 偈语②jié（勇武）
7. 系①jì 系紧缰绳 系好缆绳②xì 系好马匹 系好船只
8. 稽①jī 稽查 无稽之谈 反唇相稽 稽留 稽延②qǐ 稽首
9. 亟①jí 亟待解决 亟须 亟亟奔走②qì 亟来闻讯
10. 诘①jí 诘屈謷牙（同佶屈謷牙）②jié 反诘 盘诘 诘问
11. 茄①jiā 雪茄②qié 茄子
12. 夹①jiā 夹攻 夹杂②jiá 夹裤 夹袄
13. 假①jiǎ 真假 假借②jià 假期 假日
14. 间①jiān 中间人 间不容发 间架②jiàn 间断 间谍 当间 间隔 反间计 间歇 间或 间杂 间作 间接 间苗 乘间 相间

续表

J 部
15. 将①jiāng 将军 将来②jiàng 将校 将兵
16. 嚼①jiáo（口语）嚼舌 马嚼子②jué（书面）咀嚼③jiào 倒嚼（反刍）
17. 侥①jiǎo 侥幸②yáo 僬侥（传说中的矮人）
18. 角①jiǎo 角落 号角 口角（嘴角）②jué 角色 角斗 口角（吵嘴）角逐
19. 脚①jiǎo 根脚 脚本②jué 脚儿（角儿）
20. 剿①jiǎo 围剿 剿匪②chāo 剿说
21. 教①jiāo 教书 教给②jiào 教导 教派
22. 校①jiào 校场 校勘 校正 校样②xiào 学校 院校 将校
23. 解①jiě 解除 解渴 解嘲 瓦解 解剖②jiè 解元 押解 解送 起解③xiè 解县 解不开 浑身解数 姓解
24. 结①jiē（长出之意）结果 结实②jié 结网 结合 结果 归根结底
25. 藉①jiè 枕藉 慰藉②jí 狼藉
26. 节①jiē 节骨眼儿（口语）②jié 节操 节俭 节制 高风亮节
27. 禁①jīn 禁受 禁不起 禁用 弱不禁风②jìn 禁忌 禁锢 禁闭 违禁 禁止
28. 尽①jǐn 尽早 尽可能 尽着三天办事 先尽女同志 尽前边②jìn 取之不尽 想尽办法 尽心尽力 人尽其才 尽职尽责 尽人皆知
29. 矜①jīn 矜夸 矜持 骄矜②qín 矛柄
30. 仅①jǐn 仅有②jìn 士卒仅万（将近万人）
31. 劲①jìn 干劲 劲头 用劲 没劲儿②jìng 强劲 劲草 刚劲 劲敌
32. 龟①jūn 龟裂②guī 乌龟 龟缩③qiū 龟兹（cí）（西域古国）
33. 咀①jǔ 咀嚼②zuǐ 嘴
34. 据①jū 拮据（只此一词）②jù 盘踞 据实 凭据 据理力争
35. 菌①jūn 细菌 霉菌②jùn 香菌 菌子
K 部
1. 卡①kǎ 卡车 卡片 卡通②qiǎ 关卡 卡子
2. 看①kān 看守 看管②kàn 看待 看茶
3. 坷①kē 坷垃②kě 坎坷
4. 壳①ké（口语）贝壳 脑壳②qiào（书面）地壳 甲壳 躯壳
5. 可①kě 可恨 可以②kè 可汗
6. 克①kè 克扣 克服②kēi（口语）申斥
7. 空①kōng 领空 空洞 空想 空忙②kòng 空白 空闲 空额 空隙 空暇 空缺 空房 空地

续表

K 部
8. 溃①kuì 溃决 溃败②huì 同"殨","溃脓"同"殨脓"

L 部
1. 蓝①lán 蓝草 蓝图②lan 苤蓝（piělan）
2. 烙①lào 烙印 烙铁②luò 炮（páo）烙
3. 勒①lè（书面组词）勒令 勒索 勒派 悬崖勒马 勒石 勒碑②lēi（口语单用）勒紧点儿
4. 肋①lē 肋膈②lèi 肋骨 鸡肋
5. 擂①léi 擂鼓 擂他一拳②lèi 擂台 打擂（仅此二词）
6. 累①lèi（受劳义）劳累②léi（多余、连缀、颓丧义）累赘 果实累累 累赘 累累若丧家之狗 ③lěi（牵连、积累、屡次义）牵累连篇 累牍 连累 累进罪行 累累 累卵 累年
7. 蠡①lí 管窥蠡测 以蠡测海②lǐ 蠡县 范蠡
8. 俩①liǎ（口语，不带量词）咱俩 俩人②liǎng 伎俩
9. 量①liáng 丈量 计量 思量 酌量 端量 量度 量程 量具②liàng 量入为出 量力而为 量才录用 量体裁衣 量刑 气量 胆量 流量 质量 力量 饭量③liang 打量 掂量
10. 踉①liáng 踉踉小丑（同跳梁小丑）②liàng 踉跄
11. 潦①liáo 潦草 潦倒②lǎo（书面）积潦（积水）
12. 燎①liáo 星火 燎原②liǎo 燎头发 燎眉毛
13. 淋①lín 淋浴 淋漓 淋巴②lìn（过滤义）淋硝 淋盐 淋病
14. 馏①liú 蒸馏②liù（口语单用）馏口饭
15. 镏①liú 镏金（涂金）②liù 金镏（金戒指）
16. 碌①liù 碌碡（zhou）②lù 庸碌 劳碌
17. 遛①liú 逗遛②liù 遛马 遛鸟 遛弯儿
18. 溜①liū 溜达 溜冰 溜须拍马②liù 溜缝儿 一溜儿
19. 笼①lóng（名物义）笼子 牢笼②lǒng（动作义）笼络 笼统
20. 偻①lóu 佝偻②lǚ 伛偻
21. 搂①lōu 搂钱②lǒu 搂抱
22. 露①lù（书面）露天 露骨②lòu（口语）露头 露马脚
23. 捋①lǚ 捋胡子②luō 捋袖子
24. 绿①lǜ（口语）绿地 绿茵②lù（书面）绿林 鸭绿江
25. 络①luò 络绎 经络②lào 络子
26. 落①luò（书面组词）落魄 着落②lào（常用口语）落枕 落色③là（遗落义）丢三落四 落下

续表

M 部
1. 抹①mā 抹布 抹桌子 抹下脸②mǒ 涂抹 抹杀 抹黑 抹脖子③mò 转弯抹角 抹墙
2. 脉①mò 脉脉（仅此一例）②mài 脉络 山脉
3. 埋①mái 埋伏 埋藏②mán 埋怨
4. 蔓①màn（书面）蔓延 枝蔓②wàn（口语）瓜蔓 压蔓
5. 氓①máng 流氓②méng 古指百姓
6. 闷①mēn 闷热 闷头干 闷声闷气②mèn 愁闷 闷雷 闷闷不乐
7. 没①méi 没有②mò 没收 没落 没世 没齿不忘
8. 蒙①mēng 蒙骗 瞎蒙 蒙头转向②méng 蒙昧 蒙蔽 蒙头盖脑③měng 蒙古
9. 眯①mí 眯眼（迷眼）②mī 眯眼（合眼）
10. 靡①mí 靡费 奢靡②mǐ 披靡 靡靡之音 靡日不思
11. 秘①bì 秘鲁 姓秘②mì 秘密 秘诀
12. 泌①mì（口语）分泌②bì（书面）泌阳
13. 模①mó 模范 模型②mú 模具 模样
14. 摩①mó 摩擦 摩挲（用手抚摸）②mā 摩挲（sa）（轻按着并移动）
15. 缪①móu 未雨绸缪②miù 纰缪③miào 缪（姓）
N 部
1. 难①nán 困难 难兄难弟（贬义）②nàn 责难 难兄难弟（共患难的人）难民 难友 难胞
2. 泥①ní 泥泞 泥沼 泥淖②nì 拘泥 泥古 泥子 泥墙
3. 宁①níng 安宁 宁静②nìng 宁可 姓宁
4. 弄①nòng 玩弄②lòng 弄堂 里弄
5. 疟①nüè（书面）疟疾②yào（口语）发疟子
6. 娜①nuó 袅娜 婀娜②nà（用于人名）安娜
O 部
哦①ó 哦，是这么回事。②ò 哦，我明白了。③é 吟哦
P 部
1. 排①pái 排除 排行②pǎi 排子车
2. 迫①pǎi 迫击炮②pò 逼迫
3. 胖①pán 心宽体胖②pàng 肥胖
4. 刨①páo 刨除 刨土②bào 刨床 刨冰
5. 炮①páo 炮制 炮格（烙）②pào 火炮 高炮③bāo 炮干（烘干）
6. 跑①páo 虎跑泉②pǎo 跑步

P 部
7. 喷①pēn 喷射 喷泉 喷嚏②pèn 喷香
8. 劈①pī 劈头盖脸 劈面 劈胸②pǐ 劈开 劈叉
9. 便①pián 便宜 大腹便便②biàn 方便 便条 便笺 便宜行事
10. 片①piàn 影片儿②piān 唱片儿
11. 缥①piāo 缥缈②piǎo 青白色的丝织品
12. 撇①piē 撇开 撇弃②piě 撇嘴 撇到脑后
13. 仆①pū 前仆后继②pú 仆从
14. 朴①pǔ 俭朴 朴质②pō 朴刀③pò 厚朴 朴树④piáo 姓朴
15. 瀑①pù 瀑布②bào 瀑河（水名）
16. 曝①pù 一曝十寒②bào 曝光
Q 部
1. 栖①qī 两栖 栖息②xī 栖栖
2. 蹊①qī 蹊跷②xī 蹊径
3. 稽①qǐ 稽首②jī 滑稽
4. 荨①qián（书面）荨麻②xún（口语）荨麻疹
5. 欠①qiàn 欠缺 欠债②qian 呵欠
6. 抢①qiāng 呼天抢地②qiǎng 抢夺 争抢
7. 强①qiáng 强渡 强取 强制②qiǎng 勉强 强迫 强词夺理 强人所难③jiàng 倔强
8. 呛①qiāng 呛着了②qiàng 油烟呛人
9. 戗①qiāng 戗水 戗风 说戗了②qiàng 戗面馒头
10. 悄①qiāo 悄悄话②qiǎo 悄然 悄寂
11. 翘①qiào（口语）翘尾巴②qiáo 翘首 连翘
12. 切①qiē 切磋 切割②qiè 急切 切实
13. 趄①qiè 趄坡儿②jū 趑趄
14. 亲①qīn 亲近 亲密②qìng 亲家
15. 曲①qū 河曲 大曲 弯曲②qǔ 曲调 曲艺 曲牌
16. 雀①qiāo 雀子②qiǎo 雀盲眼③què 雀斑 雀跃 麻雀
17. 圈①quān 圈点 圈占 圈套 圈阅②juān 圈牛 圈马③juàn 猪圈 羊圈
18. 阙①quē 阙如 阙疑②què 宫阙
R 部
1. 嚷①rǎng 吵嚷 喧嚷②rāng 嚷嚷

续表

R 部

2. 任①rèn 信任 任命 担任②rén 姓任 任县（地名）

S 部

1. 散①sǎn 懒散 零散（不集中、分散）散兵 游勇散居 散漫 散记 松散 散射 散曲 散架②sàn 散布 散失 散发 分散 散播 发散 散传单 散心 解散 散摊子
2. 丧①sāng 丧葬 丧服 丧乱 丧钟②sàng 丧失 丧权 丧气 丧魂 落魄③sang 哭丧着脸
3. 色①sè（书面）色彩 色泽②shǎi（口语）落色 掉色
4. 塞①sè（书面动作义）堵塞 阻塞②sāi（口语名动义）活塞 塞车③sài 塞翁失马 边塞 塞外
5. 煞①shā 煞尾 收煞 煞风景②shà 煞白 恶煞 煞气 煞费苦心 煞有介事
6. 厦①shà 广厦 大厦②xià 厦门 噶厦
7. 杉①shān（书面）红杉 水杉②shā（口语）杉篙 杉木
8. 苫①shàn（动作义）苫屋 草苫布②shān（名物义）草苫子
9. 汤①shāng 河水汤汤 浩浩汤汤②tāng 汤水 热汤 赴汤蹈火
10. 折①shé 折本②zhē 折腾③zhé 折合
11. 舍①shě 舍弃 抛舍②shè 校舍 退避三舍
12. 拾①shè 拾级而上②shí 拾取 拾掇 拾遗 拾人牙慧
13. 什①shén 什么②shí 什物 什锦
14. 葚①shèn（书面）桑葚②rèn（口语）桑葚儿
15. 识①shí 识别 识字②zhì 标识 博闻强识
16. 似①shì 似的②sì 相似
17. 属①shǔ 隶属 归属 亲属 属实 属相②zhǔ 属意 属望 前后相属 属文
18. 熟①shóu（口语）庄稼熟了 饭熟了②shú 熟悉 熟谙 熟稔 熟思 熟习
19. 刷①shuā 洗刷 粉刷 刷新②shuà 脸色 刷白
20. 说①shuì 游说 说客②shuō 说话 说辞
21. 数①shuò（副词）数见不鲜②shǔ（动词）数落 数数（shù）③shù（名词）数字 数目
22. 怂①sǒng 睡眼惺忪②zhōng 怔忪（恐惧）
23. 宿①sù 宿舍 宿志 宿将 耆宿 宿舍 宿主②xiǔ 三天两宿 半宿③xiù 星宿 二十八宿
24. 遂①suí 半身不遂②suì 遂心如意 天遂人愿 遂意

T 部

1. 踏①tā 踏实②tà 踏步 践踏 踏勘 踏看 踏青
2. 沓①tà 杂沓 复沓 纷至沓来②dá 一沓子
3. 趟①tāng 趟水（也写作：蹚水）②tàng 走一趟 半趟街

续表

T 部

4. 苔①tái（书面）苍苔 苔藓②tāi（口语）青苔 舌苔
5. 调①tiáo 调皮 调配（调和配合）调解 调剂 调侃 调唆 调谑 调羹 调停②diào 调换 调配（调动分配）调防 调遣 曲调 调换 调集 调拨 调度
6. 帖①tiē 妥帖 服服帖帖②tiě 帖子 请帖 庚帖③tiè 碑帖 法帖
7. 通①tōng 通知 通过 交通②tòng 挨了一通说
8. 吐①tǔ 谈吐 吐露 吐字 吐故纳新②tù 吐沫 吐血 呕吐 上吐下泻
9. 褪①tuì 褪色 褪毛②tùn 褪去 褪着手 褪套儿
10. 拓①tuò 拓荒 拓宽 开拓②tà 拓本 拓片

W 部

1. 瓦①wǎ 瓦当 瓦蓝 砖瓦②wà 瓦刀
2. 圩①wéi 圩子②xū 圩场
3. 委①wēi 委蛇＝逶迤②wěi 委曲（qū）委屈（qu）
4. 尾①wěi 尾巴 ② yǐ 马尾
5. 尉①wèi 尉官 姓尉②yù 尉迟（姓）尉犁（地名）
6. 遗①wèi 遗之 千金（赠送）②yí 遗失 遗憾 遗嘱
7. 纹①wén 花纹 纹饰 纹理 纹丝②wèn 裂纹
8. 乌①wū 乌黑②wù 乌拉草（la 草名）

X 部

1. 吓①xià 吓唬 吓人②hè 威吓 恐吓 恫吓
2. 鲜①xiān 鲜卑（古代北方民族）鲜美 鲜明 鲜艳②xiǎn 鲜见 鲜有 鲜为人知
3. 纤①xiān 纤长 纤毫 纤细 纤尘 纤弱 十指纤纤②qiàn 纤夫 纤绳 纤手
4. 相①xiāng 相当 相反②xiàng 相册 相片 相机
5. 行①xíng 举行 发行②háng 行市 行伍③hàng 树行子④héng 道行
6. 省①xǐng 反省 省亲②shěng 省份 省略
7. 削①xuē（书面）剥削 瘦削②xiāo（口语）切削 削皮
8. 血①xuè（书面组词）贫血 心血 血液 血统 血型 血性 血迹 血泪 血泊 血气 血洗 血汗 血债 血晕②xiě（口语常用）鸡血 流了点血 血淋淋 血糊糊
9. 熏①xūn 熏染 熏陶 熏风 熏制②xùn 被煤气熏着了（中毒）
10. 兴①xīng 新兴 复兴 兴起 兴办 兴修 不兴胡说 兴许 兴盛 兴师动众②xìng 兴趣 兴致 豪兴 助兴 败兴
11. 旋①xuán 盘旋 回旋 旋即 凯旋 旋转②xuàn 旋风

续表

Y 部

1. 哑①yā 哑哑（象声词）学语②yǎ 哑然 哑场 哑谜 哑然失笑
2. 殷①yān 殷红②yīn 殷实 殷勤 殷切 殷商③yǐn 殷殷（象声词，形容雷声）
3. 咽①yān 咽喉②yàn 狼吞虎咽 咽气③yè 呜咽 哽咽
4. 约①yāo 用秤②yuē 预约 制约 条约 特约 约束
5. 钥①yào（口语）钥匙②yuè（书面）锁钥
6. 掖①yē 掖进去②yè 扶掖 奖掖
7. 耶①yē 耶和华 耶稣②yé（语气助词）是耶非耶
8. 叶①yè 叶落归根 叶公好龙②xié 叶韵（和谐义）
9. 艾①yì 自怨自艾 惩艾②ài 方兴未艾 艾草
10. 迤①yí 逶迤②yǐ 迤逦
11. 应①yīng 应届 应许 应声 应该 应允 应名儿 应分②yìng 应付 应承 应运 应变 应从 应对 应和 应急 应景 应聘 应时 应诺 应用 应验 应征 应邀 应招 应诊 应制 应接不暇
12. 佣①yōng 雇佣 佣工 女佣②yòng 佣金 佣钱
13. 熨①yù 熨帖②yùn 熨烫
14. 与①yǔ 与其 与人为善 与日俱增 与虎谋皮②yù 参与 与会 与闻③yú 同"欤"
15. 吁①yù 呼吁 吁请 吁求②yū 吆喝牲口（象形词）③xū 长吁短叹 气喘吁吁
16. 予①yú（文言"我"）予取予求②yǔ 授予 予以
17. 晕①yūn 晕倒 头晕 晕厥②yùn 月晕 日晕 晕车 晕船 晕机 晕针 晕场 红晕

Z 部

1. 咋①zǎ 咋办 咋样②zé 咋舌③zhā 咋呼
2. 载①zǎi 记载 登载 转载 千载难逢 三年五载 刊载②zài 装载 载运 载歌载舞 载体 载荷 载重 怨声载道 风雪载途
3. 脏①zāng 肮脏②zàng 心脏 内脏 脏腑
4. 择①zé 选择 抉择②zhái 择菜 择席 择不开（仅此三词）
5. 扎①zhá 挣扎②zhā 扎根 扎实 扎堆 扎眼 扎营③zā 扎彩（捆束）一扎啤酒 扎腰带
6. 轧①zhá 轧钢 轧辊（挤制义）②yà 倾轧 轧棉花 轧场（碾压）
7. 炸①zhá 炸糕 油炸②zhà 炸药 炸弹
8. 粘①zhān 粘贴 粘连②nián 姓粘
9. 涨①zhǎng 涨落 高涨 涨潮 涨幅 物价上涨 水涨船高 暴涨②zhàng 泡涨 头昏脑涨 脸涨得通红
10. 占①zhān 占卜 占卦②zhàn 占据 攻占 强占
11. 爪①zhǎo 爪牙 鹰爪 张牙舞爪②zhuǎ 爪子 爪儿

续表

Z 部
12. 着①zháo 着急 着迷 着凉 着忙 ②zhuó 着落 着重 着手 着力 着装 着笔 着实 着想 着眼 着意 着陆 ③zhāo 失着 着数 高着（招）
13. 蜇①zhē 蜜蜂蜇人 切洋葱蜇眼睛 ②zhé 海蜇
14. 症①zhēng 症结 ②zhèng 病症 症状 症候
15. 正①zhēng 正月 新正 正旦（农历正月初一）②zhèng 正常 正旦（戏曲中称女主角）
16. 殖①zhí 繁殖 殖民 ②shi 骨殖
17. 只①zhī 只身前往 只言片语 ②zhǐ 只顾 只见 只有
18. 中①zhōng 中国 人中（穴位）②zhòng 中奖 中靶 看中 中选
19. 种①zhǒng 种类 种族 点种（种子）②zhòng 耕种 种植 点种（播种）
20. 轴①zhóu 画轴 轮轴 轴承 轴线 ②zhòu 大轴戏 压轴戏
21. 著①zhù 著名 著述 ②zhuó 同"着"，动词，穿著 附著
22. 拽①zhuāi 拽皮球 拽东西 ②zhuài 拽住不放 生拉硬拽
23. 转①zhuǎn 转运 转折 转圈 转身 ②zhuàn 转动 转速 转悠
24. 幢①zhuàng 一幢楼房 ②chuáng 经幢
25. 缴①zhuó 系在箭上的丝绳，射鸟用 ②jiǎo 上缴 收缴 缴纳 缴械
26. 综①zèng 织机零件之一 ②zōng 综合 错综
27. 仔①zī 仔肩（书面语：责任，负担）②zǐ 仔细 仔密 仔鸡 仔猪 仔兽 ③zǎi 打工仔 华仔 胖仔
28. 钻①zuān 钻探 钻孔 ②zuàn 钻床 钻石
29. 柞①zuò 柞蚕 柞绸 ②zhà 柞水（在陕西）
30. 作①zuō 作坊 小器作 ②zuò 工作 习作

五　普通话难读字词表

表 7-14　　　　　　　普通话难读字词表

A		
1. 翱翔（áo）	2. 谙练（ān）	3. 懊丧（ào）
4. 隘路（ài）	5. 鳌峰（áo）	6. 蔼然（ǎi）
7. 老媪（ǎo）	8. 锕元素（ā）	9. 山坳（ào）

续表

B		
1. 鲅鱼（bà）	2. 瘭疽（biāo）	3. 笓齿（bì）
4. 镔铁（bīn）	5. 骉马（biāo）	6. 簸箕（bǒ）
7. 擘画（bò）	8. 颁奖（bān）	9. 薄雾（báo）
10. 邠卿（bīn）	11. 愊卢（bì）	12. 殡葬（bìn）
13. 镳铃（biāo）	14. 筚路（bì）	15. 薄情（bó）
16. 纵横捭阖（bǎihé）	17. 稗官野史（bài）	18. 炮羊肉（bāo）
19. 迸发（bèng）	20. 复辟（bì）	21. 针砭（biān）
22. 哺育（bǔ）		

C		
1. 鲳鱼（chāng）	2. 茝兰（chǎi）	3. 吼吼（chēchē）
4. 㨄㨄（chòngchòng）	5. 鬯臻（chàng）	6. 岑寂（cén）
7. 参差（cēncī）	8. 憧憬（chōng）	9. 徜徉（cháng）
10. 叱咤风云（chìzhà）	11. 相形见绌（chù）	12. 黜免（chù）
13. 篡改（cuàn）	14. 吹毛求疵（cī）	15. 搽粉（chá）
16. 谄媚（chǎn）	17. 诧异（chà）	18. 瞠目结舌（chēng）
19. 踟蹰（chíchú）	20. 凄怆（chuàng）	

D		
1. 呆板（dāi）	2. 跕脚（diǎn）	3. 髑髅（dú）
4. 殚思极虑（dān）	5. 倒春寒（dǎo）	6. 抖擞（dǒu）
7. 肆无忌惮（dàn）	8. 当（本）年（dàng）	9. 提防（dī）
10. 句读（dòu）	11. 踱步（duó）	

E		
1. 阿谀（ēyú）	2. 婀娜（ēnuó）	3. 扼要（è）

F		
1. 不菲（fěi）	2. 沸腾（fèi）	3. 气氛（fēn）
4. 随声附和（fùhè）	5. 敷料（fū）	6. 仿佛（fú）
7. 凫水（fú）	8. 幅长（fú）	9. 肉脯（fǔ）

G		
1. 准噶尔（gá）	2. 兵戈（gē）	3. 脖颈（gěng）
4. 供应（gōng）	5. 供认（gòng）	6. 勾当（gòu）
7. 花骨朵（gū）	8. 商贾（gǔ）	9. 桎梏（gù）

续表

G		
10. 粗犷（guǎng）	11. 皈依（guī）	12. 刽子手（guì）
13. 聒噪（guō）		

H		
1. 哈达（hǎ）	2. 骸骨（hái）	3. 罕见（hǎn）
4. 引吭高歌（háng）	5. 沆瀣一气（hàngxiè）	6. 发横财（hèng）
7. 一哄而散（hòng）	8. 怙恶不悛（hùquān）	9. 豢养（huàn）
10. 污秽（huì）	11. 和泥（huó）	

J		
1. 茶几（jī）	2. 跻身（jī）	3. 一触即发（jí）
4. 脊梁（jǐ）	5. 给予（jǐyǔ）	6. 觊觎（jìyú）
7. 雪茄（jiā）	8. 草菅人命（jiān）	9. 缄默（jiān）
10. 校对（jiào）	11. 开花结果（jiē）	12. 攻讦（jié）
13. 桔梗（jié）	14. 杀一儆百（jǐng）	15. 抓阄（jiū）
16. 狙击（jū）	17. 咀嚼（jǔjué）	18. 龃龉（jǔyǔ）
19. 前倨后恭（jù）	20. 角色（jué）	21. 矍铄（jué）
22. 攫取（jué）		

K		
1. 同仇敌忾（kài）	2. 亢奋（kàng）	3. 坎坷（kě）
4. 可汗（kèhán）	5. 恪守（kè）	6. 倥偬（kǒngzǒng）
7. 财会（kuài）		

L		
1. 拉家常（lā）	2. 丢三落四（là）	3. 书声琅琅（láng）
4. 羸弱（léi）	5. 罹难（lí）	6. 贿赂（lù）
7. 打量（liang）	8. 果实累累（léi）	9. 雕镂（lòu）
10. 趔趄（lièqie）		

M		
1. 抹桌子（mā）	2. 埋怨（mán）	3. 耄耋（màodié）
4. 酩酊大罪（mǐng）	5. 牟利（móu）	6. 分娩（miǎn）
7. 抹墙（mò）	8. 衣袂（mèi）	9. 荼蘼（mí）
10. 模样（mú）		

续表

N		
1. 羞赧（nǎn）	2. 呶呶不休（náo）	3. 泥淖（nào）
4. 木讷（nè）	5. 拘泥（nì）	6. 拈花惹草（niān）
7. 宁可（nìng）	8. 忸怩（niǔní）	
O		
1. 偶然（ǒu）		
P		
1. 扒手（pá）	2. 迫击炮（pǎi）	3. 心宽体胖（pán）
4. 蹒跚（pán）	5. 滂沱（pāngtuó）	6. 炮制（páo）
7. 喷香（pèn）	8. 癖好（pǐ）	9. 否极泰来（pǐ）
10. 扁舟（piān）	11. 剽窃（piāo）	12. 饿殍（piǎo）
Q		
1. 休戚与共（qī）	2. 蹊跷（qīqiao）	3. 关卡（qiǎ）
4. 悭吝（qiān）	5. 掮客（qián）	6. 戕害（qiāng）
7. 强迫（qiǎng）	8. 牵强附会（qiǎng）	9. 翘首远望（qiáo）
10. 提纲挈领（qiè）	11. 锲而不舍（qiè）	12. 衾枕（qīn）
13. 黢黑（qū）	14. 清癯（qú）	15. 龋齿（qǔ）
16. 商榷（què）	17. 逡巡（qūn）	18. 麇集（qún）
R		
1. 围绕（rào）	2. 荏苒（rěnrǎn）	3. 稔知（rěn）
4. 妊娠（rènshēn）	5. 仍然（réng）	6. 冗长（rǒng）
S		
1. 缫丝（sāo）	2. 稼穑（jiàsè）	3. 芟除（shān）
4. 折本（shé）	5. 舐犊之情（shì）	6. 刷白（shuà）
7. 游说（shuì）	8. 吸吮（shǔn）	
T		
1. 趿拉（tā）	2. 鞭挞（tà）	3. 叨扰（tāo）
4. 熏陶（táo）	5. 体己（tī）	6. 孝悌（tì）
7. 倜傥（tìtǎng）	8. 恬不知耻（tián）	9. 殄灭（tiǎn）
10. 轻佻（tiāo）	11. 调皮（tiáo）	12. 妥帖（tiē）
13. 请帖（tiě）	14. 字帖（tiè）	15. 恸哭（tòng）
16. 如火如荼（tú）	17. 湍急（tuān）	18. 颓废（tuí）

续表

T		
19. 蜕化（tuì）	20. 囤积（tún）	
W		
1. 逶迤（wēiyí）	2. 违反（wéi）	3. 崔嵬（wéi）
4. 冒天下之大不韪（wěi）	5. 为虎作伥（wèichāng）	6. 龌龊（wòchuò）
7. 斡旋（wò）	8. 深恶痛绝（wù）	
X		
1. 檄文（xí）	2. 屡见不鲜（xiān）	3. 鲜见（xiǎn）
4. 肖像（xiào）	5. 叶韵（xié）	6. 省亲（xǐng）
7. 铜臭（xiù）	8. 星宿（xiù）	9. 酗酒（xù）
10. 徇私舞弊（xùn）		
Y		
1. 倾轧（yà）	2. 揠苗助长（yà）	3. 殷红（yān）
4. 怏怏不乐（yàng）	5. 揶揄（yéyú）	6. 陶冶（yě）
7. 哽咽（yè）	8. 拜谒（yè）	9. 旖旎（yǐnǐ）
10. 自怨自艾（yì）	11. 游弋（yì）	
Z		
1. 载重（zài）	2. 谮言（zèn）	3. 咋呼（zhā）
4. 咋舌（zé）	5. 择菜（zhái）	6. 占卜（zhān）
7. 贬谪（zhé）	8. 箴言（zhēn）	9. 踯躅（zhízhú）
10. 博闻强识（zhì）	11. 标识（zhì）	12. 刀耕火种（zhòng）
13. 谆谆（zhūn）	14. 柞蚕（zuò）	

六　普通话水平测试模拟试题 30 套

普通话水平测试模拟试题（第 1 号）

（一）读单音节字词

免　涌　蒜　旅　掐　总　偿　湾　岔　涮
病　闹　滑　约　较　共　接　矿　准　扶

（二）读多音节词语

表 7-15　　　　　　　　　多音节词语表

造句	轮船	强调	飞机	本领
综合	客人	材料	夏天	栅栏
能够	伯母	外国	著作	快乐
约会	群众	游泳	全部	迅速
风味	妥协	贬低	赞美	起身
高粱	侧面	猖狂	纽扣儿	敏感
绷带	散发	恰当	平日	铲子
算卦	锐角	凝滞	藕节儿	来龙去脉
血缘	收摊儿	瑞雪	家园	改进
针对	航模	小曲儿	槽床	

普通话水平测试模拟试题（第 2 号）

（一）读单音节字词

帮　存　镁　瞧　评　丢　暧　添　肯　隔
梦　大　刮　肥　醉　出　雄　丛　装　夺
女　孔　滑　晌　振　走　勤　锅　押　软
丝　映　茶　穷　歪　甩　仍　尺　银　剩
癌　趴　俯　旅　亏　掘　投　总　灵　冤
耐　彼　磷　俊　护　卸　贰　施　液　叁
泼　返　怒　苴　尊　翁　笋　帘　特　悬
跛　盲　褪　勺　贯　匡　泗　痣　赠　幌
锉　豫　仁　瘆　梯　焚　徽　夏　箫　赚
糙　培　慰　萨　巢　讹　酱　瘟　婵　瘸

（二）读多音节词语

表 7-16　　　　　　　　　多音节词语表

存在	标题	所有	憎恶	破坏
发明	机械	乔装	纤维	山区

续表

特点	购买	永远	稳当	工夫
科学	会客	随手	匆忙	牛奶
土壤	火锅儿	箩筐	超过	年头儿
贯彻	亲身	挖掘	宣言	风筝
类似	内政	病毒	林场	抓举
壮实	窜犯	混杂	认领	柏树
顶针	难听	羊毛	草莓	不以为然
打算	心慌	琼脂	小曲儿	

普通话水平测试模拟试题（第3号）

（一）读单音节字词

纺 贰 帅 袄 憋 吞 搓 鹰 鸣 废
穷 厚 花 膜 软 收 群 木 块 拔
质 疮 视 锁 子 晾 此 掐 霉 涝
翁 拒 须 匀 绝 聋 犬 颇 兄 瓜
砍 瓶 夏 醋 逛 愁 丢 讲 留 您
灯 王 捅 脱 走 暖 伞 阴 坐 由
秒 疯 亩 忍 隔 望 滚 拿 输 袋
稗 耿 蝙 佘 飘 脓 钱 聂 犊 涛
瑰 郑 愧 甄 赫 驯 醉 癣 俊 迄
茬 粤 嫦 按 赦 穗 涮 豺 褥 孽

（二）读多音节词语

表7-17　　　　　　　　多音节词语表

熊猫	原谅	背后	而且	教训
这样	此外	专业	好玩儿	可以
鸦片	困难	光荣	没事儿	丧失
采访	胆怯	狭窄	军装	削弱
声调	表彰	态度	办公室	聪明
预赛	咨询	墨水儿	恒星	播送

续表

徘徊	悬挂	犹如	贫乏	转化
最初	穷人	力争	尺寸	检查
否决	能够	妇女	皮板儿	邻居
供给	身边	尊敬	因地制宜	

普通话水平测试模拟试题（第4号）

（一）读单音节字词

群　窗　所　确　字　而　使　虚　这　拐
披　秒　方　丢　跨　搭　吴　逃　留　块
领　摸　搞　灰　临　够　红　桥　他　您
举　雄　嘉　穷　军　次　棵　撞　抓　嘴
捐　涌　昏　网　掘　翁　娘　匀　耍　曰
彼　棚　原　抽　饶　欲　窑　寺　播　迷
偿　砸　奶　蚕　泄　捅　霞　怒　瑞　粉
稗　莽　玷　沦　撰　锉　羌　绚　颂　旨
湘　僻　胚　哽　霍　疹　铲　舜　聂　袄
铿　痱　儒　蔫　赊　惶　晶　煽　遣　臣

（二）读多音节词语

表7-18　　　　　　　多音节词语表

虽然	耳朵	抄写	下课	聊天儿
人民	所有	聪明	声音	诚恳
影子	压迫	窗户	内容	外面
品种	存在	头发	勇敢	氨基酸
胸膛	地毯	磋商	寡妇	沼泽
敞开	疲倦	饱满	玩意儿	饲养
取代	月光	财会	加油儿	婀娜
叱咤	蔷薇	柽柳	堑壕	卑怯
硫磺	迸裂	疆域	辩证法	眩晕
痉挛	勋爵	嘟囔	绸缎	

普通话水平测试模拟试题（第5号）

（一）读单音节字词

讯	锄	乳	因	勃	涛	凯	习	润	秧
倍	翻	拿	古	穷	摔	催	围	壁	撵
青	丑	饶	笋	帮	兜	盥	骟	女	椰
飘	防	您	孔	修	肉	死	遇	聘	灵
平	灯	俩	黄	织	字	赛	月	末	夸
征	视	罪	映	嘭	佟	话	缺	沙	旺
密	段	亮	井	吃	早	鹅	军	粉	狠
啄	生	雌	丸	渺	弩	裂	枕	痤	辕
灭	甜	根	春	册	而	流	拟	火	全
终	耍	叁	翁	妃	联	谨	踹	涩	匈

（二）读多音节词语

表 7-19　　　　　　　　多音节词语表

军种	改变	葡萄	瓜分	帐篷
蒙受	奇怪	狂风	予以	旦角儿
叵测	优美	笔直	孪生	洽谈
骚乱	筷子	柔软	寻找	拔尖儿
黑枣	值得	履行	帮工	粮食
费劲	采取	汹涌	吵嘴	别处
着想	说明	锻炼	混纺	风景
滚动	花色	纽扣	司机	标准
假定	小麦	那么	格言	而且
劝告	词素	勇敢	胸有成竹	

普通话水平测试模拟试题（第6号）

（一）读单音节字词

银	类	而	药	碑	爱	冷	份	烤	穷
罪	腔	烟	棚	师	涌	曰	赏	啄	阔
摸	夏	郊	怕	群	次	刮	洒	您	波

流 私 皇 普 吨 略 圆 怪 铜 女
岁 赢 忍 棒 雄 日 愁 耐 疼 顾
娃 啃 坯 厚 芽 岔 怀 置 讹 捐
铡 鹤 枷 鹬 辙 蝎 仵 挠 斐 糙
樊 屈 潺 莽 邹 漱 冥 鼎 赘 匡
匠 湍 戎 碘 鳀 颧 盟 薛 硕 吝

(二) 读多音节词语

表 7-20　　　　　　　　多音节词语表

悔改	摆脱	革新	范畴	导体
纳税	品质	断绝	紧迫	粉末儿
马虎	口语	运用	假条	所有
文章	存在	原因	快乐	顶牛儿
葬送	参差	啃齿	吹奏	甚而
刷新	思谋	冤家	牛蝇	出类拔萃
罪孽	群众	业余	明确	爆肚儿
测验	可能	漂亮	足球	容易
于是	感染	荒凉	废除	创造
表彰	倒霉	冶炼	揣摩	

普通话水平测试模拟试题（第 7 号）

(一) 读单音节字词

嘴 陈 开 嚷 穷 军 女 矮 睡 望
耍 脆 掰 搓 否 蹦 氮 赴 绑 文
抓 丢 吹 躲 刺 肥 蠢 拐 闯 号
割 肩 黑 肯 灭 克 扫 您 飘 牛
坡 齐 扔 缺 洒 筐 探 雄 疼 雪
患 节 料 里 驴 命 娘 泉 挺 碑
寻 蠕 态 愕 尊 拴 庸 梳 慷 众
拼 翁 耸 偶 玄 雇 擦 愈 蛙 尚
而 痴 改 靠 剖 密 表 夏 聂 恰

久 乾 莲 泯 亮 快 凝 享 痣 辐

（二）读多音节词语

表7-21　　　　　　　　多音节词语表

潦草	退还	峡谷	洽谈	猛然
品德	化妆	军用	磁铁	衰弱
窜犯	囊括	疙瘩	禅让	那样
阻挡	孔雀	夸奖	老爷	分子
雄伟	旅馆	酒盅儿	本质	女儿
平等	便宜	迅速	重叠	璀璨
球场	玻璃	破坏	杈子	窘况
任务	绕远儿	蜷缩	诈降	揣测
遂心	就学	卷宗	多数	棉球儿

普通话水平测试模拟试题（第8号）

（一）读单音节字词

拟 溜 产 视 捏 赏 料 瞎 荡 秉
翁 脆 情 酿 葱 阔 抡 俊 履
毁 娶 寻 霜 券 笋 悬 税 督 聘
割 塔 吃 耳 紫 脖 勇 确 浓 蹲
雄 宽 团 孔 逛 存 闯 富 躲 决
怪 喊 追 换 锅 组 卖 赔 扫 刷
座 摔 愁 找 私 摘 费 挖 忍 冒
探 肩 别 肯 药 灭 飘 肉 疼 奖
另 敲 填 家 匹 逢 脸 如 梦 软
搜 何 眨 锌 陌 崩 帆 奏 优 惨

（二）读多音节词语

表7-22　　　　　　　　多音节词语表

自觉	突然	教训	构造	朋友
狭窄	化学	排球	准时	大学生

续表

快乐	宾馆	朗读	积累	操场
侵略	辅导	描写	宿舍	耳垂儿
指挥	针鼻儿	配合	而且	价格
聪明	内容	柏树	思想	广阔
耐用	笨拙	群体	提成儿	采访
抹杀	平凡	捐款	纯粹	请柬
储蓄	勉强	穷人	短暂	自力更生
纳闷儿	旋律	展览馆		

普通话水平测试模拟试题（第9号）

（一）读单音节字词

奏 咬 脆 爱 挪 飞 葱 唱 荒 逢
吞 软 客 牙 卸 款 瓷 熟 聘 拟
稍 腔 正 熊 面 抖 爬 妥 碗
坌 挖 匹 刁 糠 煮 伞 贰 钟
佳 籽 真 用 富 舵 娶 庙 帮
坡 色 圈 黑 找 运 首 病 咽
浓 饱 辆 填 插 拐 扔 刮 罪
望 眯 甩 拨 雨 秃 吹 嫩 园
占 动 染 约 茎 溜 室 狠 歪
裙 就 拆 悬 肋 印 尺 按 穴

（二）读多音节词语

表7-23　　　　　　　　多音节词语表

战略	群众	锻炼	整理	所谓
差点儿	蓬勃	潦草	尊敬	打算
忍耐	内科	洽谈	描写	粮食
充足	安排	墨水儿	狂风	秋天
兄弟	目前	回头	次数	背诵
态度	勇敢	寻找	瓜分	代理

续表

花色	花瓶儿	窗户	说明	全体
鸦片	衰弱	纺织	让步	玩意儿
筷子	而且	举行	挫折	新陈代谢
法律	决心	刚才	春节	

普通话水平测试模拟试题（第10号）

（一）读单音节字词

多　推　肿　狂　缺　选　灭　评　托　绿
兄　民　扑　而　伞　内　桃　家　色　词
翁　高　记　学　侵　开　寺　烟　资　合
爸　坡　飞　投　缸　列　讲　请　瓜　甩
从　云　播　盘　粉　地　用　娘　乖　困
虹　倦　取　寻　拥　杯　盆　凤　丢　棉
漆　虾　多　体　恰　团　瓦　绕　志　插
手　粗　且　屯　球　山　周　完　视　肉
赞　伤　寒　章　扔　走　岁　如　胜　先
若　钱　戏　喘　拆　潦　银　组　让　鸟

（二）读多音节词语

表7-24　　　　　　　　多音节词语表

能源	风俗	私自	爱人	只有
面前	海军	针对	伺候	生意
决战	铁路	奖品	好玩儿	尺寸
巴结	破旧	怎么	口袋	美术
老头儿	倒霉	儿童	被子	厕所
放大	学问	包干儿	批发	模型
暖和	在于	询问	旷工	水果
轻快	春季	抓紧	聊天儿	胸怀
捐款	常用	安心	空虚	大自然
纲要	融洽	抢救	刷洗	光明

普通话水平测试模拟试题（第 11 号）

（一）读单音节字词

岔 巷 捉 穷 夹 鹤 筐 篝 磷 锯
御 而 雌 嘴 痈 臊 耍 昧 软 铡
许 桩 瘸 嫌 胶 红 铐 流 瞪 挂
赖 闷 俯 蚌 瞥 笨 赵 捏 揣 裆

（二）读多音节词语

表 7-25　　　　　　　　　　多音节词语表

磁场	疹子	愣神儿	凯旋	婆家
隔壁	水果	夏天	抽屉	尊重
拐弯	党羽	治学	朋友	撒谎
拱桥	反悔	魔术	法庭	内疚
胭脂	贬低	跑腿儿	列入	疟疾
费用	色彩	门道	搜查	使唤
猥琐	聪明	人群	凶猛	产业
安全	民族	热情	爱护	标准
确信	村庄	旅行	恐怕	平均
别扭	夸奖	凝固	强化	有点儿

普通话水平测试模拟试题（第 12 号）

（一）读单音节字词

呼 罗 者 磁 厅 劝 闩 尊 人 远
叶 资 奖 丝 温 影 史 亮 换 暖
耻 桑 拱 扣 虐 等 柔 枪 客 增
村 缺 楼 衰 晓 固 上 笔 溪 靠
促 今 宾 糟 坑 写 拽 走 狂 操
租 英 晕 鸡 鱼 递 设 康 扣 癣
明 抨 弄 捕 梦 凹 优 饿 耳 翁
百 藏 别 牛 黑 喘 岸 绒 欧 月
恩 哑 春 炯 巷 家 润 鸟 蓝 昧

军 矿 若 周 松 亲 佛 嫩 欢 职

（二）读多音节词语

表 7-26　　　　　　　多音节词语表

否则	广场	寻求	聊天儿	窗户
旅行	举重	角色	儿童	小孩儿
演讲	藕粉	名堂	英语	绿豆
烟嘴儿	甘苦	南宁	青蛙	磁铁
北京	女兵	体力	讨论	发动机
改良	了解	粉笔	玻璃	处理
一直	疟疾	司机	烹调	月夜
飘扬	声音	聪明	小组	紫花
汹涌	三轮儿	善良	尺寸	当事人

普通话水平测试模拟试题（第 13 号）

（一）读单音节字词

寺 映 寻 乙 弦 捏 祸 吞 眨 搀
多 捅 泼 掷 揪 挎 堤 免 蒜 旅
病 闹 滑 约 较 共 接 矿 准 扶
梦 仅 拐 夺 折 闪 早 枪 浪 瘦
凡 盆 床 白 愿 胸 捕 趁 肉 鱼
岁 吹 针 湿 歪 暗 刺 梨 抓 响
顶 猜 二 胃 俩 日 登 瞧 走 黑
擦 宽 扔 抑 些 劝 甩 托 肥 隔
瞥 阔 怒 内 穴 硅 崖 莫 翁 聘
掐 总 偿 湾 岔 优 蹭 涌 溜 匀

（二）读多音节词语

表 7-27　　　　　　　多音节词语表

预赛	咨询	播送	恒星	墨水儿
徘徊	稀罕	犹如	贫乏	转化

续表

最初	穷人	力争	秧歌	检查
否决	聊天儿	能够	妇女	邻居
采访	胆怯	狭窄	军装	削弱
供给	身边	尊敬	稍微	球场
声调	表彰	态度	没事儿	果然
聪明	熊猫	原谅	背后	疏忽
教训	这样	此外	专业	悬挂
好玩儿	鸦片	光荣	困难	丧失

普通话水平测试模拟试题（第 14 号）

（一）读单音节字词

加　伤　踩　犯　门　江　肉　风　锅　充
乖　消　贰　枚　库　雄　优　获　暖　配
绝　实　断　叠　捐　容　翁　归　塌　君
挺　违　霞　葬　匀　堤　旅　琴　腮　餐
粉　胞　蔫　薛　舜　隋　瞟　惬　朱　涩
剜　裆　襄　笙　宋　钠　梯　邢　踹　讴
嗑　舔　铡　川　秧　赡　挠　痣　唇　邹
败　幅　跨　劝　人　斯　班　电　矿　穷
杂　我　坡　黑　许　则　回　平　流　画
窄　膜　临　超　咱　吹　光　即　词　废

（二）读多音节词语

表 7-28　　　　　　　　多音节词语表

草率	增产	在于	苍蝇	指甲
混淆	劝阻	说谎	齿轮	出人意料
死活	首饰	娘胎	悲叹	剖析
谋划	团粉	允诺	藕节儿	瞥见
鸟枪	穷酸	落后	琢磨	旦角儿
人民	安静	去年	广场	纠正

续表

快乐	下课	然而	词典	城市
费用	挂号	公路	群众	全面
拼命	雄伟	旅馆	宣传	蛋黄儿
剥削	魔术	得罪	倒腾	

普通话水平测试模拟试题（第15号）

（一）读单音节字词

我	词	风	跌	超	人	闻	员	跳	短
始	苗	筐	棉	顺	谋	阔	废	寻	堤
债	购	挪	聋	帐	迟	翁	善	播	饶
墨	贰	捏	怀	瞥	广	贫	众	夸	泉
无	撕	于	除	鬼	用	秋	缩	砸	含
约	派	拔	直	黑	修	名	擦	丢	鹅
层	夹	在	团	扔	绿	同	早	瓶	表
熊	捐	俊	虐	幅	否	踹	软	瞎	窘
爽	尊	隋	孙	脆	挂	炉	枪	话	宾
洽	垦	放	特	泪	热	联	笔	先	匠

（二）读多音节词语

表7-29　　　　　　　　　多音节词语表

狮子	友好	选择	统治	咳嗽
体重	小气	区别	忍受	破坏
黑暗	漂亮	开辟	国家	发表
耳朵	群众	世故	面包	迷彩
组长	飞船	胸膛	云彩	轮船
使节	撒谎	仍旧	穷人	柠檬
绿化	纳税	全民	念头	敏感
中耳	丑角儿	瑕疵	脸蛋儿	船篷
匡算	字号	翡翠	一顺儿	宽心
虐待	当今	挂齿	快艇	决定

普通话水平测试模拟试题（第 16 号）

（一）读单音节字词

败 猫 富 而 杂 岸 次 考 则 笔
来 朵 肥 呆 闹 敢 害 诗 涨 家
聊 前 奖 描 搭 喝 拆 矮 神 超
日 夏 巧 甜 党 刮 货 摔 软 全
雄 女 跟 南 密 酸 存 油 热 抓
铁 举 乱 画 军 员 如 略 船 广
罢 配 抖 粉 扯 饶 邻 舟 坑 呈
翁 酿 聘 拽 税 攻 柄 蜂 锁 葱
寻 涌 厅 穴 蚕 形 评 蹦 胶 锈
硅 狂 量 笋 腔 亏 终 罪 耸 破

（二）读多音节词语

表 7 - 30 　　　　　多音节词语表

雄厚	课本	光荣	成长	打量
发挥	找碴儿	散步	美丽	清楚
曾经	旅馆	活跃	方案	铁匠
悲痛	白净	暖气	耳朵	表演
互相	当然	采购	领导	能耐
激烈	热心	迫切	森林	能源
逮捕	造价	寻求	纳闷儿	快速
刹车	血压	阐明	趣味	瓜分
文凭	舆论	失踪	群体	照片儿
扁担	选用	夸奖	投掷	徘徊

普通话水平测试模拟试题（第 17 号）

（一）读单音节字词

旅 聘 颇 括 尊 凭 瞪 翁 瞒 兜
屑 窜 耕 聚 拟 捐 猛 桩 敬 格
锁 锅 艇 搓 法 嫩 蠢 锌 验 氢

屈 胞 鹤 妾 冼 粽 赘 褂 藕 潘
裆 宠 刑 铐 虐 秦 邹 童 润 浙
痣 笙 鳃 碉 淌 悦 黯 韵 涩 薛
摸 拨 次 秒 摔 矿 插 伤 早 吹
类 唱 娘 乱 军 环 扶 扔 全 而
紫 加 牛 催 穷 百 从 左 逛 脸
日 跌 坏 女 花 肺 输 辆 雄 夏

（二）读多音节词语

表 7-31　　　　　　　　多音节词语表

出息	天下	人生	纯粹	苍蝇
悔改	洽谈	海滨	停顿	盘旋
拍照	巡逻	播送	悲哀	爽快
想念	风景	合同	隔壁	刀把儿
森林	美丽	抓紧	缺乏	永远
履行	侵略	总结	苹果	朗读
允许	厕所	热情	旦角儿	马虎
匡算	揣摩	暖房	焦油	机械
琼脂	石榴	孽障	阔气	酿造
谋划	死扣儿	种子	表演	老板

普通话水平测试模拟试题（第18号）

（一）读单音节字词

茎 秦 摔 穴 刷 沤 惹 剡 嗒 留
分 煤 黑 兆 蛙 赐 洒 秤 足 匹
胖 碑 即 闩 捆 塞 神 尊 否 抡
从 妾 梗 窗 踹 镖 嗑 孙 瘸 惨
徐 通 夏 菌 索 皆 扛 蹲 虐 穷
癣 供 券 骨 防 鹤 室 贰 丝 铀
脏 嵌 随 翁 卷 左 寻 绿 拨 判

寒 绕 邹 涌 凹 铡 贵 刁 磨 幢
苔 增 痣 拆 窄 因 翎 催 酿 趴
摈 扶 妊 戛 缅 坑 嫡 命 暖 猜

(二) 读多音节词语

表 7-32　　　　　　　　　多音节词语表

缺少	曾经	枕套	和煦	酒盅儿
优良	群众	诡谲	妖怪	藏匿
秋天	花色	裁缝	穷困	热烈
纯粹	党员	广播	跟头	调查
团结	快乐	增长	白炽	千方百计
收入	指引	东南	纳闷儿	蹦跶
奖品	剖析	膏药	作呕	灯泡儿
抓瞎	然而	送礼	嗓子	古文
唱片儿	劳驾	混乱	劝阻	费用
暧昧	咯血	军装	明年	

普通话水平测试模拟试题（第 19 号）

(一) 读单音节字词

碑 投 泡 蓝 脑 掐 痣 增 二 溜
丢 镖 拈 乐 晒 俏 邻 掂 判 盟
购 相 刮 福 摔 粗 坡 缔 来 趁
夸 鸣 尼 糖 怪 就 漱 才 班 动
均 不 能 去 宽 砣 聘 槛 沓 姜
混 讯 缩 追 床 瘌 兵 晃 铡 让
草 苏 约 雄 矿 丁 接 舜 砖 吞
蚌 税 夹 揉 司 鹤 非 暖 秦 隋
员 童 篇 煤 云 踹 且 枕 自 犬
絮 逢 扎 人 红 邹 薛 米 池 翁

(二)读多音节词语

表7-33　　　　　　　　　　　多音节词语表

八成	蜜蜂	投降	摆摊儿	瓜子
苍老	打嗝儿	挂号	会计	公文
女性	强盗	规律	火候	穷苦
松懈	准确	代表	窜犯	总结
出圈儿	梅雨	品名	皮肤	耳朵
球场	次数	偏差	得病	困难
巡逻	杂碎	纠正	动弹	翠绿
瑞雪	家园	改进	针对	下课
厚实	电车	日光	聊天儿	藕粉
坏处	走神儿	综合	因地制宜	

普通话水平测试模拟试题（第20号）

(一)读单音节字词

犯　襄　软　克　用　贫　褶　略　踹　连
镖　龙　驴　拼　钠　捆　嘣　略　蛙　司
怀　邢　扔　岸　孙　瘸　兵　晃　锎　让
旬　稍　匀　猜　旺　艘　蛆　夏　蜂　藕
夸　鸣　尼　糖　怪　就　漱　才　班　动
均　不　能　去　宽　砣　聘　槛　沓　姜
混　讯　缩　棚　捐　吴　灾　改　追　床
草　苏　约　雄　矿　丁　接　舜　砖　吞
蚌　税　夹　揉　司　鹤　非　暖　秦　隋
絮　逢　扎　人　红　邹　薛　米　池　翁

(二)读多音节词语

表7-34　　　　　　　　　　　多音节词语表

民主	怀念	模仿	卖弄	免费
许可	标准	热爱	党员	染色体

续表

苍老	将就	挂号	经历	公文
会计	松懈	出圈儿	准确	祖宗
代表	当初	梅雨	品名	皮肤
耳朵	球场	次数	偏差	得病
困难	巡逻	直接	纠正	加速度
翠绿	瑞雪	家园	改进	针对
下课	厚实	电车	日光	夹缝儿
藕粉	坏处	走神儿	综合	

普通话水平测试模拟试题（第21号）

（一）读单音节字词

治　师　犁　硅　庙　捺　哼　耗　偶　坡
惊　郓　蹲　磷　潲　跳　刮　贰　军　彼
挠　赌　黑　翁　明　港　掰　秦　赚　拖
揍　鸭　雌　潘　泥　熔　摸　纫　枚　鳃
初　驾　晌　瘸　份　司　疯　混　榻　倦
揪　隋　乖　浮　锣　于　叠　草　蛙　则
贱　圆　尊　旺　扔　鸣　掐　歇　酿　愁
犯　襄　软　克　用　贫　褶　略　踹　连
洗　留　层　剜　胸　铡　苦　嘣　亩　筐
旬　捞　囟　捆　妾　傻　童　争　抓　笋

（二）读多音节词语

表7-35　　　　　　　　　　多音节词语表

苍茫	登记	陈规	好奇	缺少
别提	至今	因而	香皂	拾掇
碎步	彩色	怪癖	战胜	世界
老本儿	参观	播送	走道	喘息
袜子	划分	拥有	梦想	洽谈
群众	丘陵	赃款	锅贴儿	谬论

续表

匀实	庄严	屡次	累赘	扯谎
经销	收获	邮戳儿	日语	穷人
民主	怀念	模仿	卖弄	免费
许可	标准	热爱	网购	跳蚤

普通话水平测试模拟试题（第22号）

（一）读单音节字词

```
搬  硅  药  插  墨  而  终  蔫  揪  聊
清  踹  堆  用  缸  秦  唤  奖  爷  尼
盯  逛  临  贰  俏  窜  修  婶  闩  旱
灭  哭  草  奸  煤  怪  挥  淌  翁  涩
胸  籽  罚  坨  优  评  类  铐  枕  池
拼  钠  捆  嘣  略  蛙  镖  龙  驴  司
怀  邢  扔  岸  孙  棚  捐  吴  灾  改
旬  稍  匀  猜  旺  艘  蛆  夏  蜂  藕
至  凝  若  黑  憋  因  点  坡  浙  跃
门  加  选  梯  浮  惨  锅  杂  论  熔
```

（二）读多音节词语

表7-36　　　　　　　　　　多音节词语表

奶羊	寒战	所属	女婿	偶然
麻烦	恰当	街道	双全	抓阄儿
胚胎	苍蝇	感动	军装	位置
豁免	胜利	群众	随时	牙刷儿
可爱	爽快	从头	瓜分	批准
穷人	近亲	儿童	快乐	脉搏
歪斜	怎么	能量	词缀	露馅儿
支援	把关	自流	酿造	佛教
秋天	嘴唇	矿床	化学	雄伟
打扰	潜藏	下颌	热心	非常

普通话水平测试模拟试题（第 23 号）

（一）读单音节字词

赛　二　脆　彼　屉　胞　丢　坏　搓　叠
铐　嘣　两　块　帆　钙　梨　裆　略　根
播　茧　捺　囊　群　孔　荒　浸　妾　剜
逛　抓　捐　谋　润　蛆　瓶　字　掐　俊
佘　笙　球　富　涌　跃　舜　闩　风　松
熊　冤　粟　孙　草　趁　续　翁　榻　竣
穿　黑　熔　拽　挪　满　武　裹　瞟　面
顶　贼　耍　宵　铡　您　超　抽　挎　喧
内　停　醒　酿　辙　捧　硬　颇　药　墙
烫　扯　邹　港　忘　郑　冷　袄　壤　安

（二）读多音节词语

表 7－37　　　　　　　多音节词语表

粮食	领导	出息	早点	病因
怪癖	暖和	日常	商榷	玩笑
讨教	佛经	企图	深厚	委屈
谬论	妥当	穷困	南方	分配
组成	牙齿	翡翠	梅雨	质量
白干儿	农村	矿藏	转化	调查
拼命	挑刺儿	贵重	人权	来年
增长	铺盖	思念	碎步儿	同样
可以	开拓	旦角儿	请假	热爱
装载	凯旋	发廊	揣摩	牛蛙

普通话水平测试模拟试题（第 24 号）

（一）读单音节字词

卧　鸟　纱　悔　掠　酉　终　撤　甩　蓄
秧　车　仍　叫　台　婶　贼　耕　半　掐
布　癣　翁　弱　刷　允　床　改　逃　春

驳 纯 导 虽 棒 伍 知 末 枪 蹦
港 评 犬 课 淮 炯 循 纺 拴 李
赛 捡 梯 呕 绳 揭 陇 搓 二 棉
桩 皿 宋 内 啃 字 环 州 秒 狭
抛 代 关 停 祛 德 孙 旧 崔 凝
烈 倪 荆 擒 案 砸 垮 焚 帝 聊
颠 涌 牛 汝 粤 篇 竹 草 迟 泛

（二）读多音节词语

表7-38　　　　　　　　　多音节词语表

参考	船长	艺术	聪明	她们
红军	煤炭	工厂	发烧	嘟囔
黄瓜	效率	别针儿	责怪	雾霾
喷洒	保温	产品	佛学	童话
男女	做活儿	缘故	含糊	穷困
今日	完整	决定	斜坡	疲倦
爱国	能量	英雄	口罩儿	让位
叶子	封锁	核算	而且	转脸
人群	飞快	牙签儿	丢掉	奶酪
罪恶	核桃	房奴	寂静	瓜子

普通话水平测试模拟试题（第25号）

（一）读单音节字词

风 雨 雷 电 雪 花 草 树 木
山 水 金 银 鱼 鸟 日 月 星
云 气 天 地 人 手 足 口 目
耳 鼻 舌 心 头 发 皮 毛 血
泪 汗 笑 哭 走 跑 跳 坐 卧
开 关 门 窗 桌 椅 书 笔 纸
墨 刀 剑 枪 棍 锤

(二) 读多音节词语

表 7-39　　　　　　　　　　多音节词语表

胸口	爆炸	儿童	衰竭	温柔
民歌	乐曲	冠军	傲慢	飞快
做活儿	配偶	农产品	柜子	语法
得到	凄凉	妓女	佛寺	方向盘
改编	清楚	状态	日益	画面
无穷	疲倦	黑人	鲁莽	谬论
深层	顶牛儿	在乎	本领	完全
苍蝇	豪爽	虽然	下等	财政
夸张	小瓮儿	维持	中学	亏损
运动	铁索	掉价儿	传播	

普通话水平测试模拟试题（第 26 号）

(一) 读单音节字词

急　澈　艇　腻　裹　外　妈　酿　盘　衬
暖　录　丢　唤　棕　驾　仍　毁　曰　四
硅　乱　颠　牛　晒　眨　寸　取　立　蕊
材　讨　咂　旺　守　仓　苯　设　贫　双
日　咸　谎　钩　匹　膜　她　词　僧　罗
翻　寝　蒜　穷　对　允　台　押　做　津
扣　臀　雄　叠　镁　轮　敢　牵　寡　波
苦　堂　抚　招　肥　踹　脂　鸣　疆　穴
掉　熏　昂　并　桥　癣　快　袄　虹　鞭
导　蛙　耳　苑　贼　春　禾　亩　橘　怎

(二) 读多音节词语

表 7-40　　　　　　　　　　多音节词语表

也许	客观	战略	时光	亏损
赞成	佛经	拥有	香肠儿	应酬

续表

夸张	骚扰	风格	从而	打盹儿
强烈	聋子	排斥	状况	玩耍
民族	婢女	难怪	摧残	老虎
窘迫	被窝儿	全体	觉悟	妥当
情怀	恶化	面条儿	群众	恰好
公司	柔软	卫生	活塞	配偶
主人翁	细菌	地下水	门票	整修
厌倦	头发	内在	来宾	

普通话水平测试模拟试题（第 27 号）

（一）读单音节字词

民　将　理　时　使　为　然　而　我　多
使　地　自　学　定　分　个　就　一　性
都　新　国　有　之　再　三　年　子　是
小　方　点　了　工　面　去　者　人　后
所　说　明　还　什　看　以　可　面　年
当　你　性　经　来　出　过　此　也　关
着　对　将　成　和　公　中　下　知　动
外　道　业　这　么　不　开　如　会　正
两　那　种　间　用　而　里　生　家　发
到　全　大　他　情　的　实　于　现　外

（二）读多音节词语

表 7-41　　　　　　　　　　多音节词语表

劳动	日益	儿女	撒谎	痢疾
存在	被窝儿	规格	佛像	热门
饲料	传说	来源	通讯	窟窿
窘迫	膀子	双方	所属	开创
绝招儿	新娘	煤气	苟且	贫寒
苍穹	难怪	命题	后跟儿	群众

续表

定额	早婚	冲刷	全部	露馅儿
曲解	飞快	财主	下级	甲板
附近	苗头	大约	花白	干脆
正面	阴阳	丢掉	教程	采纳

普通话水平测试模拟试题（第 28 号）

（一）读单音节字词

再 们 下 为 人 好 者 中 两 法
也 后 上 可 国 和 开 学 正 一
方 行 性 事 使 所 用 将 业 实
出 子 种 知 自 起 点 地 以 会
是 业 大 当 明 发 都 使 怎 他
此 如 还 要 得 年 理 而 那 多
民 动 说 去 着 于 家 作 能 这
间 时 到 面 而 天 然 里 新 工
之 面 公 外 对 外 同 在 性 已
个 什 你 又 小 么 就 看 现 成

（二）读多音节词语

表 7-42　　　　　　　　多音节词语表

典雅	窘迫	骆驼	权力	明年
没谱儿	黑暗	拥有	棉花	妇女
街坊	财产	饭盒儿	傍晚	人脉
追随	生存	小巧	八卦	太空
干脆	茧子	动员	文章	戏法儿
颓丧	正好	冠军	深层	南宁
仇恨	柔软	夏季	虐待	高粱
衰老	偶尔	佛像	寻找	听众
肚脐儿	失去	王国	月亮	创作
商品	快乐	恳求	楼盘	喇嘛

普通话水平测试模拟试题（第29号）

（一）读单音节字词

业 为 动 经 说 使 发 然 就 开
外 全 会 怎 事 好 过 点 又 家
去 理 时 的 而 作 可 于 我 再
新 正 当 年 么 自 还 力 如 使
以 个 国 出 定 人 者 上 种 那
已 年 所 现 都 看 外 明 业 生
将 性 着 方 中 间 面 学 性 三
后 不 大 之 要 民 你 也 有 他
一 能 了 将 什 小 地 这 到 没
下 工 对 实 用 行 分 道 同 法

（二）读多音节词语

表7-43　　　　　　　　多音节词语表

社会	努力	快乐	安静	信息
教育	思考	体育	历史	传统
自由	失败	电视	文化	电影
保护	朋友	理解	现代	尊重
书籍	新闻	艺术	网络	自然
技术	有趣儿	医疗	小说	未来
经济	开心	法律	昨天	树叶儿
挑战	合作	共同	喧闹	成功
解决	可能	必要	今天	北京
桌子儿	机会	名气儿	学校	工作

普通话水平测试模拟试题（第30号）

（一）读单音节字词

对 点 而 里 者 这 学 还 三 新
为 那 公 性 一 和 没 关 正 就
年 了 着 情 生 如 使 事 间 实

发	经	性	将	业	当	自	动	年	多
可	小	面	好	明	大	现	理	民	成
是	业	家	子	起	来	法	在	两	用
下	们	说	再	开	地	外	使	天	过
然	要	后	力	将	怎	什	看	我	知
而	面	之	定	个	会	作	有	同	中
种	上	人	得	出	工	他	也	此	道

（二）读多音节词语

表7-44　　　　　　　　　　多音节词语表

微风	明月	微笑	轻轻	儿歌
细雨	清风	红花	绿意	一点儿
天空	白云	亮光	希望	儿童
春天	秋天	夏日	冬雪	风儿
开心	快乐	幸福	喜悦	好玩儿
青山	绿水	清风	细雨	小孩儿
深情	长情	真情	友情	温情
思绪	心情	路途	归途	星光
努力	奋斗	前行	不屈	儿戏
歌声	欢声	心声	深情	共赢

实践篇

第 八 章

普通话朗读

朗读是养成正确发音习惯的一个重要途径,是学习和运用普通话的重要手段,也是提升自身语言素养的重要手段。

国家普通话水平测试标准指出,朗读是考查语言表达和语音准确性的重要环节。通过朗读,可以培养正确的发音习惯,提高语音语调的准确性,帮助学习者熟悉普通话的基本音节和声调,提高对音节的掌握和准确发音的能力。

第一节 普通话朗读概述

一 什么是朗读

朗读,是把文字语言变为有声语言的过程。朗读不仅是简单地把文字读出来,而且是对文字语言的改造和创作,通过朗读,可以帮助练习者培养准确的发音能力,提高语音语调的自然流畅程度,提升口语表达的流利度和自信心,培养对普通话的语感和语音感知能力。朗读对普通话训练的作用不仅局限于技巧和表达能力的提升,还涉及情感因素。朗读可以激发个人对文字的情感共鸣、培养个人的情感表达能力,也是一种情感宣泄和调节的方式。在进行朗读的过程中,我们可以通过音量、语速、停顿等手段来表达文字背后的情感,将自身的情绪和感受融入其中,使朗读更加真实、生动,并且提高对普通话的理解和运用能力,同时也促进个人情感管理和表达的发展。

朗读不同于朗诵。朗读更注重对文字的准确传达和理解。它强调的是语音语调的自然流畅,通常是以正常语速、正常语调读出文字,使听众能够理解内容。朗读着重于表达文字的意义，注重语言的表达能力和语感的培养。而朗诵则更强调对文字情感和表现力的演绎。它通常是经过艺术加工和技巧处理的，通过声音的变化、停顿、语速的控制等手段，表达出文字背后的情感和意境。朗诵侧重于艺术性的表达，注重个人的表演能力和情感传递能力。朗读更多地用于日常生活和学习中，比如课文朗读、新闻阅读等，目的是能够准确传达信息和提高语言表达能力。

普通话朗读具有如下特点：

规范化——朗读时的语音必须是以北京语音为标准音的规范语音。

口语化——以口头语言为基础，明白通俗，流畅自然。

艺术化——朗读是对作品的再创作。朗读者需要恰当地运用语言技巧，通过富有艺术感染力的声音，生动地再现文章的思想内容和艺术形象。

二 朗读的要求

叶圣陶先生曾指出："有很多地区，小学里读语文课本还是一字一拍的，这根本不成语言了。中学里也往往不注意读，随口念一遍，就算是读了，发音不讲究，语调不揣摩，更不用说表出逻辑关系，传出神情意态了。这是不能容忍的。"叶先生指出的这种现象目前仍然存在而且相当普遍。朗读，并不仅仅是一个简单的识字发声行为，更是对语言驾驭的全面能力的表现。在朗读过程中朗读者需要协调生理和心理，并在情感、思维以及气息等各方面做到充分同步，才能在阅读的过程中做出精准的识别、判断，从而将文字内容以正确的情感、读音、节奏朗读出来。

普通话朗读短文是从《普通话水平测试用朗读作品》中选取的，评分以朗读作品的前400个音节（不含标点符号和括注的音节）为限，之后的音节不作为评分依据。

普通话水平测试中有关朗读的评分（扣分）标准有如下六项：

（1）发音准确性：评估朗读者是否能准确地发出每个音节和音素。发音不准确扣0.1分/每音节；漏音/增音扣0.1分/每音节。

（2）语调和韵律：考查朗读者是否掌握了正确的语调和韵律规律，包括句子的升降调、重音和停顿等。根据语调偏误具体程度扣0.5分/1分/2分。

（3）声母和韵母：考查朗读者是否能够正确发出声韵母的系统性语音，如有缺陷，根据错音具体程度扣 0.5 分/1 分。

（4）连贯性和流利度：评估朗读者是否能够将不同的句子和语段连接起来，使其听起来流畅自然。若断句不当、停顿过长或朗读不连贯，根据具体程度扣 0.5 分/1 分/2 分。

（5）情感表达：考查朗读者是否能够通过语音表达出文字所要传达的情感和意境。如果缺乏情感共鸣、表达不充分或没有准确传达文字的情感色彩，根据具体程度扣 0.5 分/1 分/2 分。

（6）朗读超时：评估朗读者是否能够合理安排朗读语速和节奏，在规定时间内完成朗读。如有超时则扣 1 分。

在考试中减少失误，需要养成良好的朗读习惯，可从以下方面入手：

（一）使用普通话朗读作品

首先要做到读准每个音节的声母、韵母、声调；在此基础上要注意音节在句子中的音变（轻声、儿化、"一、不"的变调、语气词"啊"的音变），确保音变正确。

读准每个音节的读音是朗读作品的最基本要求，要真正做到却不是一件很容易的事情。遇到不认识的字，除了查商务印书馆出版的《现代汉语词典》等权威工具书之外，还要做到：

1. 读准多音多义字

一个字字音不同，字义也不同，这叫多音多义字。如"看"，念"kān"时有看押、照料、监视等意思，"看管""看家""看押""看守"中的"看"都要读"kān"；念"kàn"时表示使视线接触人或物，加以观察、判断，或访问、探望等意思，"看书""看望""看待""看不起"中的"看"要读"kàn"。有些多音字是因为词性不同造成的，如"长"，读"cháng"是形容词，读"zhǎng"则是动词。有些多音字是因为用法不同造成的，如"血"字，用于复音词及成语时读"xuè"，"心血""血液""呕心沥血"中的"血"都要读"xuè"。"血"在口语中则要读"xiě"，如"血晕""血淋淋""鸡血"。

2. 读准形近字

形体结构相近的字叫形近字。形近字差别小，需要仔细辨别。例如：

茶（chá）—茶（tú）
盲（máng）—肓（huāng）
崇（chóng）—祟（suì）

3. 读准形声字

现行汉字大部分是形声字。形声字分为形旁和声旁两部分，形旁表义，声旁表示读音。有少数形声字按声旁读是对的，如"同胞（bāo）、麻痹（bì）、汲（jí）取"等。但大部分形声字的声旁，表音是不准确的，如果按声旁的读音读形声字，读音往往是错的，如"泥泞（nìng）、粗糙（cāo）、烘焙（bèi）"。

4. 读准异读词

异读词是指在同一个字或词的不同语境或读音下，其发音或读法发生变化的现象。这种变化可能是因为语音、语法、方言、词义等多种因素的影响。1985年，国家公布了《普通话异读词审音表》，要求全国文教、出版、广播及其他部门、行业所涉及的普通话异读词的读音、标音，均以这个审音表为准。

5. 熟练掌握语流音变

普通话语流音变包括轻声、儿化、"啊"的音变、"一、不"的音变等。朗读中应特别注意上述音变。需要强调的是，轻声是普通话中一种重要的音变现象，该读轻声的音节一定要读轻声。《普通话测试用必读轻声词语表》共收轻声词545条，其中"子"尾词206条，其他339条，这些词语出现在朗读作品中必须读轻声。

（二）发音吐字要清晰

朗读测试中发音清晰、吐字准确是很重要的，一个人的语言表达能力与语音清晰度密切相关，发音清晰可以让测试员更容易听懂你所表达的内容。朗读测试不仅考查语言表达能力，同时自身形象也是考查的一部分。发音清晰，吐字准确，可以展现出非常专业、自信、严谨的形象，更有助于评分。

（三）朗读要流利

流利，就是要读得连贯、流畅、快慢适度。

要流利地朗读作品，首先不能读破词语、读破句子。读破词语或句子,主要是指停顿不当,以致让人无法理解词语或句子的意思,如作品3号中有一句话,应该这样停顿:"终有／一日,村子里／来了／一个／天文学家",有的人却读成了:"终／有一／日,村子里／来了／一个／天／文学家",这种读法当然是错误的,因为它破坏了句子的原意。

其次,不能重复。在朗读作品时,有的人因为心理紧张,或者准备不太充分,在某处出现了失误,第一反应就是重复,这在普通话作品朗读中是不允许的,因为重复会破坏作品朗读的流畅度。

再次,不能加字,也不能减字。要把作品中的每个音节(一般一个音节对应一个汉字)清晰地读出来,既不能减少一个音节,也不能增加一个音节。

最后,朗读的语速要适中。语速过快或者过慢都会影响流畅度,朗读的速度应该和平常说话的速度大体一致。

（四）朗读要有感情

语言不仅仅是简单的信息传递,也是一种情感的表达。发音清晰、吐字准确只是语言表达的基础,而在真正的语言交流中,情感的表达是非常重要的。情感可以帮助听者更好地理解和记忆所听到的内容。有感情的朗读能够让听者更好地了解内容的意思和情感色彩,从而更容易理解和记忆。朗读要有感情,可以帮助人们更好地掌握语音和语调,提高语言表达能力。情感的表达需要语音、语调、停顿等方面的细微调整,这些都需要大量的练习。有感情的朗读可以让语言表达更加生动、形象,更具有感染力。通过情感的表达,可以让听者更好地接受和感受内容,从而实现更好的沟通。有感情的朗读可以展示个人的情感、性格和内涵。通过情感的表达,可以让听者更好地了解朗读者的内心世界,从而建立更好的沟通和信任。

普通话测试通常更注重标准的发音、正确的语法和词汇的运用,以及流利的语音表达能力。朗读感情在其中可能不是首要考查的内容,然而,有感情的朗读可以增添语言表达的生动性和情感色彩,使得听者更容易理解和接受内容。普通话测试也会关注语音语调的准确性和自然度,其中包括适当的语音强调和语调变化。虽然这些方面与情感表达并不完全相同,但也能提升语言表达的效果。

第二节　朗读的技巧

朗读的基本技巧主要包括发声技巧和节律技巧。发声技巧还可以细分为呼吸技巧、共鸣技巧、吐字归音技巧等，节律技巧则包括停延、重音、句调及语速等方面。

一　发声技巧

（一）呼吸技巧

呼吸技巧是指在朗读的过程中，运用正确的呼吸方法来提高声音的质量和稳定性。正确掌握呼吸技巧可以帮助朗读者更好地控制呼吸，提高声音的音量、稳定性和保持时间，从而更好地表达文本的情感和含义。

最常见的呼吸方式有三种：胸式呼吸、腹式呼吸和胸腹联合呼吸。

（1）胸式呼吸是一种常见的呼吸方式，其特点是在呼吸时主要利用肋骨周围的肌肉来提升胸腔容积，使空气进入肺部。胸式呼吸时，胸部会随着吸气而稍微抬高，呼气时胸部则会稍微下降。这种呼吸方式可以使声音更加高亢、有力，适合于表达紧张、激动或者强调的情感。通过提升胸腔容积，进一步将空气带入肺部，可以增加声音的威力和感染力。但它并不是最理想的呼吸方式，胸式呼吸容易导致声音的不稳定，因为更多的空气流入肺部可能会导致声带过度紧张，使声音变得颤抖或者不稳定，同时由于过于依赖肋骨周围的肌肉，容易导致声音变得尖锐或者刺耳，缺乏柔和和富有表现力的音色。因此胸式呼吸在特定情境下可以提供一定的声音威力和表现力，适合需要表达强烈情感的朗读场景。然而，并不适合长时间的朗读或需要稳定、柔和声音的情况。

（2）腹式呼吸是一种更加深入、自然的呼吸方式。它的基本原理是通过放松腹部的肌肉，让膈肌下降，从而使得空气进入肺部更充分。腹式呼吸时，腹部会随着吸气而向前膨胀，呼气时腹部则会收缩回去。腹式呼吸可以帮助控制呼吸频率和深度，使声音更加平稳、放松。适用于需要表达平静、冷静、内敛的情感，如讲述叙事性文字、温柔的诗歌等。这种呼吸方式能够提供充足的空气供应，使声音更加饱满、柔和且有层次感，但相比胸式呼吸，腹式呼吸产生的气流量较小，因此不太适合发出强烈、高亢的声音。

（3）胸腹联合呼吸是将胸式呼吸和腹式呼吸结合起来的一种呼吸方式。具体做法是在吸气时首先利用胸部扩张提供初始的空气量，然后通过放松腹部肌肉，让腹部自然地随着吸气进一步膨胀，从而实现更充分的呼吸。这种呼吸方式可以同时发挥胸式呼吸和腹式呼吸的优势，使得声音更加丰满、稳定和有力，还能控制呼吸频率和深度，使得声音更加稳定，适用于需要表达强烈、有力的情感或者需要长时间讲话的朗读场合。但值得注意的是这种呼吸方法需要花费一定时间和精力来学习和掌握。

（二）共鸣技巧

共鸣是声音在共鸣腔体中产生共鸣共振的现象。当我们说话或唱歌时，声音会在喉部产生，然后通过共鸣腔体的共鸣作用，使声音更加丰满、饱满和富有穿透力。共鸣使用到的主要器官是咽部、口腔、鼻腔和头颅空腔。具体来说，以下是各个器官在共鸣中的作用：

咽部共鸣：咽部是连接口腔和鼻腔的通道，它在声音产生过程中起到引导和放大声音的作用。咽部的共鸣能够增强声音的明亮度和威力，并帮助形成清晰的发音。

口腔共鸣：口腔是声音共鸣的重要空腔之一，它通过改变口腔的形状和大小来调整声音的共鸣效果。不同的口腔形状会产生不同的共鸣频率和共鸣峰值，从而影响声音的音色和音量。

鼻腔共鸣：鼻腔是另一个重要的共鸣腔体，它与口腔相连，并可以通过打开或关闭鼻腔来调节声音的共鸣效果。当鼻腔打开时，声音会更加柔和、圆润，而当鼻腔关闭时，声音会变得更加明亮和具有较强穿透力。

头颅空腔共鸣：头颅空腔包括颅腔以及面部、颌骨等部分，其共鸣作用可以使声音产生更丰富的谐波频谱和共鸣峰，从而增加声音的音质和表现力。

这些器官通过调整空腔的形状和大小来优化声音的共鸣效果，使声音更加饱满、丰满和有穿透力。在声乐、演讲和表演等领域，充分利用共鸣是提高声音质量和表达力的重要技巧。而想要自如地控制共鸣，则可以使用以下技巧：

通：通指的是打开共鸣腔体，使空气能够自由地通过共鸣腔体共振。

在通的技巧下，咽部、口腔和鼻腔都保持开放状态，空气可以顺畅地通过这些腔体，产生较为明亮、饱满和富有穿透力的声音。通的技巧适用于大声演唱、表达强烈情感的场合，可以产生高亢、豪放的声音效果。

挂：挂指的是减少共鸣腔体的开放程度，使声音产生一种柔和、内敛的效果。在挂的技巧下，咽部、口腔和鼻腔相对关闭或部分关闭，使得声音的共鸣频率降低，产生较为暗沉、温柔的音色。挂的技巧适用于柔和地演唱、表达细腻情感的场合，可以产生柔和、温暖的声音效果。

（三）吐字归音技巧

普通话朗读的吐字归音技巧是指在发音过程中，通过正确使用舌头、嘴唇等发音器官，使每个音节发音清晰准确，没有模糊或省略的情况。这种技巧有助于提高听众的理解度和听取者对演讲者的印象。从具体来说，主要包括在发音时，应该尽量使舌尖抵住上牙龈或下牙龈，让发音更加准确、清晰；以及区分齿龈音，（如 zh/ch/sh/）与浊音（如 z/j/x/）、区分唇齿音（如 f/v/）等。吐字归音技巧可以分为"出字、立字、归音"三个阶段，每个阶段都有明确的要求，如果能够达到这些要求，吐出的字就会显得清晰、饱满、有弹性。

1. 发音器官训练

（1）练舌：舌尖抵上牙龈，反复练习将舌尖轻轻抵住上牙龈或下牙龈，清晰地发出相应的音节，如"zh""ch""sh"等。

舌尖触顶，用舌尖触碰上颚的后部，练习发出舌尖触碰顶部的音节，如"l""n"等。

（2）练口腔：张大口腔，放松口腔肌肉，尽量张大口腔，练习发出开放音节，如"a""o"等。

缩小口腔，收敛口腔，形成较小的共鸣空间，练习发出闭合音节，如"i""u"等。

（3）练双唇：唇齿音对比，练习区分清晰发出唇齿音，如/f/和/v/之间的区别，以及/m/和/b/之间的区别。

唇音运动，通过模仿吹气、鼓起双唇等动作，练习发出相应的唇音，如/p/b/和/f/等。

2. 吐字归音的要领

一个成分最完整的音节包括声母、韵头（又叫介音）、韵腹、韵尾和声调五个部分。习惯上我们把音节的五个部分分别叫作"头、颈、腹、尾、神"。下面我们以"团"（tuán）这个五部分齐全的音节为例子，来分析吐字归音对各个部分的具体要求。

（1）出字：出字指的是发声母（头）和韵头（颈）的阶段。这个阶段的要求是发音部位一定要准确，并且弹发有力。其实在具体发音时，这个要求主要体现在声母的发音上。比如：tuán 这个音节，t 的发音过程是，先让舌尖和上齿龈形成阻碍，然后积蓄气流（持阻），最后用强烈的气流冲破这个阻碍，爆发出声。

有句俗话叫作"叼字如叼虎"，意思就是人们"叼字"时和大老虎叼小老虎跳越障碍一样，如果叼得过紧，就会把小老虎叼死，如果叼得太松，又会把小老虎摔死，因此要掌握好火候，不紧也不松，恰到好处。这样就不至于造成生硬和松垮这两种不好的感觉。字颈都是由舌位最高的高元音充当的，这些音素虽然是韵头，但实际发音过程中它们和声母的关系更密切，往往让人感觉它们好像是一个整体。

（2）立字：立字阶段就是发韵腹的阶段。韵腹是一个音节中最响亮的部分，是响度的中心，音节的音色主要是由韵腹决定的。以 tuán 为例，韵腹就是开口度最大的 a，出字后就应该把发音部位放松，同时口腔大开。即便是开口度较小的高元音，如 i、u、ü 等，做韵腹时，开口度也要尽量大些，这样才能使音节立得住。在立字阶段，应注意声母和介音的配合，中间不能拉太长。

（3）归音：归音是指将立字正确、清晰地发出来，以使听众能够准确理解和理解说话人的意思。对于"团"字而言，吐字归音的要求如下：声母"t"的发音要清晰准确，不能与"d"混淆；韵头"u"的发音要轻柔自然，不要舌头后缩；韵腹"an"的发音要清晰明亮，不要发成"ang"或"en"音；韵尾为空，不发音；声调是第一声，要注意升降调的区别。普通话中能够做韵尾的只有四个音素：i、u、n、ng（o 在韵母的结尾其实只是一种改写，发音实际是 u），各自归音时要注意以下问题：

i 做韵尾的时候，要注意舌位最后要达到一定的高度，假如音节结束时舌位比较低，肯定会造成归音不到位。比如"柴"（chái）、"类"（lèi）的发音。

u 做韵尾的时候，要注意把嘴唇拢圆，舌头要退到口腔的后部。比如

"抽"（chōu）、"丢"（diū）的发音。

n 做韵尾的时候，要把舌尖收到上齿龈，挡住气流通过口腔的出路，但不要太过，等鼻音色彩一出现发音就结束。如果舌尖根本接触不到上齿龈，那么肯定前鼻音归音不到位。如"天"（tiān）、"准"（zhǔn）的发音。

ng 做韵尾的时候，舌头的前半部分应该放松，发音结束的时候，舌根应该接触到软腭，挡住气流通过口腔的出路，一有了鼻音色彩就马上结束。比如"长"（cháng）、"请"（qǐng）的发音。

（4）珠圆玉润——枣核形：吐字归音应该以枣核形为理想状态。所谓枣核形，指人们在发音时口腔内部的构造和位置与枣核的形状相似。当我们发出清晰准确的吐字归音时，口腔内的舌头应该位于口腔正中的位置，略微向上抬起，形状类似于枣核。这种状态下，舌尖轻轻触碰上颚齿龈，而舌背与软腭保持一定距离，形成一个适宜的空间，从而能够产生明亮、圆润的音质。枣核形有助于声音的共鸣和共振，使得音色更加丰满、清晰，并增加发音的稳定性和准确性。同时，枣核形对于正确发音和发声的调节也有重要作用，有助于避免发音模糊、发音不准确、发音错误等问题。

前面我们对吐字归音的各个阶段进行了详细的分析，需要注意的是，真正发音时绝对不能把各个部分割裂开来单独用力，整个音节是一个连贯的整体。"前音轻短后音重，两音相连猛一碰"说的就是声介和韵腹韵尾拼合时的要领。字头是整个字音的着力点，字腹是字音中最响亮的部分，字尾则是字音的收束。这几个部分紧密联系在一起，成为一个饱满完整的音节。有的音节并没有介音或者韵尾，零声母音节甚至没有声母，那么这些音节的发音是否也能做到枣核形呢？只要多注意，是可以的。因为无论什么音节，其发音都是从闭口到开口再到闭口的一个过程，用心揣摩，刻苦训练，你就能让每一个音节饱满圆润。

二　节律技巧

语音的最小单位是音素，在一种具体的语言中，音素又以音位的形式合成音节。音节是能够自然感到的最小的语音片段，是语音的基本单位。古代的诗歌、散文等文学作品都有其特定的格律和韵律，而且多数具有意境和情感的表达，因此朗读时需要掌握适宜的节律、音律，才能达到最佳的表达效果。随着教育体系的发展，朗读技巧也逐渐被规范化和系统化，通过历史的演化和朗读实践的积累，逐渐形成和发展成了特定的节律技巧。

节律就是节奏或韵律。它主要是由非音质成分构成的。为了更好地传达出语言的内容，更好地表现出自己的思想感情，我们应该了解节律的表达作用。节律是语言的韵律基础，它可以使语言表达更加优美、流畅。通过掌握节律的变化和运用，可以使语言的节奏感更加明显，使朗读更具吸引力和感染力。

例如"我歌颂木棉树"，在没有标点的情况下，可以将之视为一个短语，还并不能够成为一个语言表达单位进入交际。一旦给它添加上了相应的标点，它才能够真正作为一个句子，形成语言表达的基本单位。标点反映的实际上是语气的区别。

相同的语言符号序列，使用陈述、疑问、感叹三种不同的语气，能表达三种不同的句义，构成三个不同的句子。例如：

我歌颂木棉树。
我歌颂木棉树？
我歌颂木棉树！

相同的语言符号序列，语气相同，重读的词语不同，就能强调不同的对象，表达不同的句义。例如：

我歌颂木棉树。
我歌颂木棉树。
我歌颂木棉树。

相同的语言符号序列，语气相同，重读的词语也相同，在词语和词语之间进行长短不同的停顿或延宕，可以表达出不同的情味色彩。例如：

我歌颂/木棉树！

> 我—歌颂木棉树!
> 我—歌颂/木—棉—树!

  停延、轻重、长短、升降、快慢等都是表达句义的重要手段。掌握节律要素在表达中的作用，恰当地运用这些表达手段，可以使朗读和说话声情并茂、准确妥帖。

  语言是用来交际的工具。语义是内容，语音是形式，形式要为内容服务。节律是语言表达的重要手段，不同节律要素在句义表达上有不同的作用。下面我们对停延、重音、句调、语速等节律的重要组成要素进行分析。

（一）停延

1. 停延的含义和作用

  停延是指在朗读或演讲中有意识地在某些位置上停顿或延长语音的持续时间。（用"/"表示停顿，用"—"表示延续，具体时间的长短则通过数量变化表示）也有人用"停顿"代替"停延"，但是"停顿"只表示语流中的中断和停歇，而在实际的表达中，除了中断和停歇，某些音节根据表意的需要往往还有延长。因此我们采用"停延"的说法。

  停顿是音节之间语音的中断造成的，延续是音节尾音音长增加而形成的。停顿和延续既是生理上换气的必然要求，也是更好地传达语言内容的重要方法。

> 我和同学抱着—老师给我们发的篮球，兴高采烈地来到篮球场。

  这句话比较长，如果一口气读下来，读的人感到气息不够用，听的人也会觉得不自然。而如果这样处理，读着轻松，听得也明白：

> 我和同学/抱着—老师给我们发的篮球，//兴高采烈地/来到篮球场。

  其中，"同学"和"兴高采烈"的后面应该做适当的停顿，而"抱着"后面则要通过声音的延续来区分动词和宾语。如果"抱着"后面没有停延的话，这句话就很容易被听成"我和同学抱着老师"，因而闹笑话。

2. 停延的种类

我们把停延分为两种：语法停延、强调停延。

除此之外，还有生理停延的说法。生理停延其实就是由生理上换气的需要而产生的停延，在口头表达的实际过程中，虽然调节气息的现象不可避免且非常频繁，但是每次因为换气需要停延的时候，我们往往也要照顾到语法和强调的需要，把停延放在一个意群、句子、段落之后，很少有为了换气而不顾语意的需要随时随处停顿的情况。

（1）语法停延。语法停延就是反映语言内部结构层次关系的停延。语言中大大小小的单位词、短语、句子、句群之间存在着各种各样的结构关系。语法停延就是为了适应表达语言内部结构关系的需要而做出的语音处理。这是最基本的停延。

①句子内部的停延。句子内部的停延一般时间都比较短，往往发生在主语和谓语，述语和宾语，定语、状语和中心语之间。句子内部的语法停延是为了表达句子内部的结构关系而进行的停顿，这种停顿一般发生在句子的短语或从句之间，用于分隔不同成分，以便更好地表达句子内部的层次关系和逻辑关系。

主语和谓语之间的停顿：在句子中，主语和谓语之间通常不会出现停顿，因为它们之间的关系是最基本、最紧密的。但是，在某些情况下，为了使主语或谓语更加突出，可以在它们之间进行适当的停顿。例如：

那个小男孩/很聪明。
我/喜欢看电影。

定语和中心语之间的停顿：在句子中，定语和中心语之间有时需要进行停顿，以便更好地表达修饰关系。例如：

这是一本/非常有趣的书。
她穿着一条/红色的裙子。

状语和中心语之间的停顿：在句子中，状语和中心语之间也可能存在停顿，以便更好地表达修饰关系。例如：

他／用力地关上了门。
我／经常去散步。

除了以上三种常见的语法停顿，还有其他的一些语法停顿，如动宾之间的停顿、并列成分之间的停顿等。这些停顿都是为了更好地表达句子的结构和意义，需要根据具体的语境和语法要求进行判断和处理。

②复句和句群内的停延。除了在单句内部会出现停延之外，更常见的是在复句、句群的情况下，在不同分句之间会有着更为明显的停延。而且，多重复句内部的停延是揭示分句间逻辑关系的重要方法。句群内的停延和复句的情况相同。

没有月光的晚上，这路上阴森森的，有些怕人。／／今晚却很好，虽然月光也还是淡淡的。
有的人活着，他已经死了；／／有的人死了，他还活着。
去的尽管去了，来的尽管来着；／／去来的中间，又怎样地匆匆呢？

在书面上，标点符号和段落也反映话语的结构关系，因此，它们也是确定停延的重要标志。标点符号的使用可以使句子结构更加清晰明了，避免歧义和误解。在标点停顿中，通常会根据不同的语法结构和逻辑关系来判断停顿的长短和次序。如逗号多为短暂停顿，分号是稍长停顿，冒号以及句号则是较长停顿。

（2）强调停延。强调停顿是指在口语或书面语中，通过加强声调或使用特定的语言结构来突出某个词或短语，以吸引听者或读者的注意力。这种停顿通常会比常规停顿更长，并且会在语言表达中产生一种特殊的感觉强度。

强调停延其实就是在一般停延的情况下进行额外的停延处理。它可以变换语法停延的规律，在不必做语法停延的地方停延；还可以根据需要，对语法停延的时间长短做出变更。在口语中，强调停顿通常是通过提高声调或改变音量、语速来实现的，可以传递出许多情感和意图。

    我觉察他去的/匆匆了，伸出手遮挽时，他又从遮挽着的手边/过去。

  这句话中，在"去的"后略做停延，可以突出后面的"匆匆"；在"手边"后面略做停延，可以强调"过去"的不可避免，发人深思。

    第二天的清晨，这个小女孩/坐在墙角里，两腮/通—红—，嘴上/带着/微—笑—。她/死/了，在旧年的大年夜/冻—死—了。

  在这段话中，常规的做法就是在主谓之间进行基础停延，比如第一处停顿（/）出现在"小女孩"和"坐在墙角里"之间、第二处停顿（/）出现在"两腮"和"通红"之间、第三处停顿（/）出现在"嘴上"和"带着"之间、第五处停顿（/）出现在"在旧年的大年夜"和"冻死了"之间，而在主语后延长了谓语，将"通—红—""/微—笑—""冻—死—"都适当延长，强调了小女孩的状态、表情以及最终的死亡结局，突出了句子中的关键信息并产生了一定的情感效果。例如，"通红"和"微笑"之间的强调停延，就进一步加强了小女孩的状态和情感特征，使得读者更能够感受到她的存在和魅力。同时，"冻死了"的停延体现悲伤、哀思和缅怀的情感，则进一步突出了小女孩的命运和不幸，让读者更加深刻地体会到她的离去对周围人们的影响和反思。

    这时候最热闹的，要数树上的蝉声/和水里的蛙声；但—热闹是它们的，我—什么也没有。

  这句话中，"蝉声"后面略作停顿，可以突出强调这两种热闹的声音。而后面的"但"略作延续，使前面那种快乐的气氛陡然转换，表达出作者的感情变化。而最后在"我"字后进行较长时间的延续，则更加反衬出作者的孤独和失意。

需要说明的是，对某些句子来说，停延的处理方法可能不是唯一的。在不同的位置进行停延，虽然在节律形式上可能有较大的差异，但都会收到良好的效果。不论如何停延，都有一个基本的出发点，那就是更好地表达语言的内容。

你—是一颗明珠，镶嵌在南中国的海岸。
你是——一颗明珠，镶嵌在南中国的海岸。
你是一颗—明珠，镶嵌在南中国的海岸。

这句话在朗诵的时候，可以有以上三种不同的处理方法，很难说哪一种是效果最好的。朗读者可以充分灵活运用与结合不同的技巧，根据文本内容以及自己做出的理解来完成朗读处理，从而在体现自身朗读水平的同时，也能形成个性化的风格。

（二）重音

1. 重音的含义和作用

重音是在一个多音节词或短语中，某个音节发音比其他音节更强调、更突出的现象。在汉字拼音中，重音通常以一个符号（′）表示，放在需要重读的音节上。例如，"nǐhǎo"。重音可以出现在单个汉字、多音节的词语、短语甚至整个句子中的某个音节上。重音位置通常与词汇意义、语法功能以及语流节奏等有关。重音往往出现在词语中具有重要意义或语法功能的音节上，例如名词、动词、形容词、代词等。

单个音节无所谓轻重，轻重都是相对而言的，因此，重音现象也只会出现在语流中。小到一个双音节的词语，大到一个复句，在口头表达过程中都会遇到重音的问题。和停延一样，重音也是普通话节律的重要构成要素，直接影响到语音面貌。

2. 重音的种类

在广义的重音范畴下，可以包括词重音和语句重音。词重音指的是在一个单词中，某个音节相对于其他音节发音更为突出。

重音的种类可以根据音节的重读程度和位置进行分类，即重·轻格（轻声词）、重·中格和中·重格（下面列举时，用加粗的楷体字表示"重"，用普通楷体字表示"中"和"轻"）。这三种格式中，中·重格的词语占绝大多数。

①重·轻格：这种格局表示一种音节强弱关系，即在一个多音节词或短语中，第一个音节重读，其余音节均为轻声（不发音或者非重读音）。例如，"闺女"中的"闺"字是重音，而"女"字则是轻声。

②重·中格：这种格局表示两个音节之间的强弱关系，即一个多音节词或短语中，有一个音节比其他音节更为强调，但不是最强重的。例如，"中国"中的"国"字是重音，而"中"字则是中重。

③中·重格：这种格局表示一个多音节词或短语中，最后一个音节为重音。例如，"父亲"中的"亲"字是重音。

狭义的重音则专指语句重音，而语句重音则是指在一个句子或篇章中，某个词或短语相对于其他部分发音更加突出，用来强调信息或表达语言的韵律节奏。

下面我们重点谈谈狭义的重音。

（1）语法重音。语法重音是指语言单位中一些重要的词、短语或句子结构成分在语音上的突出。这种重音是基于语法结构的，有时也被称为"逻辑重音"。语法重音通常用来强调信息的重要性，并有助于更清晰地传达意思。例如，在句子"我昨天看了一本好书"中，"昨天""一本"和"好书"都可以被视为语法重音，因为它们是句子中关键的时间、数量和品质信息。

①主谓短语构成的短句中，谓语中心词要重读。如：在句子"我喜欢看电影。"中，"喜欢"是谓语动词的中心词，需要重读。同样，在句子"她每天练习钢琴。"中，"练习"也是谓语动词的中心词，需要重读。

②偏正短语中的修饰语要重读，包括定语和状语。如：

现在，我终于亲眼看到这思慕已久的雄关了。
我对白帆还有另外一种更深的追念。
一个欢乐的声音从背后插进来。

③述宾短语中，宾语往往要重读。如：在句子"我喜欢看电影。"中，"电影"是宾语，需要重读。在句子"他买了一本新书。"中，"一本新书"是宾语，其中的"新书"需要重读。

④述补短语中，补语要重读。如：

天冷极了。
树叶儿绿得发亮，小草也青得逼你的眼。
他紧张得连大气也不敢出。

⑤疑问代词、指示代词和活用的代词（任指、虚指、不定指）要重读。如：

谁让你来的？
这不是很伟大的奇观吗？
他无论谁的话也听不进去。
想不到苦雨孤灯之后，会有这么一幅清美的图画。

（2）强调重音。强调重音是指为了更有力地突出某个词、短语或句子，特别加强其发音的方式。这种重音不是基于语法结构的，而是基于说话人想要表达的强烈感情或强调的信息。强调重音可以改变整个语句的意义和语气，用于强调某些重要信息或者表达情感。例如，"我看的是这本书"和"我看的是这本书"中，用粗体标出的"这本"分别被强调了，因此表达的意思和语气也有所不同。

例如"你知道我在写作业"这句话，可以有多种读法，而每一种读法背后都暗含着不同的语义背景，即"潜台词"：

你知道我在写作业。（谁知道？）
你知道我在写作业。（你知道吗？）
你知道我在写作业。（谁在写作业？）
你知道我在写作业。（我没空！）

可见在口头表达中，是否能够进行重音的正确强调，很多时候直接决定着同样的句子是否能够表达出准确的意义。再比如：

弯弯的杨柳的稀疏的倩影,却又像是画在荷叶上。

这句话里应该重读的是"画"字,因为这是一个寻常词语艺术化的使用。把月光下的树影映在荷叶上用"画"这个动词来表现,显得新颖灵动,别有风味。但好多人却没有意识到这一点,不恰当地重读了"荷叶",显得没有道理。

学习普通话,练习说话、朗读,应该对重音,尤其是强调重音给予高度重视。在同一句话中,强调重音要比语法重音读得更重些,因为强调重音的音节肯定是整个语句的表意核心。但要注意的是,重和轻是相对的,在一句话中重读的成分不能太多,那样容易失去表意的重心——都是重点也就没有了重点。尽管强调重音不像语法重音那样在语句中有比较固定的位置,但它还是有一定规律可循的。有的时候,强调重音所在的位置和语法重音的位置是一致的,这时需要在原来语法重音的基础上加大力度,突出强调该音节,使重音更为鲜明。而有的时候,则需要具体体会分析,在语法重音之外专门考虑强调重音的问题。

(三)句调

1. 句调的含义和作用

句调是指在汉语中,将语音高低变化与意义相联系的语音现象。它是表达情感和加强信息传达的一种非常重要的语音特征。汉语的句调可以分为四种类型:升调、降调、上升—下降调和下降—上升调。这些不同的句调类型可以用来表示不同的语气、情感和信息的重要性。句调的作用非常重要,可以帮助听者更好地理解和解释说话人所传达的信息和情感。句调可以让听者更好地区分陈述和询问,强调和非强调,直接和间接等不同的语气和情感。在日常生活中,学习和正确使用句调可以帮助我们更好地表达自己,更好地理解别人。

2. 句调的种类

(1)降调:降调指的是语音从高到低逐渐降低的音调。在普通话发音中,降调通常用于表示陈述、肯定、断言或结束语。例如,在说"今天天气真好"的时候,"好"的音调就是一个降调。另外,降调也可以用来表达道歉、哀求、委屈等给人以压抑感的情绪。

(2)升调:升调是指语音音高由低到高逐渐上升的音调。在汉语中,升调通常使用在疑问、不确定或需要确认、询问对方意愿等情况中。例如，在问别人是否想要喝水的时候，"要不要喝水？"的语调就是一个典型的升调。此外，升调还可以用来表达命令或者加强语气，使其更有冲击性。

（3）平调：平调指的是语音保持在一个相对稳定的音高，没有明显的升降。通常用于虚词、助词以及一些次要成分的发音中。例如，"的""了""得"等助词通常使用平调。此外，汉语口语中也有一些叫作"半平调"的发音，它介于降调和平调之间，音高略微降低，但不如降调那么明显。

（4）曲调：曲调是由多个音高变化组成的，包括上升—下降调、下降—上升调等。曲调可以用来强调、突出信息或表达特定的语气。在日常生活中，我们经常使用曲调来表达情感，如兴奋、惊讶、疑问等。例如，"他就是那个新来的老师！"中，"新"到"来"的音调上升，而"老师"的音调呈现下降趋势。这种上升下降的曲调可以更好地突出"新来"的信息，给人以强烈的印象。

（四）语速

1. 语速的含义和作用

语速是指说话的速度，即每分钟所说的词数或音节数。语速在交流中起着重要的作用，它可以影响信息传递、理解和沟通效果。适当的语速有助于有效地传递信息，有助于听者理解和记忆所听到的内容，有助于表达不同的情感和语气，不同文化对语速有不同的偏好和习惯，在进行口语表达时，我们应该根据具体的情境和听众的需求，选择合适的语速来确保信息的准确传达和良好的沟通效果。

2. 语速的种类

（1）快速。表现热闹的场景或激动的心情：

> 在苍茫的大海上，狂风卷集着乌云。在乌云和大海之间，海燕像黑色的闪电，在高傲地飞翔。一会儿翅膀碰着波浪，一会儿又箭一般直冲云霄，它叫喊着，在这鸟儿勇敢的叫喊声里，乌云听出了欢乐。在这叫喊声里，充满了对暴风雨的渴望！在这叫喊声里，乌云感到了愤怒的力量、热情的火焰和胜利的信心。（热闹）

哎呀，大会马上就开始了，他怎么还不来啊？（焦急）

（2）中速。适用于一般性的陈述、说明：

月光如流水一般，静静地泻在这一片叶子和花上，薄薄的青雾浮起在荷塘里。叶子和花仿佛在牛乳中洗过一样，又像笼着轻纱的梦。（陈述）

空间在人类的发展中，是无所不在的、不可或缺的。但是，个体的局限性，使我们无法了解空间的无限，只能在有限的空间内生活。就是在这有限的空间中，我们也只是沧海一粟。（说明）

（3）慢速。适用于表现沉重的情绪、压抑的气氛：

在这千万被饲养者中间，没有光，没有热，没有希望……（压抑）

就在那年秋天，母亲离我们去了，小弟弟一生下来不哭也不动，也追随母亲去了。为了我的生存，母亲去了，弟弟也去了。母亲生育了我，又从死神手中救了我。（沉痛）

这只是对语速的粗略分类，在具体的表达过程中，根据内容的需要和表达者的感情变化，语速也呈现出多种多样的组合变化形式。在任何一篇文章、一段话内部，我们都可以发现总是存在着快慢的对比和变化；否则，语言也就失去了美感和生命力。

第三节 不同体裁作品的朗读

一 说明文朗读要领

（一）把握说明文文体特点

说明文是一种旨在解释、阐述或传达信息的文体形式。其主要特点包括贯穿逻辑性强、信息性强和分类清晰。说明文以传达信息为主要目的，通常会对事物进行分类和归纳，所以要求表达的信息清晰明了，语言简练，内容客观真实。

（二）明确说明文朗读方法

第一，说明文主要以传达信息为主要目的，因此应该保持一个适中的语速，以确保听众能够清晰明了地听到每一个重要的信息点。

第二，说明文中存在大量的分析和归纳，因此在进行朗读时，应该注意抑扬顿挫，把握好句子的节奏和重心。

第三，在进行说明文朗读时，需要抓住文章的重点和关键词汇，通过音量、语调等方式进行加强，以帮助听众更好地理解和记忆文章的内容。

第四，在进行朗读时，要注意清晰准确地发音，避免出现模糊或不清楚的词汇。此外，在语音语调方面也要注重把握，如升降调的处理，以确保信息的传达和准确性。

第五，说明文通常呈现出一种有节奏感的结构，而且内容比较严谨，因此在朗读时，需要注重节奏感的把握，使整个朗读过程更加流畅自然。

二　记叙文朗读要领

（一）把握记叙文文体特点

记叙文是一种以叙述故事、经历或事件为主要目的的文体形式。其主要特点是故事性强、描述细腻，注重情感表达和时间顺序。记叙文通过叙述故事情节或事件的方式，引导读者进入一个具体的时间和空间背景中，为了使读者更好地融入故事情境，记叙文通常会进行详细的描写，并通过对人物情感的描写来传递作者的情感态度，使读者能够更好地感受到故事所传达的情感。

（二）明确记叙文朗读方法

进行记叙文的朗读时，要注意以下几点：

第一，在朗读记叙文时，要深入理解故事情节，把握好故事的起承转合，确保朗读的连贯性和流畅性。

第二，记叙文中的人物形象是故事的核心，应该通过语音、语调等方式来体现人物的性格特点和情感表达。

第三，在朗读记叙文时，要注意对描写的准确性和细腻性，通过语音、语调等方式使听众更好地感受到故事中所描述的场景和情绪。

　　　　他迈开脚步，踏上了柔软的土地。阳光透过树叶的缝隙洒在他身上，温暖而柔和。他深吸一口清新的空气，森林中弥漫着花香和湿润的泥土味道。微风轻轻拂过他的脸庞，带来了远处鸟儿欢快的歌声。他抬头望去，高大的树木在他的周围拔地而起，仿佛是一道天然的屏障，将城市的喧嚣和压力完全遮挡在外。在这片宁静的森林中，他感觉内心得到了真正的安宁和放松，仿佛与大自然融为一体。

　　在朗读这段文字时，可以根据描写的内容，适当调整语音的速度和节奏，让听众感受到人物走进森林的步伐和氛围的渐渐展开。通过语调的起伏和变化，突出描写中的重要元素，如阳光、花香、鸟儿的歌声等，使听众能够更好地感受到这些细节。通过语音的柔和、温暖，以及对关键词的重点强调来体现故事中的情绪。

　　第四，记叙文常常通过情感的描写来传递作者的情感态度，应该抓住情感的转折点和高潮部分，通过声音的变化来表达出相应的情感。

　　第五，记叙文通常按照时间的先后顺序叙述事件，要在朗读中清晰地体现出故事的时间线索，使听众能够更好地理解故事的发展过程。

三　议论文朗读要领

（一）把握议论文文体特点

　　议论文是一种以讨论、辩论、阐述某一主题为目的的文体形式。议论文一般立场鲜明且论证逻辑性强，为了使文章更具有说服力和易读性，议论文通常会追求语言的简明扼要和精准性。

（二）明确议论文朗读方法

　　第一，在朗读议论文时，要深入理解作者的立场和主张，通过语音、语调等方式来表达出作者的情感态度。

　　第二，议论文的说服力主要来自论证部分，因此在朗读时要把握好论证的逻辑关系，通过语音、语调等方式来强化论证的说服力。

　　第三，议论文中的一些关键词汇通常是作者的重点表达，要在朗读中突出这些关键词汇，通过语音、语调等方式加以强调。

　　第四，为了使文章更具有说服力和易读性，议论文的语言通常是简练精准的，朗读时应该注意语言的简练性，不要过于啰嗦。

第五，议论文的目的是说服读者，因此在朗读时应该顾及受众的背景、知识水平、价值观念等因素，通过语音、语调等方式来适应受众的需求。

四 寓言、童话、故事朗读要领

（一）寓言

寓言是通过对动物、植物或其他非人物事物的拟人化形象进行故事化叙述，以达到表达某种道德、哲理或警示的目的。寓言通常以简练的语言和短小的篇幅来表达主题，使其易于理解和记忆。寓言通过将故事中的形象和情节与现实生活相关联，运用隐喻手法来传达寓意，引导读者思考。寓言的目的在于教育和启发人们，常常以教育性质的道德准则和价值观为基础。

在朗读寓言时，要深入理解故事背后所蕴含的寓意和道德教训，通过语音、语调等方式传达给听众。寓言中的动物、植物等形象通常具有拟人化的特点，朗读时可以通过语音、语调等方式突出表达这些形象的特征和情感。寓言通过隐喻手法来传达寓意，朗读时要注意强调故事中的隐喻，并通过语音、语调等方式突出表达相关联的现实情景。寓言具有教育性质，朗读时要注重表达故事中的道德准则和价值观，通过语音、语调等方式增强故事的教育效果。寓言通常以简洁明了的语言形式表达，朗读时要注重语言的简洁性，使听众更易于理解和接受。

一天，一只乌鸦在树枝上停歇，嘴里叼着一块美味的奶酪。一只狡猾的狐狸看见了，心生贪念。它走过来，站在树下，开始恭维乌鸦的美丽。

狐狸说："亲爱的乌鸦，你的羽毛真美丽！你有一副迷人的声音，肯定是百鸟之王。如果你能给我唱首歌，那将是无上的荣耀。"

乌鸦非常得意，被狐狸夸奖的同时，也对自己的美貌感到骄傲。于是，它张开嘴巴，准备唱一首动听的歌曲。

然而，乌鸦一张嘴巴，那块奶酪就掉落在地上，被狡猾的狐狸一口吞下。

狐狸得逞后，笑着对乌鸦说：愚蠢的乌鸦啊，美丽和才华并不能使你变得聪明。

朗读这个故事时，可以通过语调、语音节奏等方式突出表现乌鸦的得意和狐狸的狡猾，以及故事的转折和教育性的部分。这样可以帮助听众更好地理解故事的寓意和道德准则，并引发他们的思考和启示。

（二）童话

童话是一个充满奇幻和想象力的世界，其中出现了各种神奇的生物、魔法和传奇故事。童话通常以简单、易懂的语言进行叙述，使其适合儿童阅读和理解，因此极富有吸引力和感染力，通过引人入胜的情节和生动的描写来吸引读者的注意力。童话还常常蕴含着道德教育和价值观传递的内容，通过故事情节和人物形象来启发儿童的思考和品德培养。

在朗读童话时，可以通过语音的抑扬顿挫、律动感、情绪的变化等方式，营造出童话般的奇幻氛围，让听众沉浸其中。要注重对童话中的关键词、形容词和动词的语音表达，通过音量、语调、语速等方式增强情感和描绘形象的效果。童话中的人物形象通常具有鲜明的特点，朗读时要突出表达人物的性格和特征，通过声音和语调使其更加生动。童话通常以情节为主线，朗读时要注重情节的起伏和转折，通过表情和语音变化来帮助听众理解和体会故事的发展。不同年龄段的儿童对于语言的理解和接受能力有所不同，朗读时要根据听众的年龄段选择合适的语言和表达方式。

从前有一个小姑娘，她戴着一顶红色的帽子，所以人们都叫她小红帽。一天，小红帽的妈妈让她带一篮子食物去看望生病的祖母，于是小红帽就踏上了前往祖母家的路途。

在路上，小红帽遇见了一只狼。狼问她要去哪里，小红帽回答说要去看望祖母。狼想到了一个主意，于是他先走到了祖母家，吃掉了祖母，然后趁小红帽来时，装扮成祖母等待着她。

当小红帽进屋后，狼想要吃掉她，但小红帽很机智，她发现了狼的真面目，并设法逃脱了。

小红帽最终将食物送到了祖母的家，并告诉了她发生的事情。

祖母不仅为小红帽的聪明感到高兴，也感到警觉，提醒小红帽以后要更加小心。

在朗读《小红帽》时，可以通过语音的抑扬顿挫、情绪的变化等方式，营造出神秘和紧张的氛围，增强听众的阅读体验。同时，也要注重对关键词、形容词和动词的语音表达，突出人物形象和情节发展，让听众更好地理解和感受故事的情感和寓意。

(三) 故事

故事通常有一个起始点、高潮和结尾，通过情节的发展和冲突的解决来吸引读者的注意力。故事中的人物形象通常具有鲜明的特点和个性，通过对人物的描写和行为来营造故事的氛围并推动情节发展。

在朗读故事时，要根据情节的发展和人物的情感变化，合理运用语音的抑扬顿挫、语调和语速的变化，使听众能够感受到故事中的情绪变化。在适当的地方加强节奏的变化，通过语音的律动感和节奏感来增强故事的生动性和吸引力。同时要在朗读时突出人物的特点和个性，通过声音和语调来表现人物的情感和行为，使听众更好地理解和感受故事中的人物。还可以通过适当的表情和肢体语言来配合语音的表达，能够更好地传达故事的情节和人物形象。

天冷极了，下着雪，又快黑了。这是一年的最后一天——大年夜。在这又冷又黑的晚上，一个乖巧的小女孩，赤着脚在街上走着。她从家里出来的时候还穿着一双拖鞋，但是有什么用呢？那是一双很大的拖鞋——那么大，一向是她妈妈穿的。她穿过马路的时候，两辆马车飞快地冲过来，吓得她把鞋都跑掉了。一只怎么也找不着，另一只叫一个男孩捡起来拿着跑了。他说，将来他有了孩子可以拿它当摇篮。

她的一双小手几乎冻僵了。啊，哪怕一根小小的火柴，对她也是有好处的！她敢从成把的火柴里抽出一根，在墙上擦燃了，来暖和暖和自己的小手吗？她终于抽出了一根。哧！火柴燃起来了，冒出火焰来了！她把小手拢在火焰上。多么温暖多么明亮的火焰啊，简直像一支小小的蜡烛。这是一道奇异的火光！小女孩觉得自己好像坐在一个大火炉前面，火炉装着闪亮的铜脚和铜把手，烧得旺旺的，暖烘烘的，多么舒服啊！哎，这是怎么回事呢？她刚把脚伸出去，想让脚也暖和一下，火柴灭了，火炉不见了。她坐在那儿，手里只有一根烧过了的火柴梗。

　　她赶紧擦着了一大把火柴，要把奶奶留住。一大把火柴发出强烈的光，照得跟白天一样明亮。奶奶从来没有像现在这样高大，这样美丽。奶奶把小女孩抱起来，搂在怀里。她俩在光明和快乐中飞走了，越飞越高，飞到那没有寒冷，没有饥饿，也没有痛苦的地方去了。

在朗读《卖火柴的小女孩》时，在描写小女孩瑟瑟发抖地站在烈风里时，可以通过语音的颤抖和紧张来表现小女孩的害怕和无助感。在描写小女孩点燃最后一根火柴时，可以在"嘭"的声音上加重节奏，以突出情节的高潮。在描写小女孩拼命点燃火柴时，可以适当运用手势和面部表情，如握拳、眼神等，来配合语音的表达，增强故事的表现力。

五　诗歌朗读要领

（一）儿歌

儿歌是专为儿童创作的具有特定节奏和韵律的歌曲。它们通常用简单明了的歌词和易于记忆的旋律来吸引和教育儿童，帮助他们发展语言能力、音乐感知和社交技能。

朗读儿歌时，可以注意以下要点：

第一，确保清晰地发出每个音节，特别是对于年幼的听众来说，他们正在学习语言和发音。

第二，儿歌的节奏通常较快，要确保语速适合目标年龄段的儿童。对于较小的孩子要稍微放慢语速，以便他们能够理解和跟随。

第三，在儿歌中，一些重要的词汇或关键词可能需要通过声音的强调来突出，以帮助儿童更好地理解歌词的含义。

第四，儿歌通常具有明显的韵律和节奏，尝试根据儿歌的旋律和节奏进行朗读，以使儿童更容易跟随和参与。

第五，适当运用面部表情和肢体语言来增加互动性和吸引力。

例子：

> 小星星，你慢慢地睡，
> 亮晶晶，闪烁着眼睛。
> 像钻石，像珍珠，像针线，
> 把黑夜做成美丽的花边。

在《小星星》的朗读时要发音清晰，特别强调关键词："小星星""亮晶晶""闪烁"等。特别强调比喻的形容词，如"像钻石""像珍珠"，以突出儿歌的形象感。

（二）格律诗

格律诗是一种具有固定韵律和音节的诗歌形式。它通常由特定数量的音节和押韵模式组成，使其具有独特的韵律和节奏感。

朗读格律诗时，需要注意以下要点：

第一，格律诗的音节和韵律模式是固定的，朗读时需要准确地保持诗歌的节奏和韵律感。

第二，押韵是格律诗的重要组成部分，朗读时需要适当强调押韵词，使其更加突出。

第三，格律诗的韵律和节奏常常表现为抑扬顿挫，朗读时需要用声音的高低变化和起伏来呈现这种节奏感。

第四，格律诗往往具有情感或意境上的深度，适当运用面部表情和肢体语言可以增加诗歌的表现力和感染力。

例子：

> 戍鼓断人行，边秋一雁声。
> 露从今夜白，月是故乡明。
> 有弟皆分散，无家问死生。
> 寄书长不达，况乃未休兵。

朗读杜甫的《月夜忆舍弟》时，要注意每个字的发音和语调，强调押韵词，如"行""声""明""生"等。在表达"有弟皆分散"时，可以适当加重语气,表现出思乡之情。在表达"无家问死生"时,可以通过语气的变化和停顿来表现出作者内心的痛苦与忧虑。最后两句表达了作者对家乡的思念和对战乱的忧虑,可以适当加重语气,突出诗歌的主题。

(三)现当代诗歌

现当代诗歌是指在现代和当代创作的诗歌作品,通常与传统格律诗的形式有所不同,更注重表达个人情感、思想或对社会现象的反思。它一般以自由诗和现代派诗歌为主要表现形式,采用自由的韵律、节奏和语言风格。

朗读现当代诗歌时,需要注意以下要点:

第一,现当代诗歌常常涉及个人情感、社会议题或对生活的思考,朗读前需要先理解诗歌的主题和作者的意图。

第二,根据诗歌的情绪和意境,选择合适的语调和表达方式。可以通过音高、语速、停顿等手段来准确地传达诗歌的情感。

第三,现当代诗歌常常通过形象和隐喻来表达意义,朗读时需要注意强调这些形象,使其更加生动和有力。

第四,虽然现当代诗歌不拘泥于传统格律,但仍具有一定的节奏和韵律感,朗读时需要掌握诗歌中的节奏变化和韵律模式。

例子:

《再别康桥》
作者:徐志摩
轻轻的我走了,
正如我轻轻的来;
我轻轻的招手,
作别西天的云彩。
那河畔的金柳,
是夕阳中的新娘;
波光里的艳影,
在我的心头荡漾。
软泥上的青荇,

油油的在水底招摇；
在康河的柔波里，
我甘心做一条水草！
那榆荫下的一潭，
不是清泉，是天上虹；
揉碎在浮藻间，
沉淀着彩虹似的梦。
寻梦？撑一支长篙，
向青草更青处漫溯；
满载一船星辉，
在星辉斑斓里放歌。
但我不能放歌，
悄悄是别离的笙箫；
夏虫也为我沉默，
沉默是今晚的康桥！
悄悄的我走了，
正如我悄悄的来；
我挥一挥衣袖，
不带走一片云彩。

《再别康桥》是徐志摩对剑桥的深情告别，蕴含了离别的哀愁与对往昔美好时光的怀念。朗读前，应深刻理解这一情感核心。在朗读时，宜采用轻柔感伤的语调，通过调整音量、放缓语速，并在关键处略作停顿，以营造深情的朗诵氛围。诗中"金柳""新娘""星辉"等形象与隐喻，生动表达了作者对康桥的眷恋。朗读时要着重突出这些词汇，引领听者深入诗歌意境。同时，注意把握诗歌内在的节奏与韵律，使整首诗的朗诵更加和谐流畅。

六 散文朗读要领

散文是一种以散漫的方式写作的文学形式，旨在通过平实的语言和结构，表达作者的思想、感受和观点。与诗歌相比，散文更注重对现实生活的描写和反思，展示日常生活中的细节和人物形象，呈现出更为真实和自然的风貌。

朗读散文时，需要注意以下要点：

第一，散文通常关注现实生活、人物形象或某个主题，朗读前需要先理解散文的主题和作者的意图。

第二，根据散文的语气和情感，选择合适的语调和表达方式。可以通过音高、语速、停顿等手段来准确地传达散文的情感和作者的态度。

第三，散文中通常有一些重要的句子或段落，朗读时需要注意强调这些重点句子，使其更加生动和有力。

第四，虽然散文不像诗歌那样有明显的韵律和格律，但仍具备一定的节奏感。朗读时需要掌握散文的节奏变化和语气转折，使听众更好地感受到散文的表达方式。

七　朗读作品选

作品 1 号

　　我比现在年轻十岁的时候，获得了一个游手好闲的职业，去乡间收集民间歌谣。那一年的整个夏天，我如同一只乱飞的麻雀，游荡在知了和阳光充斥的村舍田野。我喜欢喝农民那种带有苦味的茶水，他们的茶桶就放在田埂的树下，我毫无顾忌地拿起漆满茶垢的茶碗舀水喝，还把自己的水壶灌满，与田里干活的男人说上几句废话，在姑娘因我而起的窃窃私笑里扬长而去。我曾经和一位守着瓜田的老人聊了整整一个下午，这是我有生以来瓜吃得最多的一次，当我站起来告辞时，突然发现自己像个孕妇一样步履艰难了。然后我与一位当上了祖母的女人坐在门槛上，她编着草鞋为我唱了一支《十月怀胎》。我最喜欢的是傍晚来到时，坐在农民的屋前，看着他们将提上的井水泼在地上，压住蒸腾的尘土，夕阳的光芒在树梢上照射下来，拿一把他们递过来的扇子，尝尝他们和盐一样咸的咸菜，看看几个年轻女人，和男人们说着话。

　　我头戴宽边草帽，脚上穿着拖鞋，一条毛巾挂在身后的皮带上，让它像尾巴似的拍打着我的屁股。我整日张大嘴巴打着呵欠，散漫地走在田间小道上，我的拖鞋吧哒吧哒，把那些小道弄得尘土飞扬，仿佛是车轮滚滚而过时的情景。

节选自余华《活着》

作品 2 号

窗外落着大雨，屋檐上的水槽早坏了，这些时候都不曾修理过，雨水就沿着窗户从缝隙浸入屋里，又从窗台流到了地板上。

我的书桌的一端正靠在窗台下面，一部分的雨水就滴在书桌上，把堆在那一角的书、信和稿件全打湿了。

我已经躺在床上，听见滴水的声音才慌忙地爬起来，扭燃电灯。啊，地板上积了那么一大摊水！我一个人吃力地把书桌移开，使它离窗台远一些。我又搬开了那些水湿的书籍，这时候我无意间发现了你的信。

你那整齐的字迹和信封上的香港邮票吸引了我的眼光，我拿起信封抽出了那四张西式信笺。我才记起四个月以前我在怎样的心情下面收到你的来信。我那时没有写什么话，就把你的信放在书堆里，以后也就忘记了它。直到今天，在这样的一个雨夜，你的信又突然在我的眼前出现了。朋友，你想，这时候我还能够把它放在一边，自己安静地躺回到床上闭着眼睛睡觉吗？

"为了这书，我曾在黑暗中走了九英里的路，而且还经过三个冷僻荒凉的墓场。那是在去年九月二十三夜，我去香港，无意中见到这书，便把袋中仅有的钱拿来买了。这钱我原本打算留来坐 Bus 回鸭巴甸的。"

节选自巴金《我的幼年》

作品 3 号

如今，找热闹的地方容易，寻清静的地方难；找繁华的地方容易，寻拙朴的地方难，尤其在大城市的附近，就更其为难的了。前年初，租赁了农家民房借以栖身。村子南九里是城北门楼，西五里是火车西站，东七里是火车东站，北去二十里地，又是一片工厂，素称城外之郭。奇怪台风中心反倒平静一样，现代建筑之间，偏就空出这块乡里农舍来。常有友人来家吃茶，一来就要住下，一住下就要发一通讨论，或者说这里是一首古老的民歌，或者说这里是一口出了鲜水的枯井，或者说这里是一件出土的文物，如宋代的青瓷，质朴，浑拙，典雅。村子并不大，屋舍仄仄斜斜，也不规矩，像一个公园，又比公园来得自然，只是没花，被高高低低绿树、庄稼包围。在城里，高楼大厦看得多了，也便腻了，陡然到了这里，便活泼泼地觉得新鲜。先是那树，差不多没了独立形象，枝叶交错，像一层浓重的绿云，被无数的树桩撑着。走近去，绿里才见村子，又尽被一道土墙围了，土有立身，并不苫瓦，却完好无缺，生了一层厚厚的绿苔，像是庄稼人剃头以后新生的青发。拢共两条巷道，其实连在一起，是个"U"形。屋舍相对，门对着门，窗对着窗；一家鸡叫，家家鸡都叫，单声儿持续半个时辰；巷头家养一条狗，巷尾家养一条狗，贼便不能进来。几乎都是茅屋，并不是人家寒酸，茅屋是他们的讲究：冬天暖，夏天凉，又不怕被地震震了去。从东往西，从西往东，茅屋撑得最高的，人字形搭得最起的，要算是我的家了。

节选自贾平凹《静虚村记》

作品4号

约瑟夫是个上年纪的人，不，简直是个老头——也许很老了，虽然还很健壮结实。"求主保佑我们！"他接过我的马时，别别扭扭地不高兴地低声自言自语着，同时又那么愤怒地盯着我的脸，使我善意地揣度他一定需要神来帮助才能消化他的饭食，而他那虔诚的突然喊叫跟我这突然来访是毫无关系的。

呼啸山庄是希刺克厉夫先生的住宅名称。"呼啸"是一个意味深长的内地形容词，形容这地方在风暴的天气里所受的气压骚动。的确，他们这儿一定是随时都流通着振奋精神的纯洁空气。从房屋那头有几棵矮小的枞树过度倾斜，还有那一排瘦削的荆棘都向着一个方向伸展枝条，仿佛在向太阳乞讨温暖，就可以猜想到北风吹过的威力了。幸亏建筑师有先见把房子盖得很结实：窄小的窗子深深地嵌在墙里，墙角有大块的凸出的石头防护着。

在跨进门槛之前，我停步观赏房屋前面大量的稀奇古怪的雕刻，特别是正门附近，那上面除了许多残破的怪兽和不知羞的小男孩外，我还发现"一五〇〇"年代和"哈里顿·恩萧"的名字。我本想说一两句话，向这倨傲无礼的主人请教这地方的简短历史，但是从他站在门口的姿势看来，是要我赶快进去，要不就干脆离开，而我在参观内部之前也并不想增加他的不耐烦。

节选自［英］艾米莉·勃朗特《呼啸山庄》，刘志明译

作品 5 号

我冒了严寒，回到相隔二千余里，别了二十余年的故乡去。

时候既然是深冬；渐近故乡时，天气又阴晦了，冷风吹进船舱中，呜呜地响，从缝隙向外一望，苍黄的天底下，远近横着几个萧索的荒村，没有一些活气。我的心禁不住悲凉起来了。

啊！这不是我二十年来时时记得的故乡？

我所记得的故乡全不如此。我的故乡好得多了。但要我记起他的美丽，说出他的佳处来，却又没有影像，没有言辞了。仿佛也就如此。于是我自己解释说：故乡本也如此，——虽然没有进步，也未必有如我所感的悲凉，这只是我自己心情的改变罢了，因为我这次回乡，本没有什么好心绪。

我这次是专为了别他而来的。我们多年聚族而居的老屋，已经共同卖给别姓了，交屋的期限，只在本年，所以必须赶在正月初一以前，永别了熟识的老屋，而且远离了熟识的故乡，搬家到我在谋食的异地去。第二日清早晨我到了我家的门口了。瓦楞上许多枯草的断茎当风抖着，正在说明这老屋难免易主的原因。几房的本家大约已经搬走了，所以很寂静。我到了自家的房外，我的母亲早已迎着出来了，接着便飞出了八岁的侄儿宏儿。我的母亲很高兴，但也藏着许多凄凉的神情，教我坐下，歇息，喝茶，且不谈搬家的事。

宏儿没有见过我，远远的对面站着只是看。

节选自鲁迅《故乡》

作品 6 号

　　我们所要介绍的是祥子，不是骆驼，因为"骆驼"只是个外号；那么，我们就先说祥子，随手儿把骆驼与祥子那点关系说过去，也就算了。北平的洋车夫有许多派：年轻力壮，腿脚灵利的，讲究赁漂亮的车，拉"整天儿"，爱什么时候出车与收车都有自由；拉出车来，在固定的"车口"（注：车口，即停车处。）或宅门一放，专等坐快车的主儿；弄好了，也许一下子弄个一块两块的；碰巧了，也许白耗一天，连"车份儿"也没着落，但也不在乎。这一派哥儿们的希望大概有两个：或是拉包车；或是自己买上辆车，有了自己的车，再去拉包月或散座就没大关系了，反正车是自己的。比这一派岁数稍大的，或因身体的关系而跑得稍差点劲的，或因家庭的关系而不敢白耗一天的，大概就多数的拉八成新的车；人与车都有相当的漂亮，所以在要价儿的时候也还能保持住相当的尊严。这派的车夫，也许拉"整天"，也许拉"半天"。在后者的情形下，因为还有相当的精气神，所以无论冬天夏天总是"拉晚儿"（注：拉晚儿，是下午四点以后出车，拉到天亮以前）。夜间，当然比白天需要更多的留神与本事；钱自然也多挣一些。

节选自老舍《骆驼祥子》

作品 7 号

　　一个名叫安德鲁克里斯的奴隶从他的主人那里逃了出来，跑向森林。他发现森林里有一只狮子正躺在地上不停地呻吟。
　　开始的时候，他没有理会，继续跑。但是那只狮子并没有来追赶他，最后他决定返回狮子身边。
　　当他走近的时候，狮子伸出自己的爪子。它的爪子肿着，并不停地流血。安德鲁克里斯发现有一根巨大的刺扎在狮子的爪子上，是这根刺引起的疼痛。他把这根刺拔了出来，并给狮子的爪子包扎好。康复了的狮子非常感谢安德鲁克里斯，它像狗一样舔他的手。

狮子把安德鲁克里斯带到自己的洞穴，每天都带肉给他吃。但是不久，人们找到了安德鲁克里斯，并把他和狮子一起捉住了。

残酷的人们把安德鲁克里斯捆好，把狮子带走并饿了好几天，他们想要在竞技场上让这只饥饿的狮子吃掉自己的恩人安德鲁克里斯。

那一天很快就来了，皇帝和大臣们也都来看这一幕。

安德鲁克里斯被带到了竞技场的中心，很快，狮子也被从笼子里放了出来。

它快速地冲过栏杆，咆哮着冲向他的食物。

但当他来到安德鲁克里斯身边时，他认出了自己的朋友。他没有吃他，反而像只可爱的狗一样舔他的手。

皇帝看到眼前的这一幕非常吃惊，就把安德鲁克里斯叫来询问。安德鲁克里斯把事情的整个经过讲给了皇帝听。

后来，奴隶安德鲁克里斯被赦免并释放了，狮子也重归大森林。

懂得感恩是灵魂高贵的标志。

节选自《伊索寓言》

作品8号

朋友，你到过天山吗？天山是我们祖国西北边疆的一条大山脉，连绵几千里，横亘准噶尔盆地和塔里木盆地之间，把广阔的新疆分为南北两半。远望天山，美丽多姿，那常年积雪高插云霄的群峰，像集体起舞时的维吾尔族少女的珠冠，银光闪闪；那富于色彩的不断的山峦，像孔雀正在开屏，艳丽迷人。

天山不仅给人一种稀有美丽的感觉，而且更给人一种无限温柔的感情。它有丰饶的水草，有绿发似的森林。当它披着薄薄云纱的时候，它像少女似的含羞；当它被阳光照耀得非常明朗的时候，又像年轻母亲饱满的胸膛。人们会同时用两种甜蜜的感情交织着去爱它，既像婴儿喜爱母亲的怀抱，又像男子依偎自己的恋人。如果你愿意，我陪你进天山去看一看。

雪峰·溪流·森林

　　七月间新疆的戈壁滩炎暑逼人，这时最理想的是骑马上天山。新疆北部的伊犁和南部的焉耆都出产良马，不论伊犁的哈萨克马或者焉耆的蒙古马，骑上它爬山就像走平川，又快又稳。

　　进入天山，戈壁滩上的炎暑就远远地被撇在后边，迎面送来的雪山寒气，立刻会使你感到像秋天似的凉爽。蓝天衬着高矗的巨大的雪峰，在太阳下，几块白云在雪峰间投下云影，就像白缎上绣上了几朵银灰的暗花。那融化的雪水，从高悬的山涧、从峭壁断崖上飞泻下来，像千百条闪耀的银链。这飞泻下来的雪水，在山脚汇成冲激的溪流，浪花往上抛，形成千万朵盛开的白莲。可是每到水势缓慢的洄水涡，却有鱼儿在跳跃。当这个时候，饮马溪边，你坐在马鞍上，就可以俯视那阳光透射到的清澈的水底，在五彩斑斓的水石间，鱼群闪闪的鳞光映着雪水清流，给寂静的天山添上了无限生机。

　　　　　　　　　　　　　　节选自碧野《天山景物记》

作品 9 号

　　在南国的时候，我的窗前有那么一块低洼的草地，春天的日子来临，它便会生长许多的小草，甚至开出一些小小的花朵，招引一些蜜蜂在那里抖着金翅嗡嗡地飞。许多小孩子们，很喜欢在那块草地上采花或者玩一些他们认为好玩的游戏。这样的日子总是很温馨的，因为阳光、花草和小孩子们，足以把春天装点得美丽而又亲切，让人忍不住掩卷，心驰神往。但是在五月的时节，就会有一场场的雨水降临，雨水把草地旁的冬青树洗得很绿，那种很清凉的绿，并且注满整个的草地。于是孩子们用纸折起小小的洁白的纸船，来到草地那片水洼子上，启航他们的小小的梦想。

　　唯有月夜，那块草地是完全属于我的。这时候夜安睡了，一轮皎洁的月儿来到水洼子上，映得那水好一片白。在白水之上，忽然有不知来于何处的小蛙，欢快地跌跌地跳跃，仿佛是要把那一轮月儿从水中端详个究竟，或者坐在月儿之上，让月儿浮托它走。小蛙们如同孩子，待它们游戏得尽情的时候，就一齐坐在水上唱歌。那就是在我的生命中离不去的蛙声了。惯于在夜里读书和写作的我，就极爱着那一扇窗，起起伏伏的蛙声，能让我的思绪飘浮，进入这样一个季节深处。

节选自古清生《总有那一片蛙声》

作品 10 号

走下狭窄的水泥楼梯之后，前面就有一条长长的走廊笔直地伸出去。也许因为天花板太高了，使得走廊看起来像晒干的排水沟一样。每隔一些距离悬挂着的日光灯上盖满了黑黑厚厚的灰尘。那灯光好像是透过细细的网格照出来似的不均匀。而且三个里面就有一个不亮。连要看自己的手掌都觉得很辛苦的样子。周围没有任何声音。只有运动鞋的胶底踏在水泥地上的平板声音响在昏暗的走廊。走了二百公尺或三百公尺，不，也许走了有一公里也不一定。我什么也没想地继续一直走着。那里既没有距离也没有时间。不知不觉之间甚至连正在前进的感觉也消失了。不过，总之大概是在向前进吧。我突然在 T 字路的正中央站住了。T 字路？"请笔直走过走廊。走到尽头就有门。"明信片上这样写着。我在尽头一带的墙上仔细观望一番，但那里既没有门的形状也没有门的影子。既没有过去曾经有过门的痕迹，也没有即将要装门的迹象。那真是一面极干脆的水泥墙，除了水泥墙本来就该有的特质之外看不见其他任何东西。没有形而上学的门，没有象征的门，也没有比喻的门，简直什么都没有。完了完了。我靠在水泥墙上抽了一根烟。这样一来，接着该怎么办呢？往前进呢？还是就这样退回去呢？

节选自［日］村上春树《蜗牛》

作品 11 号

因为夜晚的寒风仿佛恶作剧般，呼啸着围着房子打转，用它看不见的手推着门窗，要找个缝钻进去。可一旦钻了进来，它又好像没找到想要的东西——不管什么东西——吼叫着横冲直撞要出来。它不甘心只在走廊里大步流星，还要一圈圈绕着柱子打滑，逗弄风琴发出低鸣。它一飞冲到屋顶，要把房梁震裂，之后又绝望地冲向下面的石板，咕哝着钻进地下室。很快，它又偷偷摸摸地出来，沿着墙面爬过，似乎在低声念诵献给死者的悼文。它念诵时一会儿好像在尖声大笑，一会儿又好像在呜咽哀泣。它的声音如鬼似魅，在圣坛里回响不绝。它似乎在那儿狂热地赞美犯罪和谋杀，歌颂歪门邪道，蔑视那块刻有《摩西十诫》，表面光亮但实际破旧的石板。哦！老天保佑我们暖和和地坐在火炉旁吧！教堂那鬼哭狼嚎般的午夜寒风，它的声音真太可怕了！

然而，在那高高的尖塔之上，讨厌的大风发出了一阵咆哮。

在那高高的尖塔之上，风儿自由自在地穿梭于一个个通风的窟窿和小窗之间，在转梯上扭来扭去，它一把扯过吱哟哟的风向标，整个尖塔都因它而颤抖！高高的尖塔是钟楼的所在，那儿的铁栏杆锈迹斑斑，铅板和铜板因天气变幻而腐蚀，被这罕见的狂风吹得噼啪作响；鸟儿在橡木横梁的角落里搭起简陋的窝，到处是陈年积灰；花斑点点的蜘蛛在长期的安逸生活下变得懒散臃肿，随着钟的震动懒洋洋地荡来荡去，从不离开它们用丝网织就的空中楼阁，遇到危急时，或是像水手那样爬上爬下，或是跌在地上后靠着几条灵活的腿逃命。那高高的尖塔就是深夜里的可怕地方，它耸立在灯火点点的喧嚣市镇之上，远在漫天飞云之下，而我要说的那些钟就安放在一座古老教堂高高的尖塔上。

节选自狄更斯《教堂钟声》

作品 12 号

乍从那持续多日干燥燠热的北京，来到这气温最高不过摄氏二十度左右的北戴河，就像从又热又闷的蒸笼里跳进了清澈凉爽的池水里似的，感到无比的爽快、惬意，心身舒畅。在这舒畅惬意之余，真有些相见恨晚了。

说起来也很惭愧，我这个生长于渤海之滨从小就热爱大海的人，虽然也曾游览过一些国内外著名的海滨胜地，然而这名闻遐迩向往已久的北戴河，却一直到现在，才第一次投入它的怀抱。不过，说也奇怪，在这之前，我对它却并不陌生，它那幽美的风貌，早就观赏过了。不是从图画和电影中，也不是借助于文学作品或者人们的口头描叙，而却是在一个梦中，不，确切一点说，是在一个像梦一般的幻境中。

　　那是在我童年的时候，有一次，我到刚退了潮的海滩上去赶海。突然，我的面前，出现了一幅迷人的画面：一抹树木葱茏的山峦，横亘在大海的上空；一块块奇形怪状的岩石，耸立在山峰之上；一座座小巧玲珑的楼房，掩映在郁郁葱葱的树木之中。啊，这么多各种样式不同的楼房：圆顶的，尖顶的，方顶的，好看极了。它是那么美，那么奇特。还有庙宇寺院，亭台楼阁，它们有的深藏在林木环绕的山崖里，有的耸立在峭壁巉岩的山巅上，特别是那最东边一处陡峰上面的四角凉亭，连同它旁边一块高出于大海里的岩石，非常令人瞩目，亭子里面，还影影绰绰地仿佛是有人影在活动哩。一缕缕白色的烟雾，在山树间、海边上飘荡着，使得这迷人的景色，时隐时现，似幻似真，更增加了幽美和神秘的色彩。

节选自峻青《沧海日出》

作品 13 号

　　太乙近天都，连山接海隅。
　　白云回望合，青霭入看无。
　　分野中峰变，阴晴众壑殊。
　　欲投人宿处，隔水问樵夫。

　　唐代诗人兼画家的王维很会运用"以不全求全"的艺术手法。你看，偌大一座终南山，只用四十个字就勾画出了它那高大绵延的形貌。

　　"太乙"是终南山的别称，海拔 1700 多米，去天甚是遥远，说它"近天都"乃是艺术夸张。诗人登上终南山，但见"白云"弥漫，眼前的景物全笼罩于茫茫"白云"，蒙蒙"青霭"之中。白云浮游于眼前，人好似腾云驾雾一般。朝前走，白云似在有意躲闪，不敢正面相撞；回望，原已分身两边的云朵，又合拢来了，依然是茫茫云海。走出"白云"幽绝处，前面目之所及则是蒙蒙"青霭"，仿佛再走几步，就可触摸那"青霭"了，可惜！尽管不停地走，总是摸不着。

三联写诗人立足"中峰"，纵目四眺，终南山从北到南广阔无垠，景物依稀可见，只用"分野中峰变"五字就写尽了。

那里富有的奇妙景观，如"高峰夜景留，深谷昼未明"；"终南阴岭秀，积雪浮云端"；"带雪复衔春"和"洞远皆通岳，川多更有神"等种种天生气色，一一写真写实是很难的。难就难在："势奇看不定，景变写难真。"那么，要欣赏终南山的悠悠白云，青青烟霭，奇耸山峰，秀丽岩壑，以及同一时间内的或浓或淡、或有或无的阳光等生动逼真的景观，诗人也好，画家也好，全无能为力，只有身历其境者，才能幸运地享受自然美！我们就是在诗家的启迪下，去寻访"阴晴众壑殊"所包含的奇妙的幽雅趣味。

节选自周沙尘《终南山幽趣记》

作品 14 号

去年春天，我又到了洞庭东山。这次是走陆路的，在一年时间里，当地的农民已经把通往苏州的公路修好了。东山的一个农业合作社里的人，曾经在前年告诉过我：

"我们要修汽车路，通到苏州，要迎接拖拉机。"

果然，这条公路修汽车路，如今到东山去，不需要走水路，更不需要花上一天两天的时间了，只要两小时不到，就可以从苏州直达洞庭东山。我们就走这条公路，到了石湖。我们远远地望见了渺茫的湖水，安静地躺在那里，似乎水波不兴，万籁皆寂。渐渐地走近了，湖山的胜处也就渐渐地豁露出来。有一座破旧的老屋，总有三进深，首先唤起我们注意。前厅还相当完整，但后边却很破旧，屋顶已经可看见青天了，碎瓦破砖抛得满地。墙垣也塌颓了一半。这就是范成大的祠堂。墙壁上还嵌着他写的"四时田园杂兴"的石刻，但已经不是全部了。我们在湖边走着，在不高的山上走着。四周的风物秀隽异常。满盈盈的湖水一直溢拍到脚边，却又温柔地退回去了，像慈母抚拍着将睡未睡的婴儿似的，它轻轻地抚拍着石岸。水里的碎瓷片清晰可见。小小的鱼儿，还有顽健的小虾儿，都在眼前游来蹦去。登上了山巅，可望见更远的太湖。太湖里点点风帆，历历可数。太阳光照在潾潾的湖水上面，闪耀着金光，就像无数的鱼儿在一刹那之间，齐翻着身。绿色的田野里，夹杂着黄色的菜花田和紫色的苜蓿田，锦绣般地展开在脚下。

节选自郑振铎《石湖》

作品 15 号

　　早就知道潭柘寺戒坛寺。在商务印书馆的《北平指南》上，见过潭柘的铜图，小小的一块，模模糊糊的，看了一点没有想去的意思。后来不断地听人说起这两座庙；有时候说路上不平静；有时候说路上红叶好。说红叶好的劝我秋天去；但也有人劝我夏天去。有一回骑驴上八大处，赶驴的问逛过潭柘没有，我说没有。他说潭柘风景好，那儿满是老道，他去过，离八大处七八十里地，坐轿骑驴都成。我不大喜欢老道的装束，尤其是那满蓄着的长头发，看上去啰里啰嗦、龌里龌龊的。更不想骑驴走七八十里地，因为我知道驴子与我都受不了。真打动我的倒是"潭柘寺"这个名字。不懂不是？就是不懂的妙。惰懒的人念成"潭柘"，那更莫名其妙了。这怕是中国文法的花样；要是来个欧化，说是"潭和柘的寺"，那就用不着咬嚼或吟味了。还有在一部诗话里看见近人咏戒坛松的七古，诗腾挪夭矫，想来松也如此。所以去。但是在夏秋之前的春天，而且是早春；北平的早春是没有花的。

　　这才认真打听去过的人。有的说住潭柘好，有的说住戒坛好。有的人说路太难走，走到了筋疲力尽，再没兴致玩儿；有人说走路有意思。又有人说，去时坐了轿子，半路上前后两个轿夫吵起来，把轿子搁下，直说不抬了。于是心中暗自决定，不坐轿，也不走路；取中道，骑驴子。又按普通说法，总是潭柘寺在前，戒坛寺在后，想着戒坛寺一定远些；于是决定住潭柘，因为一天回不来，必得住。门头沟下车时，想着人多，怕雇不着许多驴，但是并不然——雇驴的时候，才知道戒坛去便宜一半，那就是说近一半。这时候自己忽然逞起能来，要走路。走罢。

节选自朱自清《潭柘寺戒坛寺》

作品 16 号

请别怀疑这题目多了一个字，不，这里说的不是太湖，而是黄山麓太平县的太平湖。

如果说太湖是镶嵌在锦绣江南的一颗璀璨耀眼的明珠，那么，太平湖则是深藏万山丛中的一块尚未雕凿的翡翠。它是皖南山区青弋江上游的一座水库，一九七二年建成蓄水，知道的人并不多。但它的湖光水色，堪与黄山媲美，足使黄山增辉。

去年深秋，我从安庆经青阳去黄山，在湖上坐地一次轮渡。同行的同志指点着远处群山的一个峰巅说，那就是黄山光明顶。还告诉我，这个水库坝址在泾县、太平交界处的陈村，原来叫陈村水库。淹没区主要在太平，东西两头各跨泾县、石台的一小部分。为便于管理，全部划归太平县管辖，改名太平湖。它是安徽省最大的水库，水面达十三万亩，水深平均四十多米，可蓄水二十八亿立方以上。湖中部宽广，上下游是弯弯曲曲、宽窄不等的峡谷，风光秀丽。黄山脚下添了一大片湖水，真是"好水好山看不足"啊！可惜那次匆匆一过，来不及领略太平湖的风光。

今春，终于得到一个畅游太平湖的机会。

节选自吴象《太平湖之春》

作品 17 号

昏暗窄小的房子里，我的父亲摊手摊脚静静躺在地板上。他穿着一身白衣裳，光着脚，手指无力地打着弯儿。他快乐的眼睛紧紧地闭住了，成了两个黑洞；龇着牙咧着嘴，他像在吓唬我。

母亲跪在他旁边，用那把我常常用来锯西瓜皮的小梳子，为父亲梳理着头发。母亲围着红色的围裙，粗里粗气地自言自语着，眼泪不停地从她肿大了的眼泡里流出来。

姥姥紧紧拉着我的手，她也在哭，浑身发抖，弄得我的手也抖起来。她要把我推到父亲身边去，我不愿意去，我心里害怕！

我从没见过这种阵势，有一种莫名其妙的恐惧。我不明白姥姥反复给我说的是什么意思："快，跟爸爸告别吧，孩子，他还不到年纪，可是他死了，你再也别想见到他了，亲爱的……"

我一向信服我姥姥说的任何一句话。这段话的意思是，在这个悲伤的场景中，姥姥正在劝说我与即将离世的父亲告别。尽管我内心感到无比的恐惧和不愿意，但我依然信服姥姥的话。这段原文通过细腻的人物描写和情感表达，展现了亲人离世带来的巨大悲痛和无助感。

节选自高尔基《童年》

作品 18 号

中年人在烦恼里常常怀念儿时，久住现代化的闹市很容易回忆起田野上的风景。西行入陇，身住兰州，我忘不了我儿时的故土在关中，那是原野上到处分布着云团一样的绮丽大树的关中……

杏树，早春里最先著花。仿佛是隐形的春神跨着来自日边的娇艳轻捷的一骑骑"骏马"，当先闯进了旷野，通体的云霞之色与蹄下刚刚立起的麦苗儿同降同生，粉红嫩绿，洁净如洗。杏花展绽得疾速繁盛，褪落得也齐促彻底。待那小麦泛黄时，叶儿里时时亮开的杏儿也黄澄澄的，丰腴润泽，十分诱人。杏树以粉红、翠绿、澄黄之色彩将花叶果实铺排在一个紧凑、简练的序列里，以悄无声息的方式显示着春之多情，春之浩茫。麦收之后，使命已毕的杏树仅余青叶，静下来了，一直平静到落叶之秋。

洋槐，万花凋谢它才开。在刚刚波荡开来的绿色里，槐花一嘟噜一嘟噜素白似雪，雅秀高洁，清芬阵阵，鲜洌的气氛夜静时尤其袭人。这正是青黄不接、许多人家揭不开锅的时候。有那盈盈新妇，捏一长钩挎一竹篮，拽弯带刺的青枝，小心翼翼地采撷槐花，花串儿嗅之幽香，生啖之则微甜。回家去洒以井水，一笸箩白花撒上三五把麦面，敷霜敷粉，两手和匀，尔后入笼捂蒸，熟时趁热拌以少许油盐，油香淡淡，花香微暖，筋实而耐嚼，妙不可言，村人便称之为"麦饭"。陆游的"风吹麦饭满村香"，很切合关中的这一景况。鲜花白面，调料不宜重，火候不宜猛。新过门的小媳妇外表俊样，是不是兼有内秀？这春日里第一课就考个八九不离十了。槐从鬼，有鬼气，其考试新妇之手段也相当诡秘。

节选自杨闻宇《野旷天低树》

作品 19 号

少年时读苏轼赞美杭州西湖的诗"水光潋滟晴方好，山色空蒙雨亦奇"，小小的心灵上便有了烙印。后来长大了读到久居西湖的晚清学者合樾的笔记，说西湖的风景是晴湖不如雨湖，雨湖不如月湖，月湖不如雪湖，更令人神魂飞越了。

数十年后才到西湖一游，却只领略到一个"晴方好"，也就是"三不如"。虽然水光潋滟，晴渡温柔，已经令人流连忘返；可是没有领受到"雨亦奇"的美景，总不免是憾事。

三年前农历正月中旬重游西湖，和两位同志住在湖滨路西湖饭店。真是不巧，住了几天就落了几天雨。但也算凑巧，可以补偿"雨亦奇"的游览夙愿了。我们穿上雨鞋，撑开雨伞，便作雨湖之游。

一到湖边，湖水拍岸作响，湖波灰白色，卷起层层细浪，湖上是无边无际的雨丝，湖中却一架船儿也没有，开旷空阔。这并不是"画船尽入西泠，闲却半湖春色"（宋人词句），而是画船尽系岸柳，避让满湖春雨也。举头展望，只见湖水东南北三面，群山隐隐，南高峰、北高峰全是灰蒙蒙的。"山耶云耶远不知"，但是又深深浅浅，富于层次。最深的近于墨色，最浅的类如银粉。天水沾连，山云融合，又像是正在洗涤中的硕大无比的大理石屏风从几方面围绕着。啊！原来是活生生的粉墨山水、粉黛西子呈现在我们眼前！

节选自钟树梁《喜重拜英灵意气舒——杭州西湖游记》

作品 20 号

尽管好几十万人聚居在一小块地方，竭力把土地糟蹋得面目全非，尽管他们肆意把石头砸进地里，不让花草树木生长，尽管他们除尽刚出土的小草，把煤炭和石油烧得烟雾腾腾，尽管他们滥伐树木，驱逐鸟兽，在城市里，春天毕竟还是春天。阳光和煦，青草又到处生长，不仅在林荫道上，而且在石板缝里。凡是青草没有锄尽的地方，都一片翠绿，生意盎然。桦树、杨树和稠李纷纷抽出芬芳的黏稠嫩叶，菩提树上鼓起一个个胀裂的新芽。寒鸦、麻雀和鸽子感到春天已经来临，都在欢乐地筑巢。就连苍蝇都被阳光照暖，在墙脚下嘤嘤嗡嗡地骚动。花草树木也好，鸟雀昆虫也好，儿童也好，全都欢欢喜喜，生机蓬勃。唯独人，唯独成年人，却一直在自欺欺人，折磨自己，也折磨别人。他们认为神圣而重要的，不是这春色迷人的早晨，不是上帝为造福众生所创造的人间的美，那种使万物趋向和平、协调、互爱的美；他们认为神圣而重要的，是他们自己发明的统治别人的种种手段。

就因为这个缘故，省监狱办公室官员认为神圣而重要的，不是飞禽走兽和男女老幼都在享受的春色和欢乐，他们认为神圣而重要的，是昨天接到的那份编号盖印、写明案由的公文。公文指定今天，四月二十八日，上午九时以前把三名受过侦讯的在押犯，一男两女，解送法院受审。其中一名女的是主犯，须单独押解送审。由于接到这张传票，今晨八时监狱看守长走进又暗又臭的女监走廊。他后面跟着一个面容憔悴、鬈发花白的女人，身穿袖口镶金绦的制服，腰束一根蓝边带子。这是女看守。

节选自［俄］列夫·托尔斯泰《复活》

作品 21 号

　　已经将近两年了，我的心里埋着这题目，像泥土里埋着草根，时时苗长着钻出地面的欲望。

　　在芸芸众生之间，我们曾经有过无数聪明善良生物，年轻时心里孕育着一个美丽的梦境，驾了生命之舟，开始向波涛险恶，茫无涯岸的人海启碇，像童话里追逐仙岛的孩子，去寻求那伊若可即的心灵世界。结果却为冥冥中叫做"命运"的那种力量所拨弄，在一些暗礁和激湍中间，跌跌撞撞地耗尽黄金色的年轮，到头是随风逐浪到处飘流，连方向也完全迷失——这样的事我们看见过许多，我这里想提起的只是一个女性的故事。而她，也就是我的衰老的母亲。

　　因为避难，这位老人离开我们两个秋天又两个冬天了。在那滨海一角的家乡，魔爪还没有能够延伸到的土地上，她寂寞地数着她逐渐在少了下去的日脚。只要一想着她，我清楚地看见了彷徨于那遭过火灾的、破楼上的孤独身影，而忧愁乃如匕首，向我作无情的剜割了。我没有方法去看她，睁着眼让可以给她一点温暖的机会逝去，仿佛在准备将来不可挽救的悔恨。

节选自柯灵《苏州拾梦记》

作品 22 号

　　我家的后面有一个很大的园，相传叫作百草园。现在是早已把屋子一起卖给朱文公的子孙了，连那最末次的相见也已经隔了七八年，其中似乎确凿只有一些野草；但那时却是我的乐园。

　　不必说碧绿的菜畦，光滑的石井栏，高大的皂荚树，紫红的桑椹；也不必说鸣蝉在树叶里长吟，肥胖的黄蜂伏在菜花上，轻捷的叫天子（云雀）忽然从草间直窜向云霄里去了。单是周围的短短的泥墙根一带，就有无限趣味。油蛉在这里低唱，蟋蟀们在这里弹琴。翻开断砖来，有时会遇见蜈蚣；还有斑蝥，倘若用手指按住它的脊梁，便会啪的一声，从后窍喷出一阵烟雾。何首乌藤和木莲藤缠络着，木莲有莲房一般的果实，何首乌有臃肿的根。有人说，何首乌根是有像人形的，吃了便可以成仙，我于是常常拔它起来，牵连不断地拔起来，也曾因此弄坏了泥墙，却从来没有见过有一块根像人样。如果不怕刺，还可以摘到覆盆子，象小珊瑚珠攒成的小球，又酸又甜，色味都比桑椹要好得远。

长的草里是不去的，因为相传这园里有一条很大的赤练蛇。

长妈妈曾经讲给我一个故事听：先前，有一个读书人住在古庙里用功，晚间，在院子里纳凉的时候，突然听到有人在叫他。答应着，四面看时，却见一个美女的脸露在墙头上，向他一笑，隐去了。他很高兴；但竟给那走来夜谈的老和尚识破了机关。说他脸上有些妖气，一定遇见"美女蛇"了；这是人首蛇身的怪物，能唤人名，倘一答应，夜间便要来吃这人的肉的。他自然吓得要死，而那老和尚却道无妨，给他一个小盒子，说只要放在枕边，便可高枕而卧。他虽然照样办，却总是睡不着，——当然睡不着的。到半夜，果然来了，沙沙沙！门外像是风雨声。他正抖作一团时，却听得豁的一声，一道金光从枕边飞出，外面便什么声音也没有了，那金光也就飞回来，敛在盒子里。后来呢？后来，老和尚说，这是飞蜈蚣，它能吸蛇的脑髓，美女蛇就被它治死了。

结末的教训是：所以倘有陌生的声音叫你的名字，你万不可答应他。

节选自鲁迅《从百草园到三味书屋》

作品 23 号

　　三月的荒原不见一丝绿茵。枯黄的草坨带着远古的寂寞通向无尽的苍茫。我的新鲜感我的兴奋剂我的人为的壮举在这巨大的空间突然失去了应有的凝聚，大脑因缺氧而渐渐呆滞。往后走和往前走似乎都是同样的渺茫。如果不是理智提醒我脚下已是海拔五千公尺的高原了，我会把它当成世界上最平庸的地处。是不是达到了同样的高度便等于达到了同样的平庸？

　　这里简直就没有什么崇高可言。遥远的山脉呈一副慵懒的睡姿，草坨凋零得仅剩了筋脉活像一片倒置的鸡爪。我只在梦中体验过广阔的放浪，可是，我把几十年的梦境缀联在一起也铺不满这片高原的空廓。

在这空旷的地处不仅视线无法集中，就是思路也集中不起来。空间太大就没有了集中，而失去了集中，就失去了权威。高原上没有权威却充满新奇，哪怕最平庸的生命只要被这片高原托起，就会立刻改变意义。

我仰起头去瞅蓝天，一只黑鹰出现了，它不动羽翅，高傲地放大着存在的空间，它以足够的耐性重复着单调的滑行。它有着孤独的意识，无法与这片高原交流情感。那一瞬间我懂得了孤独不应该只属于人类。那时候，我希望这片海拔5000多米的高原不仅托起我的双脚，也能够托起我的精神我的思想。

节选自刘元举《西部系列：黄河源的狼》

作品 24 号

距今三百四十八年六个月一十九天，巴黎老城、大学城和新城三重城廓里，一大早群钟便敲得震天价响，把全市居民都弄醒了。

可是，一四八二年一月六日，这一天在历史上并非一个值得纪念的日子。一清早便使群钟轰鸣、万民齐动的事情，也无关紧要，不足记取。既不是庇卡底人或是勃艮第人来攻城，也不是抬着圣物盒的巡列仪，也不是拉阿斯葡萄园的学子们起来造反，也不是"我们称为无比威赫之主国王陛下"进城，甚至也不是在巴黎司法广场对男女扒手进行赏心悦目的绞刑，更不是十五世纪司空见惯的身著奇装异服，头饰羽冠的某外国使者，突然而至。最后一支这样的人马，弗朗德勒御史们，抵达巴黎还不到两天，他们是前来为法兰西王储和弗朗德勒的玛格丽特公主缔结婚约的。这叫波旁红衣主教大人伤透脑筋，可为了取悦国王，只好对这群吵吵闹闹、土里土气的弗朗德勒市长们笑脸相迎，而且还在他的波旁府邸里招待他们观看"许多精彩的寓意剧、傻剧和闹剧"，不料府邸门口的华丽帷幔全部被一阵倾盆大雨浸没了。

一月六日那天，正如约翰·德·特洛瓦所说的，"使得全巴黎民众激奋的"是这一天从远古以来适逢两个隆重的节日，即主显节和狂人节。

　　这一天，按习惯将在河滩放焰火，在布拉克小教堂种植五月树，在司法官演出圣迹剧。府尹大人的差役，穿着华丽的紫红色驼毛布衬甲衣，胸前缀着两个白色大十字，头一天晚上就在十字街头吹着喇叭，高声吆喝过了。

节选自［法］维克多·雨果《巴黎圣母院》

作品 25 号

　　太阳从大玻璃窗透进来，照到大白纸糊的墙上，照到三屉桌上，照到我的小床上来了。

　　我醒了，还躺在床上，看那道太阳光里飞舞着的许多小小的、小小的尘埃。宋妈过来掸窗台，掸桌子，随着鸡毛掸子的舞动，那道阳光里的尘埃加多了，飞舞得更热闹了，我赶忙拉起被来蒙住脸，是怕尘埃把我呛得咳嗽。

　　宋妈的鸡毛掸子轮到来掸我的小床了，小床上的棱棱角角她都掸到了，掸子把儿碰在床栏上，咯咯地响，我想骂她，但她倒先说话了：

　　"还没睡够哪！"说着，她把我的被大掀开来，我穿着绒褂裤的身体整个露在被外，立刻就打了两个喷嚏。她强迫我起来，给我穿衣服。印花斜纹布的棉袄棉裤，都是新做的；棉裤筒多可笑，可以直立放在那里，就知道那棉花够多厚了。

　　妈正坐在炉子边梳头，倾着身子，一大把头发从后脖子顺过来，她就用篦子篦呀篦呀的，炉子上是一瓶玫瑰色的发油，天气冷，油凝住了，总要放在炉子上化一化才能擦。

节选自林海音《城南旧事》

作品 26 号

　　无论哪一季，登景山，最合宜的时间是在清早或下午三点以后。

晴天,眼界可以望到天涯的朦胧处;雨天,可以赏雨脚的长度和电光的迅射;雪天,可以令人咀嚼着无色界的滋味。

在万春亭上坐着,定神看北上门后的马路(从前路在门前,如今路在门后),尽是行人和车马,路边的梓树都已掉了叶子。不错,已经立冬了,今年天气可有点怪,到现在还没冻冰。多谢茭荷的业主把残茎都去掉,叫我们能看见紫禁城外护城河的水光还在闪烁着。

神武门上是关闭得严严的。最讨厌是楼前那枝很长的旗杆,侮辱了整个建筑的庄严。门楼两旁树它一对,不成吗?禁城上时时有人在走着,恐怕都是外国的旅人。

皇宫一所一所排列着非常整齐。怎么一个那么不讲纪律的民族,会建筑这么严整的宫廷?我对着一片黄瓦这样想着。不,说不讲纪律未免有点过火,我们可以说这民族是把旧的纪律忘掉,正在找一个新的咧。新的找不着,终究还要回来的。北京房子,皇宫也算在里头,主要的建筑都是向南的,谁也没有这样强迫过建筑者,说非这样修不可。但纪律因为利益所在,在不言中被遵守了。夏天受着解愠的熏风,冬天接着可爱的暖日,只要守着盖房子的法则,这利益是不用争而自来的。所以我们要问,在我们的政治社会里有这样的熏风和暖日吗?

节选自许地山《上景山》

作品 27 号

雨后,院里来了个麻雀,刚长全了羽毛。它在院里跳,有时飞一下,不过是由地上飞到花盆沿上,或由花盆上飞下来。看它这么飞了两三次,我看出来:它并不会飞得再高一些,它的左翅的几根长翎拧在一处,有一根特别的长,似乎要脱落下来。我试着往前凑,它跳一跳,可是又停住,看着我,小黑豆眼带出点要亲近我又不完全信任的神气。我想到了:这是个熟鸟,也许是自幼便养在笼中的。所以它不十分怕人。可是它的左翅也许是被养着它的或别个孩子给扯坏,所以它爱人,又不完全信任。想到这个,我忽然的很难过。一个飞禽失去翅膀是多么可怜。这个小鸟离了人恐怕不会活,可是人又那么狠心，伤了它的翎羽。它被人毁坏了，而还想依靠人，多么可怜！它的眼带出进退为难的神情，虽然只是那么个小而不美的小鸟，它的举动与表情可露出极大的委屈与为难。它是要保全它那点生命，而不晓得如何是好。对它自己与人都没有信心，而又愿找到些依靠。它跳一跳，停一停，看着我，又不敢过来。我想拿几个饭粒诱它前来。又不敢离开，我怕小猫来扑它。可是小猫并没在院里，我很快地跑进厨房，抓来了几个饭粒。及至我回来，小鸟已不见了。我向外院跑去，小猫在影壁前的花盆旁蹲着呢。我忙去驱逐它，它只一扑，把小鸟擒住！被人养惯的小麻雀，连挣扎都不会，尾与爪在猫嘴旁耷拉着，和死去差不多。

　　瞧着小鸟，猫一头跑进厨房，又一头跑到西屋。我不敢紧追，怕它更咬紧了，可又不能不追。虽然看不见小鸟的头部，我还没忘了那个眼神。那个预知生命危险的眼神。那个眼神与我的好心中间隔着一只小白猫。来回跑了几次，我不追了。追上也没用了，我想，小鸟至少已半死了。猫又进了厨房，我愣了一会儿，赶紧地又追了去；那两个黑豆眼仿佛在我心内睁着呢。

节选自老舍《小麻雀》

作品 28 号

　　一九五六年我生儿子那时，在医院里和一位年轻妇女住一间病房，她在同一天也生了一个儿子。也许是由于我的双亲开有一家花店吧，我们的病房里很快就充满了玫瑰花的甜香。

　　在第七次给我送来花束时，我却感到有些不安起来，因为和我住同屋的妇女从没有收到过一朵鲜花。她坐在床边，探身欣赏着刚刚送到的花束。她年轻、漂亮，但她褐色的大眼睛中的某种神情使我感到对她这样的年纪来说，似乎已经历了过多人生的艰难和忧伤了。我感到她过去也总是只能欣赏别人的花朵。

　　"我在这儿一直过得很愉快。"她似乎看出了我的心思，而想要让我放心才这样说，"我真有幸能和你作伴。"

　　不过，我依然觉得有些不自在。要是有那么一种神奇的按钮，我只要一按就能消除她眼中的忧郁，那该有多好哇！不过，我想至少我还可以给她搞点花来。那天当我父母来看望我时，我便要他们给安也送点花来。

节选自［美］格雷夫斯《友好的报答》，唐若水译

作品 29 号

他这个人是从来不讲实用的。

他找不到有实际用处的工作做，因此整天想入非非。他塑造一些小玩意儿——男人、女人、城堡和镶嵌着海贝的泥雕。他还绘画。就这样，他白白地把时间浪费在无用之物上。大家笑话他，他自己也多次发誓要赶走这些奇念，但它们却在他心里徘徊留连，迟迟不肯离去。

有些男孩难得看书却顺利通过了考试。现在，他遇到了类似的机遇了。他在世碌碌无为，但死后天堂的大门却为他敞开着。

不过，在天堂里，也有个天使挥毫记录着凡人在世时的功过。由于那位负责掌管他的信使传错了话，他竟被分配在劳动者的天堂里了。

在这个天堂里，什么都有，除了懒散。

这儿，男人们都在嚷："天哪，我们可是一分钟也没空哪！"女人们则在喃喃低语："光阴似箭，我们得加油才是！"大家一致同意"时间贵如金"。我们的双手从来没歇过呢。他们抱怨、叹息，然而与此同时，这些话也使他们兴高采烈、精神抖擞。

节选自［印度］泰戈尔《误入劳动者天堂的人》

作品 30 号

在大兴安岭，最早的春色出现在向阳的山坡。嫩绿的草芽像绣花针一样顶破丰厚的腐殖土，要以它的妙手，给大地绣出生机时，背阴山坡往往还有残雪呢。这样的残雪，还妄想着做冬的巢穴。然而随着冰河炸裂，达子香花开了，背阴山坡也绿意盈盈了，残雪也

就没脸再赖着了。山前山后，山左山右，是透着清香的树、烂漫的山花和飞起飞落的鸟儿。那蜿蜒在林间的一道道春水，被暖风吹拂得起了鱼苗似的波痕。投在水面的阳光，便也跟着起了波痕，好像阳光在水面打起蝴蝶结了。

我爱这迟来的春天。因为这样的春天不是依节气而来的，它是靠着自身顽强的拼争，逐渐摆脱冰雪的桎梏，曲曲折折地接近温暖，苦熬出来的。也就是说，极北的春天，是一点一点化开的。它从三月化到四月甚至五月，沉着果敢，心无旁骛，直到把冰与雪，安葬到泥土深处，然后让它们的精魂，又化做自己根芽萌发的雨露。

春天在一点一点化开的过程中，一天天地羽翼丰满起来了。待它可以展翅高飞的时候，解冻后的大地，又怎能不做了春天的天空呢！

节选自迟子建《春天是一点点化开的》

作品 31 号

我整整有一年没有看见海了，从广东回来，还是去年七月里的事。

最近我给一个女孩子写信说："可惜你从来没有见过海。海是那么大，那么深，它包藏了那么多的没有人知道过的秘密，它可以教给你许多东西，尤其是在它起浪的时候。"信似乎写到这里为止。其实我应该接着写下去：那山一般地涌起来的、一下就像要把轮船打翻似的巨浪曾经使我明白过许多事情。我做过"海的梦"一九三二年春天我写过一本叫做《海的梦》的中篇小说。现在离开这个"海的梦"里的国家时，我却在海的面前沉默了。我等着第二次的"海的梦"。

在这只离开"海的梦"里的国土的船上，我又看见了大的海。白天海是平静的，只有温暖的阳光在海面上流动；晚上起了风，海就怒吼起来，那时我孤寂地站在栏杆前望着下面的海。"为什么要走呢？"不知道从什么地方来了这句问话，其实不用看便明白是自己对自己说话啊!

  是的,虽然我也有种种的理由,可以坦白地对别人说出来,但是对自己却找不出话来说了。我不能够欺骗自己,对自己连一点阴影也得扫去!这一下可真窘了。

节选自巴金《海的梦》

作品 32 号

  我好像为什么事情很悲哀,我想起"生命"。生命,是一个庄重而又神秘的话题。每当我抬头仰望星空,总感到人类生命的渺小与短暂。这让我不可遏制地思考,我们的存在究竟有何意义?

  有什么人能用绿竹作弓矢,射入云空,永不落下?我之想象,犹如长箭,向云空射去,去即不返。每个人的生命,是否也可以像那绿竹弓矢一般,射向无尽的虚空,留下一道美丽的轨迹?

  长箭所注,在碧蓝而明静之广大虚空。在这片广阔无垠的蓝天下,我们每个人的生命都是那微不足道的一点。然而,即使再微小,每个人的生命都有其独特的光彩。

  明智者若善用其明智,即可从此云空中,读示一小文,文中有微叹与沉默,色与香,爱和怨。这就是生命的色彩吧,充满了喜怒哀乐,爱恨情仇。这些复杂的情感交织在一起,构成了我们生命的全部。

  大门前石板路有一个斜坡,坡上有绿树成行,长干弱枝,翠叶积叠,如翠筝,如羽葆,如旗帜。这是我们生活的世界,充满了生机与活力。在这个多彩的世界里,我们每个人都有自己的舞台。

  常有山灵,秀腰白齿,往来其间。遇之者即喑哑。这就是人与人之间的相遇相识吧。有些人的出现,仿佛就是生命中的一场奇迹。他们的到来,让我们的生命变得更加丰富多彩。

  爱能使人喑哑——一种语言歌呼之死亡。"爱与死为邻"。爱,是生命中最深沉的情感。它既可以让我们感受到无尽的幸福与温暖,也可以让我们陷入无尽的痛苦与绝望。

然抽象的爱，亦可使人超生。爱国也需要生命，生命力充溢者方能爱国。这是对生命的升华吧。当我们把对生命的热爱升华到对国家的热爱时，我们的生命便得到了最高尚的意义。

至如阉寺性的人，实无所爱，对国家，貌作热诚，对事，马马虎虎，对人，毫无情感，对理想，异常吓怕。这是生命的悲哀吧。当一个人失去了对生活的热爱和对理想的追求时，他的生命便如同一具行尸走肉。

也娶妻生子，治学问教书，做官开会，然而精神状态上始终是个阉人。这是生命的无奈吧。即使一个人在外表上拥有了一切，但如果他的内心是空洞的，那么他的生命依然是毫无意义的。

与阉人说此，当然无从了解。

节选自沈从文《生命》

作品 33 号

有这样一个故事。

有人问：世界上什么东西的气力最大？回答纷纭得很，有的说"象"，有的说"狮"，有人开玩笑似的说：是"金刚"，金刚有多少气力，当然大家全不知道。

结果这一切答案完全不对，世界上气力最大的，是植物的种子。一粒种子可以显现出来的力，简直是超越一切，这儿又是一个故事。

人的头盖骨，结合得非常致密与坚固，生理学家和解剖学者用尽了一切的方法，要把它完整地分出来，都没有这种力气，后来忽然有人发明了一个方法，就是把一些植物的种子放在要剖析的头盖骨里，给它以温度与湿度，使它发芽，一发芽，这些种子便以可怕的力量，将一切机械力所不能分开的骨骼，完整地分开了，植物种子力量之大，如此如此。

这，也许特殊了一点，常人不容易理解，那么，你看见笋的成长吗？你看见被压在瓦砾和石块下面的一棵小草的生成吗？它为着向往阳光，为着达成它的生之意志，不管上面的石块如何重，石块与石块之间的如何狭,它必定要曲曲折折地,但是顽强不屈地透到地面上来,它的根往土壤钻,它的芽往地面挺,这是一种不可抗的力,阻止它的石块,也被它掀翻,一粒种子的力量的大,如此如此。

节选自夏衍《野草》

作品 34 号

伦敦与巴黎并为狄更斯名著《双城记》里的双城,而且都曾陷给对方,可是隔了一道"荒谬的海峡",风格却大有差异。巴黎之美在明艳而善变,无论在政治或文艺上都历经革命。伦敦之美却雍容而成熟,自从十七世纪那场革命以来,就不再有大变了,无论欧风美雨如何吹袭,始终保持自己的作风。很难想象埃菲尔铁塔怎能矗立在泰晤士河畔,玻璃的金字塔怎能出现在贝尔格瑞夫广场。

在令人怀旧的电影里,伦敦曾是雾都。欧琳太太在王尔德的喜剧《温夫人的扇子》终场时就说:"伦敦的雾跟正人君子太多了,温大人。到底是雾带来了正人君子,还是正人君子带来了雾,我不知道。"这是一百年前的笑话,由于环保规定严格执行,伦敦之雾已成了历史。

不过雾散之后,其他的景色并没有变。

宏伟而嵯峨的国会大厦之上,那口重达十三吨半的大本钟,在金碧辉煌的塔楼顶,仍然每小时向世界朗敲格林威治的光阴。戴着黑绒高帽,绷着猩红制服的羽林军,仍然在宫门前按时换岗。律师在庭上仍然银其假发,黑其长袍。银行的侍者仍然耸其高礼帽,曳其燕尾服。巍巍而过的双层巴士仍然红得那么热闹,施施而来的计程方轩仍然黑得那么稳重。当你在长长的河堤上散步,即连东去的泰晤士河水,也似乎仍在斯宾塞的诗韵里起伏。

节选自余光中《三访伦敦》

作品 35 号

　　他就捡起一柄塑像用的木质小刀来。小刀在柔软的泥土上轻轻拂过，使像身的肌肉产生一种更细腻的光泽。老头子的手指活泼了起来，眼睛里放着光芒。"还有这里……这里……"他又修改了别的几处地方，再退后一步，细细观察。然后又把架子转过背来，喉咙里喃喃地发出奇怪的声音。有时他欣然微笑，有时他眉头紧皱，有时捏了一点泥，加到像身上去，又轻轻抓掉一些。

　　如此继续了半小时，一小时……他从没有对我说一句话。除了创造他理想中的具象之外，他什么都忘记了。似乎天地间只有这工作的存在，好像上帝着手创造世界的第一天那样。

　　后来，他大功告成似的松了一口气，丢下小刀，把刚才的那块湿布给塑像盖上，那种小心翼翼的神情，宛如一个男人给他情侣披上披肩。然后转背向外，仍旧恢复了初见时那魁梧的老人。

　　他还没有走到门口，忽然发现了我，他一惊。直到这个时候他才想起了我，刚才的失礼显然使他非常过意不去。"对不起，先生。我简直把你忘记了。但是……"我十分感激地紧紧握住了他的手。或许他也感觉到了我的情绪，所以微微笑着，举起膀子围住了我的肩头，两个人一同走出那房间去。

　　　　节选自［奥］茨威格《成功的秘诀》，张仁厚译

作品 36 号

　　今年四月十四日，我在浙江金华，游北山的两个岩洞，双龙洞和冰壶洞。洞有三个，最高的一个叫朝真洞，洞中泉流跟冰壶、双龙上下相贯通，我因为足力不济，没有到。

　　出金华城大约五公里到罗甸。那里的农业社兼种花，种的是茉莉、白兰、珠兰之类，跟我们苏州虎丘一带相类，但是种花的规模不及虎丘大。又种佛手，那是虎丘所没有的。据说佛手要那里的土培植，要双龙泉水灌溉，才长得好，如果移到别处，结成的佛手就像拳头那么一个，没有长长的指头，不成其为"手"了。

过了罗甸就渐渐入山。公路盘曲而上，工人正在填石培土，为巩固路面加工。山上几乎开满映山红，比较盆栽的杜鹃，无论花朵和叶子，都显得特别有精神。油桐也正开花，这儿一丛，那儿一簇，很不少。我起初以为是梨花，后来认叶子，才知道不是。丛山之中有几脉，山上砂土作粉红色，在他处似乎没有见过。粉红色的山，各色的映山红，再加上或深或淡的新绿，眼前一片明艳。

一路迎着溪流。随着山势，溪流时而宽，时而窄，时而缓，时而急，溪声也时时变换调子。入山大约五公里就到双龙洞口，那溪流就是从洞里出来的。

节选自叶圣陶《记金华的两个岩洞》

作品 37 号

"你怎样分配写作和作画的时间？"

我说，我从来不分配，只听命于生命的需要，或者说遵从生命。他不明白，我告诉他：写作时，我被文字淹没。一切想象中的形象和画面，还有情感乃至最细微的感觉，都必须"翻译"成文字符号，都必须寻觅到最恰如其分的文字代号，文字好比一种代用数码。我的脑袋便成了一本厚厚又沉重的字典。渐渐感到，语言不是一种沟通的工具，而是交流的隔膜与障碍——一旦把脑袋里的想象与心中的感受化为文字，就很难通过这些文字找到最初那种形象的鲜活状态。同时，我还会被自己组织起来的情节、故事、人物的纠葛，牢牢困住，就像陷入坚硬的石阵中。每每这个时期，我就渴望从这些故事和文字的缝隙中钻出去，奔向绘画。

当我扑到画案前，挥毫把一片淋漓光彩的彩墨泼到纸上，它立即呈现出无穷的形象。莽原大漠，疾雨微霜，浓情淡意，幽思苦绪，一下子立见眼前。无须去搜寻文字，刻意描写，借助于比喻，一切全都有声有色、有光有影迅速现于腕底。几根线条，带着或兴奋或哀伤或狂愤的情感；一块水墨，真切切的是期待是缅怀是梦想。那些在文字中只能意会的内涵，在这里却能非常具体地看见。绘画充满偶然性。愈是意外的艺术效果不期而至，绘画过程愈充满快感。

从写作角度看，绘画是一种变幻想为现实、变瞬间为永恒的魔术。在绘画天地里，画家像一个法师，笔扫风至，墨放花开，法力无限，其乐无穷。可是，这样画下去，忽然某个时候会感到，那些难以描绘、难以用可视的形象来传达的事物与感受也要来困扰我。但这时只消撇开画笔，用一句话，就能透其精髓，奇妙又准确地表达出来，于是，我又自然而然地返回了写作。

节选自冯骥才《遵从生命》

作品 38 号

　　今年二月，我从海外回来，一脚踏进昆明，心都醉了。我是北方人，论季节，北方也许正是搅天风雪，水瘦山寒，云南的春天却脚步儿勤，来得快，到处早像催生婆似的正在催动花事。

　　花事最盛的去处数着西山华庭寺。不到寺门，远远就闻见一股细细的清香，直渗进人的心肺。这是梅花，有红梅、白梅、绿梅，还有朱砂梅，一树一树的，每一树梅花都是一树诗。白玉兰花略微有点儿残，娇黄的迎春却正当时，那一片春色啊，比起滇池的水来不知还要深多少倍。

　　究其实这还不是最深的春色。且请看那一树，齐着华庭寺的廊檐一般高，油光碧绿的树叶中间托出千百朵重瓣的大花，那样红艳，每朵花都像一团烧得正旺的火焰。这就是有名的茶花。不见茶花，你是不容易懂得"春深似海"这句诗的妙处的。

　　想看茶花，正是好时候。我游过华庭寺，又冒着星星点点细雨游了一次黑龙潭，这都是看茶花的名胜地方。原以为茶花一定很少见，不想在游历当中，时时望见竹篱茅屋旁边会闪出一枝猩红的花来。听朋友说："这不算稀奇。要是在大理，差不多家家户户都养茶花。花期一到，各样品种的花儿争奇斗艳，那才美呢。"

节选自杨朔《茶花赋》

作品 39 号

　　好几年前，我见着曾国藩写的一副对联，先看下联，是："爱养盆鱼识化机，"心里很不以为然。因为鱼的自由世界是江、河、湖、海；哪一处不可以认识它们的化机，何必要把活泼泼的鱼儿捉到盆里来呢？盆是鱼的监牢；盆鱼是上了枷锁镣铐的囚犯。现在舍掉江、河、湖、海之大，而要在监牢式的小盆里追求造化之机，不但是违反自然，而且是表示度量之狭隘。我素来反对笼中养鸟，所以不知不觉地对于盆中养鱼，也发生一种深刻的不满。我便带着这种不满意的态度去看上联。我见上联写的是："不除庭草留生意，"不禁连叫几声好，欢喜得把心里的不满都忘掉了。从此我便想用这个意思来造一座斋舍，称它为"不除庭草斋"。但是吃着早餐愁晚餐的人哪有余款造房子？退一步想，斋主虽做不成，何妨做个斋夫？好，就这么说，这个"不除庭草斋夫"的头衔，恕我自封了。需要斋夫的人们，请看清这个名字来找我；否则你要除草，我不除草，弄僵起来，怎么办呢？

　　　　　　　　　　　　　　节选自陶行知《不除庭草斋夫谈荟》

作品 40 号

　　现代人的友谊，很坚固又很脆弱。它是人间的宝藏，需我们珍爱。友谊的不可传递性，决定了它是一部孤本的书。我们可以和不同的人有不同的友谊，但我们不会和同一个人有不同的友谊。友谊是一条越掘越深的巷道，没有回头路可以走的，刻骨铭心的友谊也如仇恨一样，没齿难忘。

　　友情这棵树上只结一个果子，叫做信任。红苹果只留给灌溉果树的人品尝。别的人摘下来尝一口，很可能酸倒了牙。

　　友谊之链不可继承，不可转让，不可贴上封条保存起来而不腐烂，不可冷冻在冰箱里永远新鲜。

　　友谊需要滋养。有的人用钱，有的人用汗，还有的人用血。友谊是很贪婪的，绝不会满足于餐风饮露。友谊是最简朴同时也是最奢侈的营养，需要用时间去灌溉。友谊必须述说，友谊必须倾听，友谊必须交谈的时刻双目凝视，友谊必须倾听的时分全神贯注。友谊有的时候是那样脆弱，一句不经意的言辞，就会使大厦顷刻倒塌。友谊有的时候是那样容易变质，一个未经证实的传言，就会让整盆牛奶变酸。这个世界日新月异。在什么都是越现代越好的年代里，唯有友谊，人们保持着古老的准则。朋友就像文物，越老越珍贵。

节选自毕淑敏《友情：这棵树上只有一个果子，叫做信任》

作品 41 号

　　院子里现在一片昏黑，非常沉闷。但闯进院子的风如瞎子般到处乱撞，溜进了院子深处，又开始往上面刮，这时它突然恢复了视力，往上猛冲，冲向对面的一堵黑墙。墙上琥珀色的小孔中隐约可见人影晃动，胳膊和头开始忙乱起来，只见被风刮开的窗户又被拉了回来，窗框发出低沉的吱吱声，然后牢牢地锁好了。各屋的灯熄了，接下来沉闷的声音轰然响起。原来是远处的雷声，正在来回移动，声音响彻昏暗的紫色夜空。接着又是一片宁静，就像那个女乞丐唱罢歌后双手抱胸时四周短暂的宁静一样。

　　在这片宁静之中，我睡着了，梦见的全是你。白天的快乐使我太累，那是一种难以描述的快乐。

　　我醒来了，因为夜突然被震成了碎片。一道凶猛的白光划过了天空，宛如一个巨轮的辐条飞快地闪过。一个接一个的霹雳震碎了天空。大雨铺天盖地哗哗而下。

　　这蓝幽幽的震颤，这突如其来的强烈凉意，令我陶醉。我走到湿漉漉的窗架前，呼吸着一尘不染的空气，心里像玻璃一样透亮。

节选自纳博科夫《雷雨》

作品 42 号

　　张狂的时候，曾随一位朋友外出探险。那是太行山脉千山万壑围护着的一处幽谷，向导说，人迹罕至。仰望寂寥而深邃的天空，冥想鸟翼飞绝的意境，整个灵魂都被严严实实的山石包裹住了，与彻骨入髓的沉默对峙，简直让人烦躁难耐，束手无策。

然而我错了！转过狭窄凸凹的山麓，我的目光陡然间熊熊燃烧起来，你猜——

那是铺天盖地的野花啊！峭壁上，悬崖顶，岩缝间，坑坑洼洼的碎石块中，簇拥着数不清说不尽描绘不了的五彩缤纷、绚烂无比的野山花。熏风拂送，那些花就在浸着蜜香的山岚中，沉醉地跃下枝头，落英如雨，漫天飞卷，美极美极。

凝重而肃穆的崇山峻岭，并没有因为沉寂而冷漠，并没有因为无人喝彩无人光临就死气沉沉毫无生气，而是以灿烂的鲜花向寂寞挑战，以蓬勃的生机对生命负责。

所以，生命中的险恶没有什么恐怖，生命中的孤独没有什么缺憾，生命中的高墙与埋没无关，关键是：即使在始终无人注目的暗夜中，你可曾动情地燃烧，为了答谢这一段短暂的岁月？

节选自栖云《点燃岁月》

作品 43 号

鸽子，在天空飞着。人们把哨子拴在它的腿上，从天空里，便飞来悠扬的哨响。

天是晴朗的，只有一两片白云。鸽子在空中盘旋。鸽子的翻腾，从哨子发声的波折中，也可以听出来。

鸽子一群一群地飞着，在罗马的古堡上飞着，当但丁第一次和碧蒂利采相遇的时候，鸽子就在那儿飞着。

鸽子在天安门前飞着，在北京城刚刚建造起来的时候，它们就在这儿飞着。

鸽子有凤头的，有黑翅的，有纯白的，还有带芝麻点儿的。但翅膀都同样的矫健。

鸽子的眼睛，透着爱的光。它会把食物用嘴吐出来喂养小鸽子。据说鸽子老了，它孵养的鸽子，也会来喂养它……

鸽子的翅膀，没有海鸥那么长，也没有鹞子那么大，更没有鹰那么会在高空中滑翔……但它的翅膀却比它们都强……

鸽子是喜欢群居的，但也能单独飞行，在它完成最远的行程的时候，常常是在单独的情况下做到的。

在这个远程的飞行里，它几乎是没有东西吃，也没有水喝，就是不停地飞，不达到目的地不停止。鸽子横渡海洋，白天和黑夜都不停地飞行。在海面上没有什么可吃的，海水也是不能喝的，半途也没有地方歇息，要是有岩石的地方，那已是到了海的那一边了……骆驼能征服沙漠，鸽子能征服天空……

节选自端木蕻良《耐力》

作品 44 号

两匹宽脊背的暗栗色马，套着高高的颈箍，拖着那条平底船稳重地上下摆动着脑袋：它们顺着杂草丛生的河岸在沙土小道上走着。运河穿过平原，呈直线伸展出去，象在地图上一样，那平原被一块块菜园、牧场、花圃以及沟渠和运河的罗网分划开了。那一天很热，而且弥漫着轻雾。紫罗兰、风信子和水仙花差不多都已经萎谢了，还留在黑土花坛里的一些残花正在被人采摘，装进篮子里。可是紫黑色的、火焰一般鲜红的、五彩斑斓的和金黄色的郁金香，却象天鹅绒的幕布一样覆盖着大地。到处有水车的翼片在懒懒的微风中转动；四周净是住宅、田庄和带着陡直瓦屋面和鹳鸟窠巢的小房子，运河两旁栽着一行行矮矮的柳树。从蔚蓝色的溟濛烟霭里，透出来市镇、教堂、钟楼的轮廓，还有风车，风车……

节选自［俄］阿·托尔斯泰《彼得大帝》

作品 45 号

日思夜想，忽忽已二十五年了，每逢春秋佳日，更是想个不了。这是怎么一回事？却原来是害了山水相思病：想的是以幽壑奇峰著称的浙东第一名胜雁荡山，不单是我一个人为它害相思，朋友中也有好几位是同病的，只因一年年由于天时人事的牵掣，都一年年的拖延下来，只索一年年的作神游作梦游罢了。

我平日喜欢做盆景，去年做了个雁荡山的盆景。挑选了几块大大小小的广东英山石，像玩七巧板一般，凑放在一只玛瑙石的长方形浅盆中，利用石上白条子的天然石筋，当作瀑布，就算是我那渴想已久的大龙湫了。从这一天起，我就把它作为案头清供，还胡诌了一首诗："神驰二十五春秋，幽壑奇峰梦里游；范水模山些子景，何妨年作大龙湫！"（元代高僧韫上人能作盆景，称为些子景。）

我天天看着那盆假山假水的假雁荡，看得有些儿厌了，老是惦念着雁荡的真山真水，恰恰今年5月下旬，有上雁荡山的机会，便毅然地走了。

节选自周瘦鹃《听雨听风入雁山》

作品 46 号

在红底白字的"伟大的中华人民共和国万岁"和挨得很挤的惊叹号旁边，矗立着两层楼那么高的西餐汤匙与刀、叉，三角牌餐具和她的邻居星海牌钢琴、长城牌旅行箱、雪莲牌羊毛衫、金鱼牌铅笔……一道，接受着那各自彬彬有礼地俯身吻向她们的忠顺的灯光，露出了光泽的、物质的微笑。瘦骨伶仃的有气节的杨树和一大一小的讲友谊的柏树，用零乱而又淡雅的影子抚慰着被西风夺去了青春的绿色的草坪。在寂寥的草坪和阔绰的广告牌之间，在初冬的尖刻薄情的夜风之中，站立着她——范素素。她穿着杏黄色的短呢外衣，直缝如注的灰色毛涤裤子和一双小巧的半高跟黑皮鞋。脖子上围着一条雪白的纱巾，叫人想起燕子胸前的羽毛，衬托着比夜还黑的眼睛和头发。

"让我们到那一群暴发户那里会面吧！"电话里，她对佳原那么说。她总是把这一片广告牌叫做"暴发户"，对于这些突然破土而出的新偶像既亲且妒。"多看两眼就觉得自己也有钢琴了。"佳原这样说过。"当然，老是念'不是你吃掉我，就是我吃掉你'，自己也会变成狼。"她说。

节选自王蒙《风筝飘带》

作品 47 号

　　一般人认为北京话就是爱带儿字音；要不就像电视剧的侃爷一样能侃，把个稻草说成金条。这实在是对北京话的大大误解。

　　我敢说，全国各地方言之中，唯北京话最为丰富多彩，它的形象、厚实、一语双关、俏皮、幽默，尤其是后一点，大概是没得比的。这不是自夸，是和北京特殊的历史，特殊的政治、经济、文化位置分不开的。现代北京话中仍能找到秦汉魏晋唐宋元明朝代的古词；还能找到不少少数民族的语词。比如"嗷糟"（心烦或不净）、"水筲"（水桶），就分别是元明两代的古语。"您"北京人爱称呼的这个词，就是出自蒙古族，"大夫"则来自女真族。同时，北京作为古都，既有上至皇帝的宫廷语言，又有下至五行八作的市井语言，使得北京话雅俗兼备，相互融合。比如"待见"一词，喜欢之意，原是指太监引领臣下去见皇帝，被带着见皇帝，是项光荣的事。而"来劲"这个词则来自妓院。只不过如今人们分不清哪个来自玉宇琼官，哪个来自下里巴人罢了。这句话最后的"罢了"一词，其实也是从满语演变而来的。这在《红楼梦》一书中常可以看到。

　　北京话，实在是历史长时间冶炼、北方多民族多方交融的结果。后一点对于北京话的形成、发展，在我看来更为重要。

节选自肖复兴《北京话》

作品 48 号

　　谁也无法描绘出他的面目。但世界上处处能听到他的脚步。

　　当旭日驱散夜的残幕时，当夕阳被朦胧的地平线吞噬时，他不慌不忙地走着，光明和黑暗都无法改变他行进的节奏。

　　当蓓蕾在春风中灿然绽开湿润的花瓣时，当婴儿在产房里以响亮的哭声向人世报到时，他悄无声息地走着，欢笑不能挽留他的脚步。

　　当枯黄的树叶在寒风中飘飘坠落时，当垂危的老人以留恋的目光扫视周围的天地时，他还是沉着而又默然地走，叹息也不能使他停步。

他从你的手指缝里流过去。

从你的脚底下滑过去。

从你的视野和你的思想里飞过去……

他是一把神奇而又无情的雕刻刀，在天地之间创造着种种奇迹。他能把巨石分裂成尘土，把幼苗雕成大树，把荒漠变成城市和园林；当然，他也能使繁华之都衰败成荒凉的废墟，使锃亮的金属爬满绿锈、失去光泽。老人额头的皱纹是他刻出来的，少女脸上的红晕也是他描绘出来的。生命的繁衍和世界的运动正是由他精心指挥着。

节选自赵丽宏《光阴》

作品 49 号

生命，对每个人都是铁面无私的。那么，一个人可以活两次，不是很可笑吗？

其实不是。

我不妨举两个例子。生长在 17 世纪的英国人威仁爵士，他原来是格里汉学院与牛津大学的天文学教授。但他在 48 岁那年，突然异想天开，他要改变自己的职业，开始过另一种陌生的生活，从事一个新的创造性事业。于是他把自己的后半辈子献给了城市建设。他在后半生的 40 年中，一共建造了 53 座教堂与座堂，单单以伦敦的保罗座堂就使他名垂千古。称誉他的人都说，威仁爵士活了两次。

中国唐代诗人温庭筠年轻时浪荡不羁，出入于歌楼妓馆，"能逐弦吹之声，为侧艳之词"，为当时士大夫所不齿。他人到中年之后，一改旧习，先后任方城尉与国子监助教，治理地方，颇有政绩；为人师表，作风严谨。连他昔日的朋友都说温庭筠完全变了一个人。

这两个例子至少可以说明，人的可塑性是很大的。威仁改变职业，在人生道路上取得另一项成就；温庭筠再塑人生，从风流才子变成了诲人不倦的老师。对他们来说，不是等于活了两次吗？

节选自曹正文《一个人可以活两次》

作品 50 号

　　我从小生活在四川省甘孜州,那是一个著名的藏区,藏族文化的三大发源地之一。我所生长的小城,正如那首著名情歌所唱的那样,跑马溜溜的山下,一座溜溜的城哟。

　　那是一座极美的小城,坐落在跑马山的脚下,宁静而隽秀。两条河,一名雅拉、一名折多,沿不同方向穿过城区,汇于一处,形成人字形。河水由山上的雪水融化而成,清澈透明。小城沿着河的两岸,顺着山坡修建。山间长满翠绿的落叶松,四季常青。

　　我最喜欢小城夏日的傍晚,太阳还没有下山,阳光温润细致,有琉璃的质感,照在远处的雪山和房屋砖红色的屋顶上,一片明亮的金黄。高原上的天永远都湛蓝无比,甚至有一丝透明。小城的街道不宽,但是整洁、明净。走在街上不会感到一点燥热,因为有风,那种清爽的穿过高原的风。小城因为那首情歌而出名,但它还有一个别致的古地名,叫做打箭炉。相传诸葛亮七擒孟获时,曾命郭达将军在此处打造弓箭。历史已无从考证,但是当地一座山名叫郭达山。山很高,山顶没有树,只有青灰色冰冷的岩石和一根巨大的木杆,从山下遥望犹如一枚直插云霄的羽箭。

节选自刘钫《思念的城市》

作品 51 号

　　香溪如歌如诉地前行。五过香溪,有两次直抵它的源头。越看越对它感到亲切并赞赏它特异的风格。

　　光绪年间为"汉昭君王嫱故里"立的碑,与"楚大夫屈原故里"碑,并立在秭归南门,昭君村却在现在湖北的兴山县城东北七里的山台上。从那里到与长江西陵峡相接的香溪口,不足七十里。这段香溪虽也从山中来,却较平坦宽阔,以往通船,现在有了车道,就任它飘行在云山之中,深处湛蓝凝碧,浅处清澈见底,秀水青山记叙着昭君出门的行程,乡亲们不尽的思念。

　　"群山万壑赴荆门,生长明妃尚有村",不仅是唐代杜甫的见闻,至今二千多年,沿溪而立的口碑,犹如昭君还活动在香溪之畔。她原是贬官王穰之女,这位老人大约志在山水之间,他的乡亲至今还以这块"宝坪"(原名)自豪。村前的清河是香溪中最深最宽的,这里气候湿润,土地肥沃,一凹凹的田畈,终年常绿,除小麦而外,玉米一年两熟。河边的丛林,山前的核桃,也一样的苍翠茂盛。

节选自菡子《香溪》

作品 52 号

呼吸苍穹逼斗躔,昆仑气脉得来先。
春风难扫千年雪,秋月能开万岭烟。
西域威灵幡两部,北都枝干络三边。
会当绝顶观初日,五岳中原小眼前。

这首《天山》诗,是清人裴景福写的。他以满腔激情讴歌那雄伟壮丽的天山:写天山之高、穿插青天直逼星座;写天山之雄,气势磅礴,为昆仑之首;写天山之美,瑰丽多彩,宛如仙居;写天山之大,中原五岳,望中显小。

其实,天山连绵几千里,胜景无穷,何止如此。不论高山、深谷,不论草原、湖泊,不论森林、溪流,无不是真山真水,绮丽自然。且不说那长年积雪高插云霄的群峰,恰像翩翩起舞时的维吾尔族少女头上的珠冠,银光闪闪,那色彩丰富的山峦,又像开屏孔雀的丰姿,艳丽夺目;只就我最为眷恋的那和杭州西湖差不多大小的天池来说,已经够引人入胜,为之神魂飞扬了!她悬挂在天山第二高峰博格达山的北坡山腰,位于新疆昌吉回族自治州阜康县境,海拔 1900 米处,湖面为 5.2 平方公里,形似葫芦,东西最宽处 1500 米,南北长 3300 多米,平均水深 25 米,最深处达 104 米。这个高冰碛山湖,是由一条 400 多米长的天然大坝(冰川学称为"终碛堤")堵塞谷地而形成的。而那条大坝的诞生不是出于火山熔岩之功,而是古代冰川泥石流的造作。湖的形状与原来的河谷有关,显得曲折幽深。四周雪峰上不断消融的雪水汇入盆地，成了这高山湖泊的无穷水源。

节选自周沙尘《天池浩渺明镜浮空》

作品 53 号

　　一个青年来到城市打工，不久因为工作勤奋，老板将一个小公司交给他打点。他将这个小公司管理得井井有条，业绩直线上升。

　　有一个外商听说之后，想同他洽谈一个合作项目。当谈判结束后，他邀这位也是黑眼睛黄皮肤的外商共进晚餐。晚餐很简单，几个盘子都吃得干干净净，只剩下两只小笼包子。他对服务小姐说："请把这两只包子装进食品袋里，我带走。"外商当即站起来表示明天就同他签合同。第二天，老板设宴款待外商。席间，外商轻声问他，你受过什么教育？他说："我家很穷，父母不识字，他们对我的教育是从一粒米、一根线开始的。父亲去世后，母亲辛辛苦苦地供我上学。她说俺不指望你高人一等，你能做好你自个儿的事就中……"在一旁的老板眼里渗出亮亮的液体，端起酒杯激动地说："我提议敬她老人家一杯——你受过人生最好的教育！"

　　一个人受过苦，便知道珍惜；一个在贫寒中长大的人，不会不知道勤俭的重要，一个自小就知道努力做事的人，不会不对自己和他人负责……

　　贫穷并不可怕，可怕的是人在贫穷中什么也学不到，并进而失去人的自尊。

节选自胡平《人生最好的教育》

作品 54 号

　　有一对夫妇，有两个孩子，一个叫莎拉，一个叫克里斯蒂。

　　当孩子还小的时候，父母决定为他们养一只小狗。小狗抱回来以后，他们就请朋友帮忙训练这只小狗。在第一次训练前，女驯狗师问："小狗的目标是什么？"

夫妻俩面面相觑，很是意外，嘟囔着说："一只小狗的目标？当然就是当一只狗了。"他们实在想不出狗还有什么另外的目标。

女驯狗师极为严肃地摇了摇头说："每只小狗都得有一个目标。"夫妇俩商量之后，为小狗确立了一个目标：白天和孩子们一道玩，夜里看家。后来，小狗被成功地训练成了孩子的好朋友和家的守护神。这对夫妇就是美国的前任副总统阿尔·戈尔和他的妻子迪帕。他们牢牢地记住了这句话——做一只狗要有目标，更何况是做一个人。

我们常常把别人的期待当成了自己的目标，孩童时，这几乎是顺理成章的。但是，你会渐渐地长大，无论别人的期望是怎样的美好，它也不属于你。除非有一天，你成功地在自己的心底移植了这个期望，这个期望生根发芽，长成了你的目标。那时，尽管所有的枝叶都和原本的母本一脉相承，但其实它已面目全非，它的灵魂完完全全只属于你，它被你的血脉所滋养。

　　　　节选自毕淑敏《每一只小狗，都有一个目标》

作品 55 号

鸡卷是台湾风味小吃，常见于从前的"办桌"宴席，可当菜肴，亦可作点心，尤流行于台湾北部。这是一道名不副实的食物，称呼鸡卷，可材料中却无鸡肉。

北方的鸡卷不同，如天津的清炸鸡卷就使用鸡脯肉、火腿条制作；川味鸡卷则包以网油，也加入鸡肉；都迥异于台湾鸡卷使用猪肉。台菜中的鸡卷主要有三说：其一谓鸡卷从前叫"石码卷"，乃福建石码镇传来；其二谓它的形状像鸡脖子，闽南语鸡脖子发音近似鸡卷；又一说断言鸡卷当以闽南语发音，"鸡"与"多"同音，意谓"多出来的一卷"，将祭祀后没用完的猪肉、剩菜剁碎，调味，以腐皮包卷，入油锅炸熟。

我较采信最后一种。多一卷的意涵，背后是刻苦农家，节俭惜物所开发出的菜肴。

现在的鸡卷已不再包裹剩菜，除了以猪肉为主体，常见的内馅包括鱼浆、荸荠、胡萝卜、香菜、洋葱、红葱酥、芋头、葱、虾米、香菇等等，将选用的材料用盐、糖、胡椒粉、五香粉、酒、酱油、鸡蛋拌匀，略微腌渍后，以豆腐皮包裹，以中低温油（约八十度即可）下锅油炸而成。台湾鸡卷实际上是猪肉卷。宜兰的肉卷加了猪肝，称为"肝花"。

节选自焦桐《台湾小吃全书》

作品 56 号

　　一位名叫薛瓦勒的乡村邮差每天徒步奔走在乡村之间。有一天，他在崎岖的山路上被一块石头绊倒了。

　　他起身，拍拍身上的尘土，准备再走。可是他突然发现绊倒他的那块石头的样子十分奇异。

　　他拾起那块石头，左看右看，便有些爱不释手了。

　　于是，他把那块石头放在了自己的邮包里。村子里的人看到他的邮包里除了信之外，还有一块沉重的石头，感到很奇怪，人们好意地劝他："把它扔了，你每天要走那么多路，这可是个不小的负担。"

　　他却取出那块石头，炫耀着说："你们谁见过这样美丽的石头？"

　　人们都笑了，说："这样的石头山上到处都是，够你捡一辈子的。"

　　他回家后疲惫地睡在床上，突然产生了一个念头，如果用这样美丽的石头建造一座城堡那将会多么迷人。于是，他每天在送信的途中寻找石头，每天总是带回一块，不久，他便收集了一大堆奇形怪状的石头，但建造城堡还远远不够。

　　于是，他开始推着独轮车送信，只要发现他中意的石头都会往独轮车上装。

　　从此以后，他再也没有过上一天安乐的日子。白天他是一个邮差和一个运送石头的苦力，晚上他又是一个建筑师，他按照自己天马行空的思维来垒造自己的城堡。

节选自陆勇强《当一块石头有了愿望》

作品 57 号

　　前天晚上，四位来西湖游春的朋友，在我的湖畔小屋里饮酒。酒阑人散，皓月当空。湖水如镜，花影满堤。我送客出门，舍不得这湖上的春月，也向湖畔散步去了。柳荫下一条石凳，空着等我去坐，我就坐了，想起小时在学校里唱的春月歌："春夜有明月，都作欢喜相。每当灯火中，团团清辉上。人月交相庆，花月并生光。有酒不得饮，举杯献高堂。"觉得这歌词温柔敦厚，可爱得很！又念现在的小学生，唱的歌粗浅俚鄙，没有福分唱这样的好歌，可惜得很！回味那歌的最后两句，觉得我高堂俱亡，虽有美酒，无处可献，又感伤得很！三个"得很"逼得我立起身来，缓步回家。不然，恐怕把老泪掉在湖堤上，要被月魄花灵所笑了。

　　回进家门，家中人说，我送客出门之后，有一上海客人来访，其人名叫CT（即郑振铎），住在葛岭饭店。家中人告诉他，我在湖畔看月，他就向湖畔去找我了。这是半小时以前的事，此刻时钟已指十时半。我想，CT找我不到，一定已经回旅馆去歇息了。当夜我就不去找他，管自睡觉了。第二天早晨，我到葛岭饭店去找他，他已经出门，茶役正在打扫他的房间。我留了一片，请他正午或晚上来我家共饮。正午，他没有来。晚上，他又没有来。料想他这上海人难得到杭州来，一见西湖，就整日寻花问柳，不回旅馆，没有看见我留在旅馆里的名片。我就独酌，照例倾尽一斤。

　　　　　　　　　　　　节选自丰子恺《湖畔夜饮》

作品 58 号

　　西昌有不少特产，诸如香稻、毛皮、水果、鸭和良马。此外还有月亮。将月亮列为特产，岂不怪哉！然而"建昌月"的美名古已有之，并且传闻甚远。凡是从成都陆路来西昌的旅人，谁不饱赏清溪的古城劲风，领略雅安的桥头烟雨？而西昌，则另有一番景色。但见芦山叠翠邛湖凝蓝，山水十分清丽。到了中旬夜，便可见西昌明月了，落霞风风湮灭，苍山托出月华，恰似一染的水晶盘，挂于墨蓝色的天壁；满天竟无一丝游云，纯粹是个光的世界。不论何处来的旅人，步入月光之中，踏过白杨的阴影，心怀怎不豁然开朗！于是，他们便自然而然地，又所"建昌月"的美名，像携带著名特产似的，传送到远方去。

可是，对于我们久居西昌的人来说，这月亮是毫不为奇的。大家忙于生产和工作，谁有那种"对影成三人"的闲情逸趣？有时盼雨心切，倒对它大为反感哩！然而，西昌月毕竟是美好的，出色的，特别是当人们心情好的时刻。

节选自高缨《西昌月》

作品 59 号

"机会就是牌桌上的重新洗牌。上盘你输了，拿了一手臭牌，这没有关系。打牌，总是会拿臭牌的，但重要的是在拿臭牌时，不要臭了心情，而是等待出完这手牌，然后洗牌。洗牌就是机会，四人重新抓，就看谁抓住它了。"说这话的看来是个赌客，他的那个"机会"等于赌客们的"运气"，也叫手气，如果机会就是这样的，那么这个世界上最能抓住机会的人就是牌桌上的人了。

"机会是一只在山林里乱窜的精灵，人们像猎人一样，在山林里寻找它，但多数人只看到过它的足迹，望到过它的影子，却永远与它失之交臂。只有一个猎人，他跑累了，靠着大树冈了一觉，一醒来，发现机会这小精灵也一头撞昏在这棵大树上了。"这是个老故事，但很多人说这就是"机会"的"正式版本"。也许你和我一样，也曾收藏过这个版本，当我们钻进被窝时，对自己说，明天有个好运气，当我们一觉醒来，心里说今天会有好事等着我吧……

"机会是在竞选中你可以听到的各种许诺。你可以为你的希望投下一票，但得你一票的人会不会实现你的希望——这个难题的名字就叫机会。"我和你都知道这是一个误读，但我和你都认为：机会等于不负责任的决策者无需兑现的许诺。这个定义虽是错误的，却是常见的事实。

节选自叶延滨《关于机会的实话实说》

作品 60

　　孙少平已经适应了这个底层社会的生活。尽管他有香皂和牙具：也不往出拿；不洗脸，不洗脚，更不要说刷牙了。吃饭和别人一样端着老碗往地上一蹲，有声有响地往嘴里扒拉。说话是粗鲁的。走路拱着腰，手背抄起或筒在袖口里；两条腿故意弄成罗圈形。吐像子弹出膛一般；大便完和其他工匠一样拿土圪塔当手纸。

　　虽然少平看起来成了一个地道的、外出谋生的庄稼人，但有一点他却没能做到，就是在晚上睡觉时常常失眠——这是文化人典型的毛病。好在别人一躺下就拉起了呼噜，谁知道他在黑暗中大睁着眼睛呢？如果大伙知道有一个人晚上睡不着觉，就像对一个不吃肥肉的人一样会感到不可思议。

　　是的，劳筋损骨热苦一天以后，孙少平也常常难以入眠，而且在静静的夜晚，一躺进黑暗中，他的思绪反而更活跃了。有时候他也想一些具体的事：但大多数情况下思想是漫无边际的，像没有河床的洪水在泛滥，又像五光十色的光环交叉重叠在一起——这些散乱的思绪一直要带进他的梦中。

节选自路遥《平凡的世界》

第九章

命题说话

普通话水平测试第四项命题说话，要求应试者在没有文字凭借的情况下，按照选定的题目在规定时间内持续说话。它不仅考查应试者的语音标准程度，还考查词汇、语法使用规范程度，以及是否具有自然流畅的口头语言表达能力，是对应试者整体语音面貌、思维水平、知识储备、心理素质、实战经验等综合能力的全方位考查。

命题说话作为普通话水平测试中分值最高、难度最大、考查内容最全面的环节，能有效反映出应试者日常生活中最真实的普通话运用水平，必须高度重视。

第一节 命题说话的要求

一 普通话语音、词汇、语法要求

（一）普通话语音要求：字正腔圆

"字正"，指每一个字的发音必须正确、标准。语音的准确是普通话水平测试的基本立足点和出发点，也是各测试环节评分的最根本依据。其他方面的要求都建立在语音正确标准的基础之上。

从读单音节字词到读多音节词语，到朗读短文，再到命题说话，各测试环节是按照测查语音由单一到综合、测查内容由固定到灵活、测查性质由材料再现到实际应用的梯度递进设置的。故而命题说话对语音标准程度考查的外延在所有测试环节中最为宽广全面。除去考查应试者连续说话中每一个音节的声母、韵母、声调是否正确之外，还要综合考查变调、轻声、儿化等音变现象的发音准确度。上述任何一类发音一旦出现错误，会即时记录在案，进而根据最终统计的语音错误数量决定相应的扣分和定档。

　　在保证发音正确的同时，还要注意发音质量。相较于统计音节错误数量的定量分析，发音质量是更着眼于整体感觉的一种定性分析，评分标准中"带不带方音""方音是否明显""视方音程度"等，讲的就是发音质量。命题说话中的语音缺陷不是硬性扣分项，但如果应试者语音缺陷较为密集，就会导致整体语音面貌质量低下，此时测试员会根据缺陷数量、缺陷性质及严重程度来决定是否降档。故而发音还须保证"腔圆"，即规范、清晰、饱满、圆润，不能生硬、机械，音节之间应注意连接流畅。应试者发音音节含混不清，疲软拖沓，调值不到位，词语轻重格式处理失误，甚至出现"崩字"（一个字、一个字不连缀地单独往外蹦）或"吃音"（音节收尾部分过弱以致消失）等现象，都会对语音面貌的最终评定产生重要影响。

　　因此，应试者在测试中要力求发音清晰饱满，字正腔圆。

　　（二）普通话词汇要求：正确恰当

　　命题说话要求使用正确、规范的普通话词汇。应试者应注意避免使用以下三类词语：

　　1. 方言词

　　方言词只限于特定地域的表达与交流，其他地域的人一般难以理解其含义。普通话测试禁止使用方言词，但有些应试者受习惯影响，说话时往往下意识地用普通话语音来说方言词，自己却浑然不知，例如把"逛街"说成"轧马路"，"讨厌"说成"犯嫌"，"手帕"说成"绢头"，"较劲儿"说成"别苗头"，"他长得难看"说成"他长得磕碜"，等等。需要特别指出的是，在各地域方言词中，港台词因为近些年港台影视剧及娱乐节目的影响，辐射范围尤其广泛，有不少人效仿，例如将"结账"说成"买单"，"溜走"说成"落跑"，"谈恋爱"说成"拍拖"，"事情办好了"说成"事情搞定了"，等等。这些港台词均不属于正规普通话词汇收录的范畴，普通话测试中不应使用。

　　2. 流行语

　　网络在日常生活中的普遍运用，催生了大量新兴的流行用语。这是时代发展的正常现象，也符合人们求新求变的心理需要，在某些场合，使用流行语还可以起到活泼积极的表达功效。但在普通话测试中，应该尽量少用或不用流行语，因为新兴词语还需要时间的检验，有些流行语明显失之随意，甚至背离、破坏了固有的词汇规范。2014年11月27日，国家新闻出版广电总局发出《关于广播电视节目和广告中规范使用国家通用语言文字的通知》，提出要充分认识规范使用国家通用语言文字的重大意义，广播电视作为大众传媒，担负着引领和示范的职责，必须带头规范使用通用语言文字。明确规定严格规范使用国家通用语言文字，要求各类广播电视节目和广告应严格按照规范写法和标准含义使用国家通用语言文字的字、词、短语、成语等，不得随意更换文字、变动结构或曲解内涵，不得在成语中随意插入网络语言或外国语言文字，不得使用或介绍根据网络语言、仿照成语形式生造的词语，如"十动然拒""人艰不拆"。普通话水平测试作为一项国家级的语言应用能力测试，要求被测试人使用规范语音和词语。因此，新的网络流行语，如"萌点""颜控""小鲜肉""神马都是浮云"等，在普通话测试过程中要避免使用。

3. 文言词

文言词可以使文字更为简练雅致，具有严肃、庄重的语用色彩。文言词具有很浓的书面语色彩，因此不适合在口语语境中使用，如果在口语表述中不恰当地使用文言词，会使话语表述显得不自然。例如"午后二时许，舍弟上班去了""彼时在下尚年幼，且尚未入学"，这些句子里的文言词带有浓重的书面色彩，说起来显得生硬造作，完全不适合生动自然的口语表达要求，应该换成相应的口语词"下午两点多钟，我弟弟上班去了"，"那时我年纪还小，而且还没有入学"，这样更符合日常说话的语体色彩。

虽然普通话测试对词汇规范有着较为严格的要求，但需要注意的是，江苏省普通话水平测试对于没有明确被普通话吸收，但确实已经全面融入社会生活、为广大民众所普遍使用的词语，还是具有较大的宽容度的。比如通行的外语词不算不规范词汇，如WTO、OPEC、DVD、MTV、KTV等；通行的含字母词不算不规范词汇，如卡拉OK、CD机、X射线、γ刀等。属于此类情况的词语在命题说话中可以使用。

（三）普通话语法要求：符合规范

命题说话的表述必须符合现代汉语语法规范，禁止使用典型的方言语法以及出现明显的病句。

1. 典型的方言语法

典型的方言语法指只在方言中出现的语法现象，汉语普通话另有规范的表达，主要包括以下几种情况：

（1）方言特有的句式。

例如普通话说"好不好""要不要"，南京话说"阿好啊""阿要啊"；普通话说"我看过这本书""我是走路去学校的"，港台地区说成"我有看过这本书""我去学校是用走的"。

（2）方言特有的语序。

例如普通话说"给我一本书"，吴方言说"给一本书我"；普通话说"你先走"，广东话说"你走先"。

（3）方言特有的量词。

例如普通话说"一顿饭""一根针""一条鱼""一辆车""一滴水"，有些方言则分别说成"一餐饭""一眼针""一粒鱼""一台车""一笃水"。

（4）方言特有的语气词。

比如上海话中的"好 ve 啦""不要吵了 we"，南通话中的"快点走 sa"，成都话中的"等一下 se"。

2. 明显的病句

说话过程中出现明显的病句也是语法不规范，主要有以下几种情况：

（1）成分残缺或赘余。

这种不顾实际、片面强调发展，最终只会得不偿失。（缺少中心语）

在这部电影中，塑造了一个国民英雄。（主语残缺）

弟弟非常酷爱足球运动。（状语多余）

今天是截止日期的最后一天。（同义堆砌）

（2）搭配不当。

我们把房间打扫得整整齐齐。（动补搭配不当）

夏秋交替，腹泻的人时有发生。（主谓搭配不当）

只要进入年级前十名，学校就会赠送奖学金。（动宾搭配不当）

（3）语序颠倒。

她扑通扑通紧张得心里乱跳。（应该是"她紧张得心里扑通扑通乱跳。"）

两个新旧社会形成了鲜明的对比。（应该是"新旧两个社会形成了鲜明的对比。"）

（4）句式杂糅。

通过他的讲解，给了我很大启发。（应该是"通过他的讲解，我获得了很大启发。"或者"他的讲解给了我很大启发。"）庄稼长得这么好，是因为农民们进行科学种植的结果。（应该是"庄稼长得这么好，是因为农民们进行了科学种植。"或者"庄稼长得这么好，是农民们进行科学种植的结果。"）

二　命题说话表达要求

（一）表述自然流畅

普通话水平测试命题说话，要求应试者在说话时不仅要做到前后连贯、条理清晰、表意明确，更要注意表达得自然流畅。语言表达生硬造作、磕磕巴巴、断断续续，会造成相应的失分。

1. 口语化

命题说话是无文字凭借的即兴表述，要力求口语化。应试者应多使用日常的口语词，慎用过于正式庄重的书面语和过于复古的文言词；应多使用简单句式，避免使用结构复杂、成分繁多的复句；可适当使用谚语、歇后语等，但同时注意防止出现方言词汇；可适当使用语气词，但注意避免过多使用而造成表述不自然；可适当重复部分语句（这也是口语表述中的正常现象），但也要防止频繁地机械重复而导致表述不流畅。

2. 语速适中

人们正常说话的语速一般为每分钟200—230个音节，3分钟可以说出600—700个音节。但部分应试者在测试环境中可能会因为紧张而不自觉加快语速，每分钟说出240—250个音节。

适当的语速是表述自然流畅的重要保证。虽然较快的语速能给人以说话流利之感，但语速过快，既定时间里的音节数量增加，出错率也会随之提高，而且过快的语速容易导致发音时口腔不能完全打开，某些发音部位的运动不能完全到位，使音节发音的饱和度不够，完成度不高。反之，语速过慢，既定时间里音节数量减少，固然降低了出错率，但容易出现话语欠连贯、表述阻塞、语流凝滞的现象。所以，过快和过慢的语速都应避免，应根据说话内容的具体情感需求，采用恰当的语速进行表述。语言基础比较薄弱的应试者可适当放缓语速，但必须以表述流畅为前提。

3. 腔调自然

应试者在说话时，应注意按照日常说话的口气、腔调来说话，切勿使用背诵、朗诵或演讲的腔调。背诵是对记忆对象的机械再现，往往缺乏情感，生硬枯涩。而朗诵、演讲是艺术表演，带有夸张的、戏剧性的艺术加工，在吐字、发声、共鸣、节奏、情感把握等方面和日常说话是完全不同的。命题说话中不能采用这些非口语的腔调，否则会给人以强烈的不自然感，在语调自然程度上会被相应扣分。

（二）杜绝无效话语

无效话语是指测试员无法以此为依据做出评分的表述内容。大致有以下几种情况：

1. 语句重复

说话中将同一句话复述多遍。

2. 频繁使用关联词或其他无意义词语

关联词过多，破坏了语句的通畅性，甚至出现"话不够，关联词来凑"的现象。比如"我把东西放好，然后，然后，然后我就，于是，于是，然后，于是我就，于是，然后……"等。

3. 简单列举

应试者不是围绕话题进行言之有物的表述，而是试图通过固定有限的词语，进行无限的机械罗列，直至凑够时间。比如"我喜欢很多种类的花卉，有桃花、荷花、菊花、兰花、梅花、桂花、水仙花、玉兰花、玫瑰花……"；又或者简单报数，比如"夜空中密布着闪烁的星星，一颗、两颗、三颗、四颗、五颗……"，这些均无法反映出应试者真实的普通话水平。

4. 刻意拖延

故意咳嗽、清嗓子、制造无意义声音等拖延时间。

以上这些情况都会被视作无效话语，在测试中会被相应扣分。

（三）避免离题

命题说话必须紧紧围绕选定的话题进行表述，千万不能自行更换话题或偏离主题。具体来说要注意以下几个方面：

1. 采用第一人称作为叙述立场

所有的命题说话都应以第一人称进行表述，即内容应该围绕应试者自身的经历和感想展开，以第二人称、第三人称的角度表述是不符合规范的。

2. 不要说与话题无关的话

命题说话需要发散思维、拓展外延，但前提是必须围绕所选话题，不可为填补时间而说与主题毫无关联的话。某些应试者讲话内容结束后，还未达到规定的三分钟时间，为避免缺时扣分，就说："哎呀，时间怎么还没到啊，完了完了，要缺时了，拜托拜托，快点快点，时间快点到吧……"这种情况会被扣分。

（四）避免雷同

命题说话要求应试者一定要用自己的语言进行表述，不能出现说话内容雷同现象。雷同有以下几种形式：

1. 多个应试者说话内容彼此雷同

某些应试者为了减轻准备工作量，采取各人分头准备不同话题，然后再集中共享的准备方法。测试员在打分时，如果发现多个应试者讲述基本一样的内容，会判定为雷同（因为客观上存在先后次序，因而第一个应试者不扣分，后面的应试者一律按雷同处理）。所以应试者务必自行准备话题内容。

2. 说话内容循环往复

某些应试者在规定时间未到时话就说完了，为填充时间，又开始重复述说前面已说过的内容。该情况虽然不与他人雷同，但属于自身内容雷同。

3. 与朗读材料雷同

有些应试者直接将普通话水平测试用的60篇朗读材料拿来准备命题说话。例如某位应试者的话题是"我喜欢的动物"，他说自己喜欢牛，然后就基本复述了57号朗读材料《中国的牛》，这也是一种雷同情况。

4. 背诵诗词、语录、歌词以及其他各类文字作品段落

有些应试者将命题说话改成背诵作品。比如话题"我的业余生活",有人说:"我业余生活的大部分时间都用来阅读,我最近读了舒婷的《致橡树》,诗歌是这样写的,'我如果爱你,绝不像攀援的凌霄花,借你的高枝炫耀自己。我如果爱你,绝不学痴情的鸟儿……'",以现成的文学作品来充当说话内容的主体部分,本质上背离了命题说话要求应试者在没有文字凭借的情况下,以随机说话来展现真实普通话水平的考查初衷。

应试者存在说话雷同现象,会被相应扣分。

三 命题说话时间要求

命题说话要求应试者说话时间必须达到 3 分钟。《江苏省普通话水平测试评分细则》规定,说话不足 3 分钟者,视缺时情况相应扣分:说话缺时 1 分钟以内(含 1 分钟),酌情扣 1、2、3 分;缺时 1 分钟以上,酌情扣 4、5、6 分;说话不足 30 秒的,该项成绩计为 0 分。

这项规定对应试者的说话时间提出了严格要求。应试者必须提供与话题规定时间相匹配的有效话语信息,不能在规定的 3 分钟时间内出现信息空白,即出现缺时现象。导致缺时的原因有很多,如应试者考试情绪过于紧张、思路不清晰、思维不开阔、逻辑混乱、语速过快、话题准备不充分、缺乏整体性的话题内容设计等。

此外,对测试系统不熟悉,也会导致缺时。朗读短文结束后,点击"下一题",进入命题说话页面时,有些应试者一味等待系统提示,导致一开始就缺了很多时间。其实该项测试并没有系统的文字提示,一旦出现命题说话的页面,应立即开始报题目、说内容,不要出现因等待而缺时的情况。

第二节 命题说话的话题分析

一 话题的分类

命题说话话题共有 30 个。大致可分为以下 3 类:

(一)描述记叙类

这类题目一般采取描述叙事性的说话方式,即陈述一件事的来龙去

脉、过程经历等，共有 11 个话题：

1. 我的愿望（或理想） 2. 我的学习生活 3. 我尊敬的人 4. 童年的记忆 5. 难忘的旅行 6. 我的朋友 7. 我的业余生活 8. 我的假日生活 9. 我的成长之路 10. 我的家乡（或熟悉的地方） 11. 我向往的地方

（二）评述论说类

这类题目一般采取评述议论性的说话方式，即就某一话题发表自己的观点看法、意见评价等，共有 9 个话题：

1. 谈谈卫生与健康 2. 学习普通话的体会 3. 谈谈服饰 4. 谈谈科技发展与社会生活 5. 谈谈美食 6. 谈谈社会公德（或职业道德） 7. 谈谈个人修养 8. 谈谈对环境保护的认识 9. 购物（消费）的感受

（三）介绍说明类

这类题目一般采取说明性的说话方式，即向别人介绍、讲解某种事物，共有 10 个话题：

1. 我喜爱的动物（或植物） 2. 我喜爱的职业 3. 我喜爱的文学（或其他）艺术形式 4. 我喜欢的季节（或天气） 5. 我知道的风俗 6. 我和体育 7. 我喜欢的节日 8. 我所在的集体（学校、机关、公司等） 9. 我喜欢的明星（或其他知名人士） 10. 我喜爱的书刊

以上分类只是大致分类，现实操作中，题目属于何种类型，取决于说话的具体内容和方式。以"我知道的风俗"这一话题为例，如果讲述的是我因这一风俗所经历或听闻的事情，则属于描述记叙类；如果评价与这一风俗相关的各种社会人文现象，进而指出该风俗值得肯定称道的方面或应给予否定批判的方面，则应归为评述论说类；如果是说明讲解该风俗的历史渊源、发展沿革等，则可视为介绍说明类。话题的分类并无严格规定，甚至在实际说话中，很可能三种叙述方法会被交叉使用。只要内容不偏离主题，表述自然流畅即可。

二 话题的准备

（一）常规准备

普通话的训练是一个长期的、持续的、潜移默化的过程，并非一时一日之功。应试者不能纯粹地寄希望于考前一段时间的突击，而应平时

自觉进行常规的系统性训练，做好充分准备，从根本上提升普通话的运用水平。具体来说，就是要在有意识地发音、辨音、正音的基础上，由简单到复杂、由易到难，系统地掌握说话的各个要素，从口头表达、知识积累、心理、思维等各方面进行循序渐进的训练。在日常生活中，坚持运用普通话的语音、词汇和语法进行思维与交流；不是单纯地把普通话理解为一门课程和一项考试，而是自觉将其作为日常生活中交流沟通的工具和载体，作为语言表达的首要选择。只要我们认识到使用普通话的重要性，并将普通话练习作为一项常规工作长期坚持，普通话水平就会随之提高。

（二）应试准备

在坚持练习、做好常规准备的前提下，应试者还需针对命题说话的具体测试要求以及自身存在的主要问题，进行旨在顺利完成考试的集中准备。主要可以从以下几方面入手：

1. 认真审题

对话题进行分析和思考，是取得良好表达效果的前提条件。可以参照前文对话题的分类，针对不同话题的特点来确立话题准备的大体方向和注意点。例如描述记叙类话题一般要求交代清楚、信息丰富，写人最好要有对人物外貌、性格和人物活动的具体描述，叙事则应当交代清楚事件的时间、地点和前后发展经过；评述论说类话题一般要求立论明确，逻辑严密，论述充分；介绍说明类话题则一般要求客观真实、简明清晰地描述客体对象的外形、性质、特征、功用等元素。明确了话题类型的相应要求后，可以有的放矢地准备话题内容，优化表达效果。

2. 撰写提纲

命题说话无须准备太过详细的稿子，写详稿不便于记忆且容易把说话变成死记硬背，测试时一旦记忆阻断，反而会陷入被动。建议应试者撰写提纲，简明好记且易于发散思维。

首先，撰写提纲应搭建话题架构，大致分几部分说，先说什么，后说什么，何处辅以细节阐述等，必须思路清晰，符合逻辑。

其次，撰写提纲应注意大题化小。主题无须深奥高远，切忌高谈阔论，而应多加入具体事例；无须讲究结构完整严密，只要在话题范畴之内，内容连贯，言之有物即可。

3. 适当取材

如果没有充足的语言材料，说话就会吞吞吐吐、断断续续，势必影响表达的自然流畅，甚至导致缺时。所以应试者必须注意搜集语言材料，善于从日常的生活学习中发掘、选取说话素材。

首先，要选择自己熟悉的、感兴趣的、印象深刻的材料，才能确保有话可说。尤其是评议论说类话题，空谈大道理和抽象理论，会使内容显得空洞且容易限制、阻塞思路，最好从对具体事件的所见所闻所感谈起，这样既言之有物，也显得真实可信。其次，选材要紧扣中心，选取能有力说明话题的典型材料。最后，材料不要过于繁杂。有些应试者生怕无话可说，竭尽全力想到什么说什么，结果不知所云，甚至出现偏离题目的现象。

4. 结构布局

结构安排与话题种类有关，不同类型的话题在结构布局上的侧重也有所不同。

（1）描述记叙类。

此类话题是用形象生动的语言对人物、事件等进行叙述和交代。描述人物应注重发掘人物外貌、语言、动作、性格等各方面特征，记叙事件则应把事情的来龙去脉表达清楚，结构上大致可按照"说什么—为什么—举例子"的思路布局。

以话题"难忘的旅行"为例，应试者可以首先讲述自己最难忘的旅行是哪一次，发生在何时何地以及与何人一起旅行；接着说明是什么让这次旅行难以忘怀；然后再将旅行中令人难忘的事情加以详细叙述。

（2）评述论说类。

此类话题是运用论证、演绎的方法来阐明自己的观点和看法，对逻辑思维和理性思辨能力有一定要求。要明确观点和立场，不能模棱两可；立论要公允，避免偏颇，可以单纯正面论证，也可以正反结合相互论证；要有感而发，并善于概括、分析、总结。结构上大致可按照"亮出观点—论证理由—实例佐证"的思路来布局。

以话题"谈谈社会公德"为例，应试者可以首先明确摆出观点：社会公德是每一个公民都应该具备并自觉遵守的。然后从正反两方面阐述该观点的依据，正面阐述社会公德本身就是对传统美德的继承和发扬，实现社会发展和个体发展都需要具备社会公德；反面阐述现今某些社会公德缺失的现象败坏了社会风气、阻碍了精神文明建设。然后分别举例佐证，正面例证可用中华民族崇尚礼义德行、诚信忠义的故事；反面例证则可选用食品安全等社会问题方面的案例。

（3）介绍说明类。

此类话题是运用准确明晰的语言对事物的外形、性质、特征、成因、功用等进行解说。说明的客体对象分为两种：一是实体事物，二是抽象概念。无论哪一种，说明表述都应清楚有序，客观严谨。应试者无须阐述自己的观点。结构上大致可按照"说什么—发展流变（历史渊源）—特点—意义或社会影响"的思路布局。

以话题"我知道的风俗"为例，应试者可以首先说明自己熟知的是春节贴春联的风俗；然后介绍春联的来源——最初是桃符，后来如何发展演变为春联；接着介绍春联的特点，如用鲜艳醒目的红纸书写吉祥祝福的语句，张贴在门楣上，有五言、七言等具体种类；最后说明贴春联的意义，如为节日增添喜庆气氛、寄寓人们对未来美好生活的向往等。

三　命题说话的技巧

（一）放松心态，沉着镇静

测试过程中，应试者是否具有良好的心态对其应试水平能否正常发挥会产生一定的影响。

普通话水平测试前三个测试项目都有文字凭借，或多或少有助于缓解应试者的紧张情绪，命题说话则完全没有文字凭借，容易使人产生无所适从的心理负担。所以从某种意义上来说，命题说话也是对应试者心理素质的考验。应试者在就说话内容做好准备的基础上，务必调整好心态，让自己放松下来，说话时要镇定自若、精神集中，围绕话题真诚平和、轻松自信地进行讲述。

（二）拓展思路，发散思维

有些应试者觉得命题说话难度大，对命题说话带有畏难情绪，这在很大程度上是应试者思路不开阔、机械地拘泥于话题范围导致的。例如，曾有位应试者就话题"谈谈对环境保护的认识"是这样说的："环境保护很重要……环境保护非常重要，我们要保护环境……我们一定要保护环境，我们要有保护环境的意识……我对保护环境有很多认识……我有很多认识，我们一定要好好保护环境……我们要自觉保护环境……我们要……"，这就是典型的循环往复式表达，完全没有打开思路，只是在几个标题字眼上绕圈，缺乏实质性内容，极易造成无效话语和表达不流畅、不自然。

面对话题，应试者应该拓宽思路，加以展开和发散。如上述话题，应试者不妨说说当前有哪些严峻的环境问题，说说造成环境问题的各种原因，还可以说说自己工作、学习、生活的环境情况，说说保护环境的切身经历，谈谈自己和他人在环保理念和做法上有何异同，等等。只要善于对话题进行发散性思维，可说的范围就会非常开阔，从而取得内容丰富的说话效果。

（三）随机应变，巧妙转换

如果应试者对某些话题实在无法驾驭，或者在测试时因紧张忘记了事先准备的内容，可以尝试对话题进行转换，将自己觉得棘手的话题巧妙地转换到相对易于发挥、记忆比较深刻的话题上来。

比如应试者熟练准备的话题是"我喜欢的明星（或其他知名人士）"：我喜欢的明星是周杰伦，他才华横溢，谱写了许多旋律优美、让人耳熟能详的歌曲……；而遇到的测试话题是"我的愿望（或理想）"，那不妨说："我从小就喜欢唱歌，一直以来我的愿望就是成为一名歌手，而且是成为像周杰伦那样的创作型歌手。要知道周杰伦可是我最喜欢、最崇拜的明星，我一直将他作为自己实现理想的标杆。他才华横溢，谱写了许多旋律优美、让人耳熟能详的歌曲……"

又如应试者熟记的话题是"难忘的旅行"："我最难忘的旅行是去张家界，那里青山碧水，风景如画，宛如人间天堂……"；而遇到的测试话题是"童年的记忆"，可以说："在我童年的岁月里，留下了许多印象深刻的记忆，其中最令我难忘的是小学毕业那年暑假，我们全家一起去张家界旅行。那里青山碧水，风景如画，宛如人间天堂……"

虽然话题各不相同，但应试者如果能进行灵活地变通，就可以在部分话题之间实现内容的共享。要特别注意的是，话题的转换贵在自然，开头必须有语言的过渡，如果毫无过渡，不讲衔接、不作交代地生硬改换话题，就成了离题。这一点应试者要注意把握。

（四）少用长句，多用短句

书面阅读可以一目十行，较长的句子也能一眼扫完，即使不能马上理解也可以慢慢琢磨。说话与阅读则完全不同，人们通过口语传递信息时，语音信号是按线性次序一个一个即时进入听觉系统的。如果句子长了、结构复杂了，就容易出现句子末尾进入脑海而句子开头已经印象不深的现象。在听话人的感觉中，句子就似乎不完整，而且听得很吃力，进而影响信息接收的效果。此外，命题说话要求应试者脱离文字凭借口头表达，如果使用过多长句，容易造成语法错误，也会显得矫揉造作，口语化程度不高，最终影响得分。

短句字数少、短小灵活、富于变化，适合口头即兴组织，应试者在说话时，应该多使用短句。能够讲两句的，就不要合并为一句；能够拆分为单句的，就不要合成复句。比如这样一个长句"我面前走过一位高个子、大眼睛、皮肤白皙、身材苗条、穿着连衣裙和高跟鞋、手中拎着一只小皮包的美丽的姑娘"，说话时最好改为短句"我面前走过一位美丽的姑娘，她高个子，大眼睛，皮肤白皙，身材苗条，穿着连衣裙和高跟鞋，手中还拎着一只小皮包"。后者的表述方式无疑更自由活泼，简洁明快，容易产生交流感。还要注意的是，修饰语过长会影响句子主干成分的表达，在口语中还会淡化句子主旨内容的表达色彩，因此要尽量避免使用冗长繁复的修饰语。

（五）命题说话区别于口头作文

口头作文是作文的一种特殊形式，和其他作文形式一样，强调文章的完整性、段落的连贯性、结构的严谨性，最好还要运用一些写作技巧和修辞手法。不少应试者错误地将命题说话等同于口头作文（或等同于撰写演讲稿），认为必须在3分钟测试时间里完成一篇结构完整、首尾照应的小文章，从而导致实际测试中一味在计时上精打细算，为在固定时间内确保篇幅恰到好处而瞻前顾后、嘴忙舌乱，给自己带来不必要的压力，增加了失分的可能性。

必须明确指出，命题说话并非写作文，只是要求应试者运用普通话标准语音、词汇、语法，就某一话题清晰、流畅地进行表述，说满3分钟即可，并不强调说话篇幅的完整和结构的严密，无须像计时写作般在规定时间里对开头、发展、结尾进行精确布局，追求内容的尽善尽美。

相反,命题说话结构不完整是正常现象。应试者只需自己把话题内容准备充足,无须关注谋篇布局以及对应时间节点,测试时只管流畅自如地表述,直到说满 3 分钟,系统提醒该项测试结束为止。

第十章

教师教学语言

教师教学语言是教学艺术的一个重要组成部分。学校环境、课堂环境都是语言环境，有人曾对课堂进行互动分析，统计结果显示，在传统的、比较正规的课堂中，教师讲话的时间占70%。教育理论家苏霍姆林斯基认为，"教师的语言是一种什么也代替不了的、影响学生心灵的工具"。教师的语言是思维的载体，要让学生听懂和理解，还必须带有发自内心的真情实感，这样才能架起师生间的桥梁，打动学生，得到心灵的回应。因此，教学语言是教师教学的重要手段和有力工具。精心锤炼教师教学语言，掌握教师教学语言技巧，是教师提高教学业务水平的基础。

第一节 教师教学语言及其特点

教师教学语言是指教师在课堂上用于与学生进行交流、传授知识和引导学习的语言表达方式，主要分为教育口语和教学口语，用于进行教学内容的讲解、提问、解释、演示、评价等。教师教学语言的目的是有效地传递知识和信息，与教育目标相一致，促进学生的学习和发展。教师教学语言的质量直接影响着教学效果，因此掌握教学语言技巧的重要性不言而喻。

教育教学工作的性质、特点决定了教师教学语言具有自己的风格和特点，具体表现在以下三个方面。

一 教师教学语言是专业语言

教师教学语言是一门专业语言，它需要具备专业知识和专业术语的准确运用。教师需要运用学科相关的专业语言来向学生传授知识和概念，并解释复杂的理论和原理。这样可以确保学生对所学内容的理解准确和深入。受到应用场景、使用目标、教学规定的制约，教师教学语言将书面语言和口头语言的部分特点进行了提取与整合，相对于书面语来说更加口头化和实用化、相对于口语来说更加简洁和直接，并更注重口头表达的技巧和效果。教师通过语音语调、手势、情感表达等综合手段，使自己的教学语言更具有感染力和互动性。

准确性是教师教学语言专业性的基础，包括对知识的准确解释，不能用错误的、模糊的、有歧义的解释。教师教学语言不仅要充分体现正确性，还应通俗易懂，不使用生僻词汇，易于接受，让学生能够迅速掌握所学知识。

二　教师教学语言是共性与个性的统一

教师教学语言既具有一定的共性，也体现了个体教师的个性特点。共性方面，教师教学语言与一般语文一样富有情感性和节奏性。个性方面，教师可以根据自己的教学风格、教学经验和学生的特点，运用不同的语言表达方式和技巧，使教学更富有个性化和针对性，通过深浅调整、语调扬顿来提升形象性和启发性。

三　教师教学语言是独白语言与对话语言的结合

教师教学语言既有独白语言，也有对话语言。独白语言主要体现在教师的讲解、解释和演示等环节，教师通过清晰、准确、连贯的语言表达来向学生传递知识和信息。对话语言主要体现在教师与学生之间的互动交流中，教师通过提问、引导、询问等方式与学生进行对话，激发学生的思维和参与度。

第二节　教育口语的基本类型及技巧

教育口语包括很多类型，其中比较核心的种类有说服语、沟通语、启迪语、暗示语、激励语、评价语、劝解语和应急语等。

一 说服语

说服，就是要摆事实、讲道理、以理服人。教师要想说服学生首先要分析说服对象。要根据他们的年龄、性格、心理上的差异和思想状况采取不同的说服方式，提出不同的要求，使用不同的语言，做到"一把钥匙开一把锁"。

其次，要见机行事，消除对方的心理防线。一般来说，教师找学生谈话，学生会产生一种天然的防范、抵触思想，使教师的说服收效甚微。因此，教师要努力营造良好的说服氛围，要联系实际，晓之以理，动之以情；要设身处地，站在对方的立场上分析，随机施教，不能一味地要对方接受；考虑对方的自尊心，才能使学生信服你，接受你的意见。

最后，态度要诚恳耐心。说服中教师应根据学生的理解水平、心理承受能力，推心置腹，坦诚相见，而非讲空话、唱高调；说服中态度宜缓不宜急，应给学生留有思考的余地和改正错误的机会。在这个过程中教师切忌高高在上、盛气凌人，这样只会增强学生的反感，达不到预期的效果。

二 沟通语

教育口语是指在教学过程中使用的口语交流方式，包括教师与学生之间的交流以及学生之间的交流。其中，沟通语是教育口语中多使用简单明了的词语、使用恰当的语气和语调进行师生交流的一种基本类型。首先教师要充分了解学生思想，通过提问、倾听和观察来了解学生对某一主题的认知和理解，进一步了解学生的思想和需求。其次教师还要发自内心去理解学生，学生在语言、文化、背景等方面存在差异，教师应充分理解和尊重个体差异，灵活调整自己的表达方式，以满足学生的不同需求。教师应注意自己的语速和语调，以及表达方式的清晰度，避免过快或含糊不清的语言对学生理解造成困扰，并根据学生的语言水平和理解能力，适当调整语言的难易程度。具体来说，沟通技巧主要包括以下几点：

（一）善于缓和化解紧张气氛

如说一句轻松幽默或亲近友好的话语，先让学生坐下，给学生倒杯水等，这些举措都有助于驱散紧张气氛。

（二）情理交融，金石为开

教师只有设身处地为学生着想，成为学生信得过的人，以心换心，以诚相待，语言才能入情入理，达到沟通思想的目的。

（三）选用恰当的句式和语气

师生是否心理相融，与教师选用的句式和语气密切相关，某些不恰当的句式、语气很可能会导致师生之间心理不相融。比如使用祈使句式大多表现命令的口吻，使用反问句式则多半带有斥责的态度，这就容易导致学生的心理反感和对立情绪。又比如采用质问的语气，往往带有咄咄逼人的意味，会给学生造成强大的思想和心理压力，最终成为沟通的障碍。

三 启迪语

启迪语就是启发开导学生的话语。在思想教育中，教师应当能够针对学生的某一问题，善于说理，长于诱导，启迪智慧。通过平等的思想交流和情感交际，引导学生去打开认识的窗口，开启思维的机器，从已知到未知，变消极被动为积极主动，在启发教育中提高认识。

常用的启迪方法有提问、分析、类比举例、设喻等，具体采用哪一种，应因事因人而异，善于激发学生的共鸣，让学生在不知不觉中受到教化启迪。

四 暗示语

暗示语，就是让他人能够领会自己想要表达，但出于某种目的或原因故意藏而未露的意图，从而对他人的心理、行为产生影响所使用的话语。它启迪思维，让学生思而得之，有时比直言更易为学生所接受。暗示用于提醒、批评、告诫等教育场合，是一种委婉的表意方式。由于学生的个性心理存在差异，有些话不必或不便明说，就可以用暗示。

暗示，主要是通过语言来完成的。"望梅止渴"的故事就是典型的例子。除了语言暗示，表情、身姿、手势在一定的情境下也都可以起到暗示的作用。而无论是语言暗示还是非语言暗示，都要以学生能够领会为原则，不能过于晦涩。

五　激励语

激励语是对学生进行鼓励的话语。它以目标引导，以榜样鞭策，从而使学生有目标、有动力，激发出积极向上的情绪和意志，确立奋发进取的动机。

在学生的思想教育过程中，激励是进取的动力，是向上的能源，教师应当学会利用学生的现实需求，发掘学生的内在潜力，从而激发其干劲和热情，调动学生自身的积极因素，催其奋发向上、全面成长。

激励语具体包括鼓动语、激发语、勉励语等，采用任何一种激励语都应注意将物质和精神两方面结合，尽量满足学生的合理诉求。此外，激励要注重公平，保护学生的自尊心。教师对学生应一视同仁、不偏不倚，不能感情用事。

六　评价语

评价，是指对学生的思想行为或目前的发展状况，通过或褒或贬的形式所做出的总结和评判。评价是促使学生思想行为按正确方向发展的一种强化手段。教师给予学生的准确评价，就像一面镜子，可以反映学生的面貌，同时又像路标，指引学生前进的方向。而通过教师的评价，学生能够正确认识自己、约束自己，明确今后的努力方向。

评价语的基本形式是表扬和批评。教师对学生进行评价时，应掌握以下原则：一是调查情况，实事求是；二是公平合理，是非分明；三是以肯定为主，激发学生的进取精神；四是注重特点，讲究形式；五是掌握"火候"，注意场合。

七　劝解语

劝解，就是劝说、调解。在师生交往中，劝解也是一门艺术，具有开导、劝诫、疏通、调解和抚慰的功能。当学生遇到困难与挫折，心情抑郁，情绪低落时，有效的劝解能使他们心理上得到安慰，化解愁云，产生温暖，逐步消除消极的情绪；当学生之间发生争执和冲突时，有效的劝解能使他们消除纷争，化干戈为玉帛；当教师发现学生有某种错误的思想、行为或倾向时，有效的劝解能起到正确引导、改变认识、纠正错误、防患于未然的作用。具体来说，教师进行劝解应遵循以下原则：

（一）既动情又合理

"感人心者莫先乎情"，情感在劝解中起着重要作用，它可以使学生对你产生信任感，对你敞开心扉。但同时切记劝解的第一要义是让学生获得理性认知，所以在以情动人的同时一定要晓之以理，让学生懂理明理。

（二）既婉转又严肃

劝解语的表达应注意委婉，使人易于接受，避免对方受到刺激，从而妥善解决问题。但婉转并不是一味地退让和迁就，面对学生的错误，教师应坚持原则，认真严肃地批评指正，使学生认识到问题，进而醒悟、改正。

（三）既换位思考，又立场鲜明

所谓换位思考，既指教师启发学生从正反、上下、左右的角度去全面认识和分析问题，又指教师有时应站在学生的立场上思考问题，对学生出现问题的原因进行合理性发掘，从而更好地理解学生的想法和做法，为解决问题奠定基础。但老师在这个过程中一定要是非分明，立场鲜明，不能模糊自己的原则和立场。

八 应急语

日常教学工作中，难免会有一些突发事件。此时，教师必须保持清醒的头脑，灵活机敏地应对，快速有效地运用包括语言在内的手段来抑制乃至平息事态，在这种情况下就要用上应急语。首先，应急语的使用应注意宽严相济。当事态有可能继续发展时，教师必须采取有力措施，对于一些盲目冲动的带头学生以及跟着瞎起哄、凑热闹的学生要提出严正警告，用果断的话语及时遏制冲突；对于遵规守纪的学生则要注意温言安抚，使其保持情绪稳定，心态平和。

其次，使用应急语应注意及时唤醒对方的理智，达到使其冷静、促其收敛的效果。面对意外事件，教师要及时进行理性的事态研判，向学生分析利害，晓以道理，明确说明事态发展的后果，引导他们从长远角度想问题，使学生感受到老师对自己的关爱和保护，恢复理智，从而有效抑制事态的扩大化。

第三节 教学口语的基本类型及技巧

教学口语的形式也有很多,我们选取导入语、讲授语、提问语与解答语、结束语这四种基本形式进行具体阐述。

一 导入语

课堂导入语是教师在开始讲授新课之前,精心设计的一段简练概括、能引导学生进入预定教学轨道的教学语言。导入语可集中学生的注意力,激发其兴趣,启迪其思维,培养其审美情趣,还可以衔接新旧知识,明确教学目的,营造课堂气氛,沟通师生情感,为一堂课的顺利展开奠定良好的基础。

导入语的设计原则:目的明确、简明扼要、有吸引力。常用的导入技巧有以下几种:①开门见山,明确内容;②新旧联系,温故引新;③设置悬念,激起兴趣;④利用教具,直观导入;⑤讲述故事,巧妙铺垫;⑥引经据典,顺势推进;⑦渲染气氛,激发情感。

二 讲授语

讲授语是教师向学生直接阐释教材的课堂语言,是教学中最广泛应用的教学口语,是教师教学口语基本功的核心部分,具有信息量大、信息密度高、影响力大等特点。讲授语包括叙述、描述、解说、评述等,大都以教师的独白语为主体,适当纳入学生的对白语。

讲授语的基本要求:①准确鲜明;②系统连贯;③通俗形象;④流畅规范;⑤深浅适度;⑥重点突出。

讲授语的基本技巧:①抓住重点,提示点拨;②形象描述,化易为难;③补充归纳,加深印象。

三 提问语与解答语

(一)提问语

提问语是教师以发问的形式开发学生的智力,唤起学生思维活动而使用的口头语言形式。提问是深入的阶梯,是触发的引信,是觉悟的契机。它能激发学生的学习动机，开启其思维，培养其表达能力，检测其学习效果。

提问语的设计要求：①目标明确，问题清楚；②难易得当，结合实际；③角度新颖，富于启发性。

提问语的基本技巧：①填空补缺；②比较选择；③递进深化。

（二）解答语

解答语是教师在课堂教学中为完成教学目的而答疑解惑，引导学生顺利掌握知识时所使用的教学口语形式，它与提问语相辅相成。教师在解答时，一要注意与学生的沟通交流；二要根据反馈信息适时调整；三要启发学生多角度思考问题，给学生适当留有思考余地。

解答语的基本技巧：①直接回答；②提示作答；③延伸作答。

四　结束语

教学段落完结时的一段结语就是结束语。结束语的作用在于强化教学内容，巩固教学效果，启发引导学生探索新知等。教师在设计结束语时，一要归纳梳理，简单明了；二要有利于巩固记忆；三要能过渡延伸。

结束语的基本技巧：①梳理内容，总结归纳；②承上启下，拓展延伸；③鼓动号召，激发兴趣；④设置悬念，引人深思。

第十一章

求职与应聘用语

面试是开启职业生涯的重中之重。如何把握面试机会、在激烈的就业竞争中脱颖而出、迈进理想的职业大门，除了提升修养、加强专业学习、提高专业技能水平，还有一点至关重要，就是通过施展自己的口才，在求职应聘中把握机会，最终赢得竞争，获得心仪的工作。所以，在思想上重视应聘，前期做好应聘准备，在面试环节中出色发挥，对于求职者至关重要。

第一节 求职应聘的前期准备

求职者在应聘的过程中，会遇到许多竞争对手。要想战胜对手，就必须在事前做好各方面准备工作，不打无准备之仗，以下几点尤其需要重视。

一 知己知彼，脚踏实地

每一个人在谋求职业时，都希望能顺利找到一份称心如意的工作。但在现实生活中，有的人如愿以偿，有的人却到处碰壁。究其原因，重要的一点是能否做到知己知彼。求职应聘前首先应该考虑的，就是所求职的单位是个怎样的单位，具体的求职岗位到底需要什么样的人，然后再考虑自己是不是该单位、该岗位所需要的人，自己是否适合所期待的那份工作。"知己知彼，百战不殆"，这句话对于求职来说，同样适用。要想在求职尤其是面试时应对自如，在竞争中胜人一筹，就需要在求职时做到知己知彼。做到"知彼"，才能根据用人单位的要求，从各方面做好准备工作，如准备应聘材料、模拟面试问答环节、设想相关问题和解决方案等。做到"知己"，才能准确选择适合自己的单位和岗位，从而精准定位，顺利出击。大学生求职应聘时切忌一味求"大"，应适当放低心理预期，脚踏实地，一步一步从"小"处着眼，从基础做起。

二　调整心态，沉着自信

心理素质是大学生在学习生活中应该着力培养的重要素质之一。在求职应聘中，求职者的心理素质直接影响面试成绩。每个求职者都希望能够顺利得到一份理想的工作，但真的走进应聘面试的考场，面对招聘人员时，有的人紧张得心慌意乱、手足无措、语无伦次，白白浪费了良好机会；有的人一旦感觉求职有望，便沾沾自喜、得意忘形；有的人求职不成，便气急败坏、懊恼沮丧。这些都是心态不好的表现。

与上述情况相对，则是积极调整心态，做好心理建设，以沉着自信的良好心态，冷静面对求职过程中可能出现的各种情况。一旦求职成功，切忌骄傲自满，而应为接下来的上岗认真做好准备工作。此外，求职成功固然可喜可贺，但应聘失败也不必心灰意冷，失败了大不了从头再来。大学生求职应聘中的沉着自信，不仅表现在心理素质上，还表现在口头语言的展示上。与招聘方交流时应沉着自信、从容不迫。这是招聘单位在较短时间内认识你、评价你、接受你的直接参考。

三　资料完备，准确翔实

求职应聘前，求职者一般要准备一份完整翔实的求职材料。求职材料要求客观准确、完整齐备、翔实可靠，应包括个人简历、学历证明材料、成果及证明材料、相关获奖证书等。需要注意的是，求职材料的印刷、包装千万不要过于追求精美甚至花里胡哨，而应朴素简洁、大方明朗。内容也不宜过于繁杂，而应言简意赅、重点突出、详略得当。

第二节　求职面试的应对技巧

求职应聘时，我们会回答来自招聘方的各种问题，绝大多数情况下是常见问题，但有时也不乏一些出乎意料，甚至角度刁钻的偏题、怪题。

所以在决定去求职应聘前，除了要准备充分的相关材料，还要做好应对招聘者提问的准备，对他们可能提出的问题在心里设计好答案。招聘者提到这些问题时，我们就能见招拆招、应对自如。

一　常见问题的回答

求职者针对应聘提问的准备越充分越好，充分的准备可以帮助自己提升自信。我们可以从三个方面入手：一是认真梳理一遍个人的情况，重点包括个人经历、个性特点、优势专长等；二是设想一些招聘方可能提出的问题，并对此准备答案；三是准备几个自己想要问的问题。在围绕这三个方面进行思考的基础上，建议求职者写下自己要说的内容重点并加以记忆，以便应聘时能用简练、精确、流利的语言，把自己的意图有条不紊地传达给对方。

招聘人员经常询问的问题有以下几个。

（一）能介绍一下你自己吗

自我介绍一般是面试的首要环节，也是求职者面对应聘方的初次展示。看似普通的一段话，可能会对你的求职之路产生巨大影响，潜伏着把握未来人生航向的契机。良好的开端是成功的一半，一段精彩得当的自我介绍，会为求职者加分添彩，增加成功的筹码。其实，通过此前投递的应聘资料，招聘方已经大致了解了求职者的个人情况。之所以还要重复询问这类问题，很大程度上就是为了考查求职者的口语表达能力和综合归纳能力。因此，自我介绍时应突出重点，尤其要注意结合应聘单位的具体情况，结合应聘岗位的特点和需求，把自己的背景经历和应聘职位联系起来，有所选择和侧重，带有强烈的针对性，从而证明你是该职位最合适的人选。此外，自我介绍贵在精练简洁，滔滔不绝、口若悬河是不妥当的。回答时需要牢记以下要点：一是把重点放在工作业绩、专业水准、特殊技能以及潜在能力和发展方向上；二是要尽量围绕谋求该职位所需要的资格展开，最好用一些实例来说明问题。

（二）你为什么选择到本单位应聘

面对这一问题，应聘人员要让考官知道，你选择该单位效力的充分的理由。如果能够清晰流利地阐述出该单位的情况，如单位的发展沿革、组织架构、文化传承、业务方向、经营理念、取得的成果等，展示出自己一直以来对该单位发展情况的高度关注，表现出对该单位的热忱与向往，从而拉近与招聘考官的心理距离，会使你从众多不知道或不熟悉单位情况的求职者中脱颖而出。

（三）请你描述一下你心目中的理想工作

此类问题，应聘人员要用概括的语言对自己理想的工作加以描述，包括自己想应聘的岗位、工作种类和自身的愿望及诉求。要注意绝不能只描述自己的兴趣和愿望，而应该巧妙结合招聘职位的要求来进行阐述，从而给招聘人员一种感觉，即你心目中的理想工作与你正在应聘的工作相差无几。

如果应聘人员描述的理想工作与正在应聘的工作相去甚远，招聘方会认为此人对该工作缺乏兴趣和热情，对单位也欠缺诚意，今后的实际工作中自然也不会有投入的热忱，进而将其在面试中判定出局。

（四）你有什么特长

面对这个问题，应聘人员应大方明了地向招聘方展示出自己所具备的各类特长技能，如外语、计算机、普通话的等级考核情况，以及汽车驾驶证、相关职业资格证书等。此外，音乐、美术、体育等方面的爱好或特长也是加分项。最好还能列举几件关于你特长展示的具体事例，这样既显得轻松自然，又透露出自信。关于特长的叙述要实事求是，切莫哗众取宠、胡编乱造。

（五）你认为你在哪些方面还有待提高

招聘方是想通过此类问题了解你的缺点，应聘人员无须回避，在回答时可从宏观着手，说一些普遍性问题，如我刚毕业，实践经验不足，因此有待在实际工作中磨炼自己等。不宜说得过细，过于具体，更不要为了显示自己的坦诚而刻意夸大自己的不足。

（六）如果应聘成功，在工作上你打算（准备）怎么办

招聘方试图通过此问题考查应聘人对未来工作的打算和规划，考查对方是否有志向、有规划、有上进心，并由此判断对方追求的目标与招聘方的期望是否相符合。应聘人可以通过自己对该单位的了解，结合应聘岗位的具体工作要求，阐述一下自己在今后的工作中会如何充分运用所学的专业知识开展工作，如何更好地发挥才智、发扬努力奋斗的精神等。这些计划和打算不用讲得太细致，充分表达出要做好这份工作的决

心即可。

（七）你受过挫折吗？若有，请谈谈你是如何渡过难关的

面对此类问题，最好不要说"我至今还没有失败过"之类的答案。因为缺乏挫折经验，会让用人单位觉得此人欠缺磨砺和考验，心态可能不够成熟，工作中一旦遇到问题，抗压能力可能会较差。事实上，坎坷曲折是人生的常态，尤其在当今这个竞争激烈的时代，优胜劣汰更是一种大众认可的法则。所以，这一问题的关键并不在于会不会失败、有没有受过挫折，而在于如何对待失败、战胜挫折。这才是招聘方提问的真正意图，他们渴望了解应聘人是否具有直面失败、战胜挫折的勇气和方法。

（八）公司准备聘用你，你有什么困难尽管提

招聘方提出这个问题，是想了解应聘者是否是一位潜在的麻烦制造者。虽然对方让你有困难尽管提，但是应聘者千万不要顺水推舟，说出一大堆困难来。相反，应聘者应该向招聘方传递出明确的信息：我识情知趣，顾全大局，即使遇到困难，也是一个不怕困难、勇于克服困难的人。比如可以这样回答：我目前没有困难，即使遇到困难，我也会尽最大努力自己克服。贵单位一直以来都以关怀员工、为员工考虑周到而著称，我相信今后也会如此。

（九）你希望得到多少薪水

求职面试，终究会谈到这个问题，所以最好事先有心理准备，以免突然被对方问及而措手不及，尴尬万分。一般来说，招聘方没提到这个问题时，应聘者不宜主动提薪水问题。招聘方一旦问及，应聘者不宜把薪水要求固定在某一个具体数字上，更不要好高骛远，说出远超过对方承受能力的数字，使自己没有回旋的余地。应聘者给出一个预期薪水的大概范围即可，一般以自己能接受的最低数目，到希望获得的最高数目为区间，如 3500 元到 4000 元之间。

（十）你的性格怎么样？请简单说一说

应聘者回答此类问题时，可以适当发挥，阐明自己为人处世的原则、工作生活上的态度和精神等。比如可以这样回答：我认为自己是个热情开朗的人，处世态度积极向上，具有良好的沟通能力和团队精神。对待工作，我充满干劲，拼搏进取。即使遇到困难，也能保持对工作的热情。

二 回答问题时的礼貌要求

面试时，应聘者要措辞文雅，彬彬有礼，表现得落落大方，从容得体；要姿态平和，不卑不亢；既充分尊重对方，不自以为是，不狂妄自大，又要注意切勿谄媚逢迎；要态度诚恳，谦虚朴实，严谨沉稳。这些都会给招聘人员留下美好的印象，取得良好的面试效果，增加成功的砝码。

面试过程中，招聘人员有时会提出一些刁钻古怪的问题，或是表现出对应聘者的挑剔和不满，有时甚至还会出现令应聘者难堪的局面。此时应聘者一定要保持冷静的心态和理性的思考，切不可因感觉受到"冒犯"而生气发怒，更不能因一时的冲动而大动肝火，出言不逊乃至以吵闹收场。一般来讲，招聘人员是绝不会故意为难应聘者的，如果出现以上情况，很可能正是预先设计好的一种"战术"，意在测试应聘者的临场应变能力和心理承受能力。若应聘者听完提问后火冒三丈，反唇相讥，那就恰恰中了招聘方设计的"圈套"。同样，有些应聘者就某个问题与面试人员纠缠不休，非要争论出个是非对错，也绝非明智之举，即使你理由充足，也应心平气和地表明自己的立场。如果争论太激烈，反而会弄巧成拙，显得自己偏执幼稚，意气用事。

面试结束，应聘者要适时告辞。一般情况下，何时提出告辞，应视招聘方的举动而定，最好不要在招聘方未告知的情况下单方面提出。一般来说，在面试的所有问题回答完毕后，招聘方对应聘者说"那今天就先谈到这里吧，请回去等候消息（通知）"，这时应聘者方可告辞离开。

如果应聘者自行直接上门联系工作，那么何时告辞的主动权就在应聘者一方。因为是应聘者主动拜访，从礼节上讲，用人单位不方便主动结束面试。这时应聘者自己就应表现出"眼力"，如果对方通过一定的言行举止流露出"到此为止"的意愿，应聘者应主动提出告辞。

告辞的时候不要忘记道谢。应聘者要记住，无论面试的结果如何，有无录用的希望，在告辞时都应向对方表示衷心的感谢。这最能体现一个人的修养，而且有时希望就存在于意想不到的点滴细节的表现之中。对方若是起身相送，应聘者一定要再三请对方留步，握手告别。

三　回答问题时的说话技巧

回答各种问题是求职应聘的关键，睿智的思维、良好的心理素质、高超的语言技巧，都应该在这个关键环节得到淋漓尽致的展现。

（一）简明扼要

文豪契诃夫有句名言，"简洁是天才的姐妹"。说话简明扼要才能给人留下思路清晰、精明干练的印象。应聘者在面试时，要用尽可能简短的语言，传达尽可能丰富的信息。无论是自我介绍还是回答问题，都要做到言简意赅，重点突出，详略得当。切忌絮絮叨叨，繁复冗长，"眉毛胡子一把抓"；或答非所问，离题万里。

（二）诚信坦率

应聘者求职时要学会扬长避短，尽量展示自己的优势，但这有一个前提，即诚信。诚信是中华民族自古推崇的美德，也是衡量一个人品性的重要标尺，面试也是如此。一个坦率诚信的应聘者，长远来看，成功的概率会更高。一些求职者为争取好工作而弄虚作假，或涂改专业成绩，或伪造证书、美化资历，或隐瞒过往的某些经历等，首先在人格品行上就没有过关。用人单位一旦了解真实情况，肯定不会予以录用。还有些人求职简历"包装"过头，含有大量"水分"甚至完全是无中生有的杜撰内容，以致自己都搞不清、记不住，应聘面试时自然一上阵便破绽百出。不执着于所谓完美，而是实实在在，坚持把诚信放在首位，反倒能给用人单位以良好的印象。

（三）随机应变

求职应聘，机会稍纵即逝。如何提问，怎样回答，没有一定之规，关键在于灵活应变、机智对答。

1. 主动出击法

有些用人单位在招聘时，会有意识地采取某些方式，考验应聘者是否具有主动出击、积极获取机会的能力。有些应聘者也许遇到过这样的情况，即招聘方有时并不急于提问，而是面带微笑地看着自己。应聘者千万不要因此紧张忐忑，不知所措，而应积极求变，打破僵局，如主动介绍自己的基本情况，并逐渐将重点转移到自己擅长或精通的专业领域，展现出灵活敏捷、心理素质过硬的优势，做到化被动为主动。

2. 天马行空法

有时候，招聘方会问一些天马行空的怪异问题，对此，应聘者可以打破常规思维，创造性地去思考答案。例如，招聘方问："你该如何称出一架飞机的重量？"应聘者答："这要看你用中式还是西式的方法了。假如是中国人，可能会从中国古代'曹冲称象'的故事中得到启迪；假如是西方人，可能会拆下零件来分别过磅。当然，发明一种特大型的吊秤也并非不可能。"

3. 灵活发挥法

面试中如果招聘方提出一些近乎游戏或玩笑式的、过于简单的问题，应聘者大可不必局限于问题本身，而应就问题进行发散性思考，灵活发挥。例如，招聘方问："请问一加一等于几？"应聘者给出了妙答："请问您是说哪一种场合中的一加一？在我看来，如果拥有团队精神，那么一加一大于二；如果没有团队精神，彼此拆台，那么一加一小于二。所以一加一等于几，这要视情况而定。"这位应聘者的回答就跳出了"一加一等于二"的思维樊笼，展现了思维的灵活开阔以及一定的思想深度。

除此之外，应聘者面试时谈话的语速、音量及语气语调等，对于面试的效果都有微妙的影响。应聘者回答问题时不宜语速太快，也不宜过慢，速度要适中，口齿要伶俐，吐字要清晰，也应根据招聘人员的反应来调整自己的语气语调。应聘者还要注意把握谈话分寸，不要过分咨询工作时间的长短，或工资奖金的多少；不要总是强调自己的困难；不要显得锋芒毕露、个性十足；更不要试图与招聘人员套近乎，这样只会弄巧成拙。应聘者的回答内容也应随机应变，招聘方感兴趣的地方尽量详尽解答，不感兴趣的地方就简略一点，同时还要充分体现出自己对该单位的兴趣和向往，并且展现出自己诚恳、踏实与谦逊的品质。

总之，拥有良好的语言表达能力和高超的语言沟通技巧，对于应聘者在求职面试中展现自身的魅力、修养底蕴和综合素质均具有重要意义，我们应该高度重视并加以训练，从而为求职应聘增加制胜砝码。

第十二章

普通话高级实训与计算机应用

第一节 普通话高级口语技能的计算机辅助训练

在这一节中,我们将探索如何运用计算机技术来提高普通话的高级口语技能。这包括了利用各种软件和应用程序来练习正确的发音、语调,以及语速等。特别地,我们会介绍一些先进的语音识别技术,如何帮助学习者识别和改正自己的发音错误。此外,通过模拟真实场景的交互式软件,学习者可以在多样化的情境中实践并提高自己的口语表达能力。这一节还将涉及如何利用在线资源,比如视频教程、语言交换平台等,来进一步磨炼自己的普通话口语技能。

一 辅助的普通话发音校正

在普通话学习的过程中,正确的发音是基础且关键的一环。特别是对于那些追求高级口语水平的学习者来说,精准的发音不仅能提升交流的流畅性,还能在社交和职业场合中展现良好的语言素养。随着人工智能技术的发展,AI辅助的普通话发音校正工具逐渐成为提高发音准确性的有效手段。下面介绍几种技术工具及其应用实例。

(一)普通话练习应用程序

例如"普通话练习"和"汉语桥",利用先进的语音识别技术,能够细致地分析用户的每个音节。这些应用程序通过对声母、韵母和声调的准确识别,为学习者提供实时的发音反馈。这一技术的突出优势在于,它能够精确地指出发音的不足之处,并给出具体的改进方法。

普通话练习应用程序的应用实例包括以下几个方面：

1. 发音练习：选择"普通话练习"应用中的发音练习模块，如"四声调练习"或"难发音练习"。例如，当你尝试发出"zh"和"sh"这样的声母时，应用能够判断发音的标准程度，并即时给出反馈。

2. 改进建议：应用不仅会标注出发音不准确的部分，还会提供正确的发音示例和模拟口型视频。这些视频通常由普通话专业教师录制，展示了标准的发音方法和口型动作。

3. 持续跟踪：通过持续使用这些工具，可以追踪个人发音的进步。例如，通过每天的"声母发音训练"，可以清楚地看到自己在特定声母发音上的改进。

这些工具的高效性在于其个性化和互动性，使得普通话发音训练不再枯燥，反而变得更具吸引力和效果性。无论是自学者还是在课堂环境中学习普通话的学生，都可以通过这些工具获得显著的发音提升。

利用 AI 辅助的普通话发音校正工具，我们不仅可以在短时间内显著提高发音的准确性，更能深入理解普通话的音韵美。这种结合传统学习方法和现代技术的方式，无疑是提升普通话口语水平的有效途径。

（二）AI 模拟对话软件

提升普通话高级口语技能，离不开实际对话的练习。AI 技术的进步使得模拟对话和互动练习成为可能，为学习者提供了一个接近真实的、互动性强的语言实践环境。诸如"汉语天地"或"普通话速成"这类工具，通过 AI 技术模拟各种对话场景，从日常生活对话到专业场合的交流都能覆盖。这些软件不仅能提供标准的普通话语音输入，还能根据用户的回答智能调整对话内容，使交流更加自然和富有挑战性。

这些工具的互动性非常强，用户可以根据自己的需求选择不同的场景进行练习，如在餐厅点餐、商场购物、商务洽谈等。这种真实的交流体验有助于提升学习者在实际应用中的口语表达能力。

AI 模拟对话软件的应用实例包括以下两个方面：

1. 日常生活场景模拟：在"汉语天地"中选择一个在餐厅点餐的场景。应用模拟出一个餐厅环境，用户需要与虚拟的服务员进行交流，如询问菜品、表达自己的口味偏好等。这样的练习有助于提升日常用语的应用能力，同时也能增强语言反应速度。

2. 专业场景对话：在"普通话速成"中选择一个商务会议场景。用户可以扮演一个项目经理的角色，与 AI 模拟的同事讨论项目计划、预算分配等。这种专业场景的模拟可以帮助用户在特定领域提升语言运用能力，同时也能训练专业术语的正确使用。

二 语音合成技术在朗读练习中的应用

朗读是普通话学习的一个重要方面，尤其对于追求高级水平的学习者来说，流利和准确的朗读能力是必不可少的。利用语音合成技术，学习者可以得到高质量的朗读样本，从而有效提升自己的朗读技巧。

应用如"科大讯飞"提供高质量的语音合成服务，能够将文本材料转化为清晰、标准的普通话语音输出。这些工具不仅可以模拟不同的语速和语调，还可以调整到不同的说话风格，以适应各种朗读需求。

使用语音合成工具的优势在于，它们提供了连贯、标准的普通话语音样本，使学习者能够在模仿中学习到正确的发音、语调和语气。

这种工具的应用实例包括以下两个方面：

1. 新闻稿朗读练习：选择一篇时事新闻稿，使用"科大讯飞"将其转换成语音。首先仔细聆听，注意其中的语速、语调和情感表达。然后尝试模仿这种专业的朗读风格，特别注意模仿其流畅性和语音的抑扬顿挫。这种练习可以帮助提升对复杂文本的朗读能力，适合那些追求专业水平朗读技巧的学习者。

2. 文学作品朗诵：选取一段经典文学作品，如诗歌或散文，利用语音合成技术转换成语音。仔细聆听并模仿其朗读风格，特别是在诗歌的韵律和节奏上。这样的练习有助于提升朗读的表现力和情感传达能力，是提高普通话表达深度的有效方法。

综合运用模拟对话与互动练习和语音合成技术，不仅能够提高学习者在各种场景下的普通话口语表达能力，还能优化朗读技巧，提升语言的整体表现力。这些方法的结合为追求高级普通话水平的学习者提供了一个全面、高效的学习路径。

第二节 计算机在普通话教学与文化传播中的应用

在最后一节，我们将全面探讨计算机技术在普通话教学和中华文化传播中的应用。首先，我们会介绍各种电子教学资源和在线课程，它们如何使普通话学习变得更加便捷和有效。这里也会特别强调人工智能在个性化学习中的作用，比如智能推荐学习内容和跟踪学习进度。其次，我们会探讨数字媒体如何帮助在全球范围内传播中华文化，特别是如何通过电影、音乐、电子游戏等形式，使普通话和中华文化对外国人更加吸引和易于接受。本节还将探讨一些创新的方法，比如虚拟现实和增强现实技术在普通话教学和文化展示中的应用，以及它们如何提供更加生动和互动的学习体验。

一 电子教学资源和在线课程的发展

在普通话教学领域，计算机和网络技术的运用已经极大地改变了传统的学习模式。本小节将深入探讨电子教学资源和在线课程如何为普通话学习者提供更多样化和便捷的学习途径。

（一）电子教学资源

电子教学资源的优势主要包括以下两个方面：

1. 多样化的数字化教材：随着信息技术的发展，各类电子书籍、在线视频教程和互动式学习应用程序如火如荼地出现。这些资源不仅包括基础的普通话学习材料，还涵盖了高级语言技巧、文化知识等内容。例如，"汉语天地"平台提供了从初级到高级的全方位普通话学习资源，包括语音、文字、视频教程等。

2. 提高学习的灵活性和可达性：传统课堂学习往往受限于地点和时间，而电子教学资源打破了这些限制。学习者可以根据自己的时间安排和学习节奏随时随地进行学习，如通过"普通话速成"App在通勤路上练习发音。

（二）在线课程与远程教育

电子教学资源的优势主要包括以下两个方面：

1. 在线课程的多元化：网络平台如"中国大学 MOOC"（慕课）和"学堂在线"等提供了广泛的普通话在线课程。这些课程不仅涉及普通话的基础知识，还包括高级口语练习、商务普通话应用等多种课程，满足不同层次学习者的需求。

2. 互动性和实用性：这些在线课程通常包括视频教学、实时互动讨论和在线测试等环节。以"中国大学 MOOC"中的普通话课程为例，学习者不仅能观看专业讲解的视频，还能参与在线讨论，与其他学习者互动交流，甚至可以完成在线测试来检验学习成效。

我们可以看到，计算机和网络技术为普通话的学习提供了更为广阔和多元化的平台。这些数字化教学资源和在线课程使得学习普通话变得更加灵活和便捷，极大地提升了学习效率和质量。随着技术的不断进步和创新，未来普通话教学的方式将更加多样化，更能满足学习者的个性化需求。

二 人工智能在个性化学习中的作用

随着人工智能（AI）技术的不断发展，其在教育领域，特别是在普通话学习中的应用，正在为个性化学习开辟新的路径。本节将深入探讨人工智能如何优化学习体验，通过智能分析和进度跟踪为学习者提供量身定制的学习方案。

（一）智能学习系统

在普通话学习中，每位学习者的需求、学习速度和关注点都各不相同。人工智能技术在此领域的应用，允许系统通过分析学习者的行为和学习模式，自动调整教学内容和难度。

智能学习系统的分析主要包括以下两个方面：

1. 个性化学习路径：例如，普通话学习应用程序"智语通"利用 AI 算法分析学习者的互动记录，识别其弱点如特定声调的发音困难，然后推荐有针对性的练习和教程。

2. 动态内容调整：随着学习者进步，AI 系统可以自动调整教学内容，确保学习材料始终符合学习者的当前水平。这种适应性学习确保了学习者始终在挑战与能力之间保持平衡，从而有效促进学习。

（二）学习进度跟踪

AI 技术还能帮助学习者跟踪他们的学习进度，通过收集和分析学习数据，提供有关学习效果的反馈。

学习进度跟踪的内容主要包括以下两个方面：

1. 进度监控与反馈：使用 AI 技术的学习平台，如"普通话学习助手"，能够记录学习者的活动，如完成的课程、练习的时间和测试的成绩。然后，基于这些数据，提供个性化的反馈和建议，帮助学习者了解自己的学习效果，并指出改进的方向。

2. 定制化学习建议：结合学习者的长期表现和进度，AI 系统能够提供定制化的学习计划和目标，以优化学习路径。例如，如果系统发现学习者在特定类型的口语练习中表现较差，它可以推荐额外的相关练习，甚至调整未来的课程内容，以加强这一领域的学习。

通过利用人工智能技术，普通话的学习过程变得更加个性化和高效。智能学习系统不仅能提供定制化的学习内容，还能跟踪学习进度并提供及时反馈，极大地提高了学习的有效性。随着 AI 技术的不断进步，未来普通话的学习和教学将变得更加智能化和具有较强的适应性。

三 数字媒体在中华文化全球传播中的作用

在当今数字化时代，数字媒体已成为中华文化向全球传播的强有力工具。本节将着重探讨中国电影、音乐和电子游戏如何通过其独特的艺术形式和文化元素在全球范围内吸引观众，从而促进中华文化的全球传播。

（一）电影和音乐的跨文化交流

电影和音乐跨文化交流的途径主要有以下两种：

1. 中国电影的国际影响力：中国电影作为一种强有力的文化载体，通过讲述具有中国特色的故事，展示了丰富的中国历史和文化。例如，电影《英雄》和《红高粱》不仅在国内受到欢迎，也在国际上获得了极大的认可，成为推广中国文化的重要途径。

2. 音乐的文化交融：中国音乐，包括传统音乐和现代流行音乐，通过其独特的旋律和节奏传达了中华文化的精髓。艺术家如周杰伦和邓紫棋，他们的作品融合了传统元素和现代风格，不仅在中国大受欢迎，也吸引了全球听众的关注。

（二）电子游戏中的文化元素

电子游戏中的文化元素主要从以下两个方面促进中华文化的全球传播：

1. 游戏中的文化融合：在许多现代电子游戏中，设计师纳入了众多中华文化元素，如历史故事、传统服饰、建筑风格等。这些元素不仅增强了游戏的吸引力，也使全球玩家能够在游玩的过程中接触和了解中国文化。

2. 对年轻一代的影响力：电子游戏作为一种深受全球年轻人喜爱的媒介，通过融入中华文化元素，对年轻一代的文化认知和兴趣产生了重要影响。例如，游戏《王者荣耀》中的许多角色和故事线灵感来源于中国历史和神话，为全球年轻玩家提供了一个了解和探索中国文化的新窗口。

数字媒体如电影、音乐和电子游戏在中华文化全球传播中扮演了至关重要的角色。它们不仅以其独特的艺术魅力吸引了全球观众，也成为了连接不同文化、促进文化交流的重要桥梁。随着技术的不断发展，我们可以期待更多创新的方式出现，进一步提升中华文化在全球的影响力。

四　创新技术在教学和文化展示中的应用

随着科技的飞速发展，创新技术，特别是虚拟现实（VR）和增强现实（AR），正在为普通话教学和中华文化的展示带来革命性的变化。这一部分将详细探索这些前沿技术如何为传统的教学方法和文化展示带来新的活力。

（一）虚拟现实（VR）在普通话教学中的应用

虚拟现实（VR）在普通话教学中的应用主要包括以下两个方面：

1. 沉浸式学习体验：VR 技术通过创造一个全方位的沉浸式环境，使学习者仿佛置身于真实的语言环境之中。例如，在 VR 普通话教学程序中，学习者可以身临其境地体验在中国市场购物、在餐厅点餐等场景，增强学习的现实感和互动性。

2. 模拟交流实践：通过 VR 技术，学习者能与虚拟角色进行实际对话练习，这些对话情景可以根据学习者的水平和需要进行定制。这种模拟实践不仅有助于提高口语能力，还能增强学习者对于语言应用的信心。

（二）增强现实（AR）在中华文化展示中的应用

增强现实（AR）在中华文化展示中的应用主要包括以下两个方面：

1. 互动式文化展示：AR 技术通过在现实世界中增加数字信息层，为用户提供了一种新颖的文化学习方式。例如，AR 应用可以使用户通过智能手机或平板电脑扫描某个历史遗迹的图片，随后屏幕上将显示有关该遗迹的历史信息、相关故事或传说。

2. 文化教育的新途径：AR 技术提供了一种吸引年轻一代学习中华文化的新方法。通过将传统文化元素以互动和游戏化的方式呈现，例如通过 AR 游戏了解中国的传统节日或历史人物，这种技术使文化学习变得更加生动有趣。

随着 VR 和 AR 等创新技术在普通话教学和中华文化展示中的应用日益广泛，它们为语言学习和文化教育带来了新的可能性。这些技术不仅为学习者提供了更加丰富和沉浸的学习体验，也为文化的传播打开了新的视角和途径，预示着教育和文化传播未来的新趋势。

参考文献

董中峰主编：《普通话测试培训技法》，华中师范大学出版社 2021 年版。
国家语委普通话与文字应用培训测试中心：《普通话水平测试实施纲要 2021 年版》，语文出版社 2022 年版。
国家语委普通话与文字应用培训测试中心：《普通话水平测试应试指导》，语文出版社 2023 年版。
黄伯荣，廖序东主编：《现代汉语》（增订六版）（上），高等教育出版社 2017 年版。
黄伯荣，廖序东主编：《现代汉语》（增订六版）（上），高等教育出版社 2017 年版。
卢铭编著：《普通话水平测试应试实务》，高等教育出版社 2015 年版。
贺虎主编：《普通话教程》，兰州大学出版社 2007 年版。
谢忠凤主编：《普通话训练与测试》，复旦大学出版社 2021 年版。
宋欣桥编著：《〈普通话语音训练教程〉发音练习手册》，商务印书馆 2017 年版。
汤林芸，黎红梅，徐畅洋主编：《普通话实用教程》，经济日报出版社 2020 年版。
张弛，贺华，谭力主编：《普通话水平测试专用教材》，中国人民大学出版社 2020 年版。
张颂：《诗歌朗诵 第 3 版》，中国传媒大学出版社 2022 年版。
杨海斌主编：《普通话语音基础教程》，武汉大学出版社 2021 年版。
《国家语委关于印发《普通话水平测试规程》的通知》，中国人民共和国教育部，http：//www.moe.gov.cn/srcsite/A18/s3133/202302/t20230210_1043378.

html。

《计算机辅助普通话水平测试评分试行办法》，国家普通话水平测试网，https://www.cltt.org/#/articleDetail? id = fb33dcef - 13fb - 4251 - 99c1 - a872e03f76dc&type = rule。

《计算机辅助普通话水平测试指南》，国家普通话水平测试网，https://www.cltt.org/#/helpCenter。

后　　记

　　《普通话口语训练》是一本专为提高普通话口语水平而编写的综合性教材。在当今全球化和数字化时代，普通话不仅是沟通的工具，也是连接中华文化与世界的桥梁。本书旨在通过系统的实训，帮助读者提升普通话的表达能力和文化理解能力。

　　本教材适用于各类学习者，无论是普通话的初学者、希望提升口语表达能力的进阶学习者，还是教师和专业人士，都能从中获益。书中内容涵盖普通话的基础知识、声母、韵母、声调、语流变化等核心要素，专门章节还涉及普通话在教学、求职、命题说话等特定场景下的应用。

　　我们特别重视实践与技术的结合，教材中不仅包含丰富的发音训练和朗读练习，还涉及普通话高级实训与计算机应用，如人工智能在普通话学习中的应用、电子教学资源的开发等，旨在利用最新科技辅助普通话学习和文化传播。

　　在这本《普通话口语训练》的创作过程中，我得到了许多宝贵的帮助和支持，现在我想要向所有给予我帮助的人表示深深的感谢。

　　首先，我要感谢我的家人，他们的理解和支持是我能够专心写作的重要基础。在我工作时，家人总是默默地陪在身旁，为我提供了一个安静舒适的环境。

　　我还要特别感谢语言与文化计算教育部重点实验室、计算机科学与民族信息技术一流学科以及计算机应用技术创新团队的学科资金支持为这本书的研究、写作和出版提供了坚实的基础。

　　对于所有在技术支持、图像设计和印刷方面给予帮助的专业人士，我也表达我的谢意。他们的努力使得本书在内容与形式上都达到了一个很高的水准。

  最后，我们衷心希望这本教材能够帮助您在普通话学习的道路上取得进步，不仅提高您的语言能力，也加深您对中华文化的理解与欣赏。

  祝您学习愉快！

马　宁　王燕凤
2024 年 3 月